LK 7 2974

SUPPLÉMENT

A L'HISTOIRE DE GIGNY.

SUPPLÉMENT

A

L'HISTOIRE DE GIGNY.

CHALON-SUR-SAONE,

IMPRIMERIE DE J. DEJUSSIEU, RUE DES TONNELIERS, 5.

—

1858.

PRÉFACE.

L'affection pour le pays natal qui a engagé à publier l'*Histoire de Gigny* en l'année 1843, n'a pas abandonné l'auteur pendant les quinze ans qui se sont écoulés depuis cette publication. Il a au contraire mis ses soins à recueillir de nouveaux documents pour la compléter davantage. Parvenu aujourd'hui à un âge qui ne lui laisse guère l'espoir de s'en procurer d'autres, il a cru devoir éditer un *supplément*, pour conserver ses nouvelles notes historiques. Cette forme de publication a l'inconvénient d'un ouvrage décousu. Cependant cet inconvénient cessera en ne lisant pas ce livre isolément, mais en même temps que l'histoire même. Ceux qui auront lu celle-ci avec quelque intérêt en retrouveront peut-être un nouveau en la relisant avec son supplément. D'ailleurs, en suivant cette forme, l'auteur a imité l'exemple de plusieurs écrivains justement célèbres, tels que le grand Haller, qui a donné aussi un supplément à son immortel ouvrage de physiologie; M. Ch. Duvernoy, qui en a joint un si précieux à la nouvelle édition du vieil historien Gollut, etc., etc.

A Saint-Étienne-en-Bresse, le 1er août 1858.

SUPPLÉMENT
A L'HISTOIRE DE GIGNY.

CHAPITRE I.

Page 2, note 2.

Ajoutez aux lieux homonymes de Gigny :
Gigney, hameau de Corbonod, au département de l'Ain ;
Gignicourt ou *Gigny*, commune de la Haute-Marne.

CHAPITRE II.

Page 3.

Gigny ne pouvait guère être un lieu désert à la fin du IXe siècle, lorsque le village de Champagne, situé à quatre kilomètres de distance, était habité en 869; lorsqu'une voie romaine était tracée à l'orient, dans la vallée de Monnetay, le long de laquelle on a trouvé beaucoup de ruines antiques, tant sur cette commune que sur celles de Louvenne et de Saint-Julien ; lorsqu'encore une autre route longeait, à l'occident et à six ou sept kilomètres seulement, la vallée de Rosay, Graveleuse, Colonosay, des Granges de Non et de Curny.

Page 4.

En preuve de l'invasion du pays par les Sarrasins, on pourrait ajouter que les abbayes ou églises d'Ambronay, de Baume, de Château-Chalon, de Saint-Claude, de Saint-Désiré de Lons-le-Saulnier et de Saint-Lauthein, ont été brûlées ou ruinées par ces conquérants. On pourrait citer aussi un très-grand nombre d'autres dénominations locales, qui paraissent remonter à leur invasion; mais on les trouvera non-seulement dans les ouvrages des trois auteurs indiqués, mais encore et surtout dans le précieux Dictionnaire historique du Jura, de M. *Rousset*, en cours de publication.

CHAPITRE III.

Page 5, § 1.

Quoique les auteurs aient inutilement travaillé à prouver que Bernon descendait de Charles Martel et à établir sa généalogie, on ne peut cependant pas douter qu'il n'ait été de la race royale : 1° parce que l'abbaye qu'il a fondée a été réservée de tout temps à la haute noblesse ; 2° parce qu'elle ne relevait que du pape et n'était point soumise à l'autorité ou surveillance épiscopale ; 3° parce que, sous le rapport de la seigneurie, elle possédait le double degré de juridiction, exercé en première instance par un juge châtelain, et en appel par un bailli.

Page 5, note 4.

Ave, sœur de Guillaume d'Aquitaine, est aussi connue, avec la qualité d'*Abbatissa*, par une charte de l'année 888, au moyen de laquelle elle donne à son frère la ville de Cluny et toutes ses dépendances, pour n'en jouir qu'après la mort de la donatrice, sans qu'il y soit fait mention de la prétendue parenté de Bernon.

CHAPITRE III.

Page 5, § 2.

Il est peu croyable que Bernon ait été moine ailleurs avant de l'être à Gigny, parce qu'il a doté l'abbaye de ce lieu de son patrimoine, en la fondant, ce qui donne à penser qu'il n'avait pas fait vœu de pauvreté auparavant. Néanmoins, en preuve de ses relations avec l'abbaye de Saint-Savin en Poitou, on pourrait dire que l'église de Barretaine près Poligny, dont Baume, membre de Gigny, a eu le patronage jusque dans les derniers temps, se trouve sous le vocable de Saint-Savin. Cette église possède des reliques de ce saint, lesquelles y auraient peut-être été apportées du Poitou sur la fin du IXe siècle, à cause des Normands, par Bernon et ses compagnons.

Page 6, § 4.

La bulle du pape Formose et les trois chroniques de *Sigebert*, de *Jean d'Ypres* et de *Fulcuin* m'avaient porté à fixer à l'année 894 la fondation de l'abbaye de Gigny. Mais il est hors de doute qu'il faut la reporter à quelques années antérieures, et l'on doit tenir pour certain que cet établissement remonte bien avant la sanction que le pape lui a donnée. La comparaison des chartes et la série des événements portent à croire que ce monastère a été fondé en 886 environ, comme les abbés *Circaud* et *Baverel* l'ont écrit. En effet, Boson, roi de Bourgogne et de Provence, étant mort le 11 janvier 887, après avoir régné huit ans sur les pays composant les provinces ecclésiastiques ou archiépiscopales d'Aix, Arles, Besançon, Lyon, Tarantaise et Vienne, son royaume fut démembré. Or, d'un côté, Rodolphe de Stratlingen, qui était gouverneur de la Bourgogne transjurane sous le roi défunt, se rendit indépendant, et fut proclamé en 888 roi de cette contrée par les archevêques de Besançon et de Tarantaise, ainsi que par les évêques d'Aoste, Belley, Genève, Lausanne, Maurienne et Sion. D'un autre côté, Louis, fils de Boson,

886 fut reconnu en 890 roi de Provence, Dauphiné et Lyonnais, par l'empereur Arnoulph, et proclamé à Valence par les archevêques d'Arles, Embrun, Lyon et Vienne, ainsi que par leurs évêques suffragants.

Il résulta donc de ce démembrement que Gigny se trouva faire partie du royaume de Louis, comme dépendant de l'archevêché de Lyon, tandis que Baume fut compris dans le royaume de Rodolphe, à cause du diocèse de Besançon. En conséquence, comme le jugement de la reine Hermengarde, tutrice de Louis son fils, et la bulle du pape Formose constatent, le premier en 890, la seconde en 895, la donation que le roi Rodolphe avait faite précédemment à Bernon des deux monastères de Baume et de Saint-Lauthein, il est évident que l'abbaye de Gigny a été fondée avant ces deux époques, mais peu avant l'avénement de Rodolphe au trône de la Bourgogne jurane. M. *Fr. de Gingins*, dont les profondes recherches et les critiques judicieuses ont beaucoup éclairé l'histoire des royaumes bourguignons du Jura, et qui a cité avantageusement l'Histoire de Gigny, a pensé avec raison que Rodolphe avait donné d'abord en 888 le monastère de Baume à celui de Gigny, et qu'il avait renouvelé cette donation en l'année 904, lorsqu'il eut recouvré le pays où ce monastère était situé. Cette date de 888 s'accorde bien aussi avec l'expression du titre de cette donation : *Locum Gigniacum quem construunt regulariter,* laquelle ne peut pas convenir à l'année 904. Elle s'accorde très-bien encore avec le mot *olim* appliqué en 890 à cette donation dans la sentence de la reine Hermengarde.

Page 7, § 4.

Ch. 1. III. L'historien de Gigny avait pensé que l'auteur de la Chronique de Cluny s'était trompé en disant que Bernon avait été consacré par l'archevêque de Besançon, au lieu de celui de Lyon, dans le diocèse duquel se trouvait l'abbaye de Gigny. Cependant, comme la plupart de ses successeurs à Cluny ont été bénits par les métropolitains de Besançon, tels que saint Odon en 927, saint Odilon en 993, saint Hugues en 1049, et Pierre-le-Vénérable en 1122, on a lieu de croire que Bernon l'a été aussi dès le principe, comme chef de l'abbaye de Baume au diocèse de Besançon. On pourrait peut-être même en induire que ce célèbre enfant de saint Benoît aurait été réellement abbé à Baume avant de l'être à Gigny. Quant aux autres chefs de l'abbaye de Cluny, on trouve qu'Eymard a été ordonné ou bénit par l'évêque d'Autun en 944, Mayeul en 954 par celui de Chalon, Ponce en 1109 par l'archevêque de Vienne, Rodolphe en 1174 par l'évêque de Chalon.

Page 7, note 5.

Ensuite de la donation faite à Bernon en 888 et 904 par le roi Rodolphe, l'abbaye de Baume obtint la pleine seigneurie de Montaigu et du Pin, au sujet de laquelle un accord fut fait en 1053 avec Rainaud, comte de Bourgogne. Les successeurs de ce dernier tinrent, en conséquence, ces deux lieux et leurs châteaux-forts en fief de cette abbaye. On possède même encore le titre de l'hommage féodal que Jeanne, comtesse de Bourgogne, devenue reine de France, fit elle-même pour cet objet, en 1319, à l'abbé Simon. Le monastère de Gigny ne participa point à cet honneur, et son prieur ne vit pas une reine à ses genoux; il conserva seulement jusqu'en 1789 la jouissance d'une portion des dîmes du Pin et de Montaigu.

Page 7, note 6.

L'auteur du *Dictionnaire historique du Jura*, auquel on doit tant de reconnaissance pour avoir enrichi l'histoire locale par ses recherches laborieuses, pense que le lieu de *Clémencey*, mentionné en la charte du roi Rodolphe, est le hameau ou fief de ce nom dans la commune de Chilly-le-Vignoble, où cependant les religieux de Baume et de Gigny n'ont jamais eu de possessions, ni de droits.

Page 8, note 7.

On faisait bien moins de cas de la liberté autrefois que de nos jours. En effet, on lit qu'en 1088 Guillaume de Phaletans se *rendit* dans l'abbaye de Saint-Paul de Besançon, et lui donna l'église du village dont il portait le nom. Selon les termes d'une de nos chartes, l'illustre chevalier Manassès de Coligny se *rendit* au temple peu avant 1227, et

886

Ch. XXXIII.

lui donna la terre de Montagna, dès-lors dit *le Templier*. L'auteur de cette note a vu aussi plusieurs *lettres de Rendus*, dressées par-devant notaire en 1481 et 1496, au profit de l'abbaye du Miroir, d'après lesquelles des hommes ou des femmes se livraient corps et biens, et se constituaient esclaves de cette abbaye pour y participer aux prières des moines. Le *Rendu* entrait au monastère et s'y utilisait par ses œuvres et labeurs. On verra également plus tard que notre village de Châtel a été fondé par un homme libre, qui, en 1431, s'asservit par intérêt. Bien plus, en 1694 même, huit chefs de famille libres se constituèrent hommes et mainmortables de la dame de Loysia, eux et leur postérité, pour devenir propriétaires, à charge de cense, de quelques journaux de terre, où ils bâtirent le hameau du *Bois-du-Ban*.

Page 10, § 7.

890

La sentence rendue par la reine Hermengarde est, sous plusieurs rapports, une pièce historique des plus importantes. Cependant, comme l'année 898 a le chiffre I pour indiction, au lieu du chiffre VIII qui y est indiqué, les savants se sont ingéniés à rectifier ou à faire concorder ces dates. *Guichenon* a inscrit celle de 889 en marge de cette charte, sans en donner de motifs. Le célèbre *Mabillon*, au contraire, a pensé qu'on devait la rapporter à l'année 905, dont VIII est l'indiction, d'autant mieux encore que cette sentence rappelle la donation du roi Rodolphe. *P. de Lalande* s'est rapproché de l'historien de la Bresse et a adopté le chiffre 889, en faisant observer que la date de cette charte devait être antérieure à l'époque où le fils de Boson est devenu roi, puisqu'il n'y est qualifié que de prince. Enfin, M. *Fr. de Gingins* a à peu près prouvé, de nos jours, que la vraie date de cette pièce était l'année 890, qui a le chiffre VIII pour indiction. Il a établi que, Boson étant mort le 11 janvier 887, la reine Hermengarde, sa veuve, avait conduit, au mois de mai ou de juin suivant, son fils Louis, âgé de cinq à six ans, à Kircheim, maison royale en Alsace, auprès de l'empereur Charles-le-Gros..... Que ce monarque s'était déclaré protecteur de l'enfant royal et lui avait donné publiquement le titre de roi de Provence, à charge d'hommages envers l'empire..... Qu'après la mort de Charles, survenue le 13 janvier 888, elle avait fait, au mois de mai 890, un second voyage en Allemagne avec son jeune prince, qu'elle avait conduit à Forcheim en Franconie, auprès d'Arnoulph, roi de Lorraine et de Germanie ou Bavière, et héritier présomptif de l'empire..... Qu'elle en avait obtenu soit la reconnaissance de ce fils comme roi de Provence, soit l'autorisation de le faire couronner en cette qualité..... Qu'ensuite, étant revenue à Valence, elle l'y avait fait sacrer au mois de septembre, de l'agrément du pape, par les archevêques d'Arles, Lyon, Vienne et Embrun, et par plusieurs de leurs évêques suffragants..... Qu'enfin, dans ce second voyage, étant assistée de trois prélats et des grands officiers de sa cour, elle avait tenu le plaid de Varennes en faveur de notre Bernon. Ce savant historien pense qu'on peut concilier la charte dont il s'agit avec ces diverses circonstances de temps et de lieux, en supposant que *le copiste a mis sans intervalle le chiffre de l'indiction à la suite de celui de l'année courante* DCCCXC (VIII) indict. VIII, au lieu de *DCCCXCVIII indict*. Mais alors ce copiste aurait écrit deux fois le chiffre de l'indiction, comme on le voit dans les trois recueils qui contiennent cette charte.

890

Ce même écrivain a cru que ce plaid avait été tenu à Varennes, près de l'abbaye de Charlieu, que Boson avait fondée dans le diocèse de Mâcon. Mais il est presque certain qu'il a été tenu à Varennes-Saint-Sauveur, commune du canton de Cuiseaux. En effet, 1° ce lieu était du diocèse de Lyon, et dès-lors du royaume de Boson; 2° il était au voisinage de Gigny et formait une des possessions de son abbaye, qui en a eu les dîmes, le patronage et une partie de la seigneurie jusqu'à la fin....; 3° il était sur le chemin le plus direct à tenir pour aller du Dauphiné en Franconie; 4° il n'y a pas d'autres lieux de ce nom sur ce chemin, ni même dans l'étendue des anciens diocèses de Lyon, de Vienne, de Grenoble et de Valence; 5° un hameau de Varennes-Saint-Sauveur, où est construit le château principal, porte le nom de *Réal*, *Château-Réal*, et un autre celui de *Reine*, ce qui peut indiquer une ancienne maison royale.

A l'égard des hauts personnages mentionnés dans cette sentence, on doit reconnaître que Bernard, vassal de la reine Hermengarde, qui s'était emparé du monastère de Baume et qui fut condamné à déguerpir, ne peut pas être, quoi qu'en ait écrit *Guichenon*, Bernard plante-velue, comte de Mâcon. En effet, cet homonyme de l'usurpateur de Baume était mort en 886, vassal d'un autre Bernard, marquis d'Auvergne, duc d'Aquitaine, père du fondateur de Cluny, et non pas vassal de Boson ou de sa veuve. C'était une créature des ennemis irréconciliables de ce roi, et il avait été établi comte et gouverneur de Mâcon en 880 par les rois de France Louis et Carloman, adversaires de Boson. D'ailleurs, il était certainement mort en 890, car on voit que, l'année précédente, le comté de Mâcon était possédé par Raculfe son fils, qui alors tint aussi un plaid public en cette ville. Outre ces homonymes, on trouve encore à des époques voisines : 1° Bernard dit Vitelus, comte d'Autun, mort en 872; 2° Bernard, comte de Poitiers, marquis de Gothie, vivant en 878 et 879, lesquels ne sont pas non plus l'usurpateur de Baume, qui, autrement, reste inconnu.

L'historien de la Bresse a si bien mérité par ses longs et importants travaux, qu'on éprouve de la répugnance à signaler le petit nombre d'erreurs qui lui ont échappé. Néanmoins, on ne peut guère se dispenser de dire ici qu'outre celle qui concerne Bernard plante-velue, il en a encore commis une autre en disant que le comte Richard, qui approuva la sentence de la reine, était Richard de

890

Roussillon, fondateur des abbayes de Vézelay et de Poultières, oubliant que le célèbre Girard de Roussillon, dont il a voulu parler, était mort en 867. Au contraire, le glorieux personnage dont il s'agit, était *Richard* dit le Justicier, comte d'Autun, premier duc de Bourgogne, souverain à peu près indépendant, au IXe siècle, des pays de ce duché à l'occident de la Saône, propre frère du roi Boson et beau-frère de Rodolphe, roi de la Transjurane. En 882, sur la fin du siège de Vienne, il avait sauvé et emmené la reine Hermengarde et sa jeune fille. Il servit de co-tuteur à son neveu le roi Louis, et fut pour lui un puissant appui durant sa minorité. Il mourut en 921, après avoir battu les Normands en 888 et en 911.

Teubert, autre témoin de la sentence, était comte de Vienne sous Boson et son fils, et, dès 896, il devint comte d'Apt, d'Avignon et de Marseille. En 880 il s'était enfermé avec la reine dans la ville de Vienne, qu'il avait gouvernée et défendue pendant près de trois ans qu'avait duré le siège fait par Charles-le-Gros et les fils de Louis-le-Bègue. En récompense de ses services, Boson lui avait donné la terre et le château de Mantale, où il avait été sacré et couronné. Après la mort de ce souverain, il eut la principale autorité pendant que le roi Louis fut mineur, gouverna pour lui lorsqu'il fut devenu aveugle, et mourut en 910.

Adalelme, autre grand vassal, était comte de Valence, et Boson l'avait aussi récompensé en 882, en lui donnant la propriété héréditaire des biens dont il n'avait joui jusqu'alors qu'à titre bénéficiaire. Il fut conseiller du roi Louis, même encore en 905 et 912, et il l'accompagna à Rome en 900 et 901, lorsqu'il y fut couronné roi de Lombardie et empereur.

Le comte *Rattier* accompagna aussi ce monarque en Italie comme le précédent.

890   *Ansigis* est probablement le *fidèle* ou vassal *Winigis*, que la reine dépêcha en 887, après son retour à Vienne, à l'empereur Charles-le-Gros.

Enfin, le comte *Hugues*, parent du roi Louis, devint comte de Vienne en 896, en remplacement de Teubert; puis fut créé, en 910, duc et marquis de Provence, chargé seul du gouvernement effectif, du commandement et de la défense de l'État jusqu'en l'année 926. Il fut alors élu roi d'Italie ou de Lombardie, trône ou royaume qu'il occupa pendant vingt ans, et où il eut la gloire de battre les Sarrasins dans le golfe de Fréjus, au moyen du feu grégeois.

Les détails qui précèdent, au sujet du plaid tenu par la reine Hermengarde, donnent une idée de la cour de cette princesse courageuse et vraiment digne du trône, des mœurs du temps et de la solennité d'un tel événement pour un lieu aussi modeste que Varennes.

On lit dans une histoire de Bourgogne justement estimée (1), que les principaux membres de l'Assemblée de Valence, où l'on procéda, en 890, à l'élection et au couronnement du fils de Boson, furent non-seulement les archevêques de Vienne, Lyon, Arles et Embrun, mais encore Ardrade, évêque de Chalon-sur-Saône; Isaac, évêque de Grenoble; BERNON, *abbé de Gigny;* le duc Richard-le-Justicier, les comtes Bernard plante-velue, Windo, Guigues, Natrede, Theubert et Ragenard. Mais on ne connaît pas le document servant de preuve à une pareille assertion. Les actes du Concile de Valence, que l'auteur cite à l'appui, ne nomment pour membres de cette Assemblée que les titulaires des quatre métropoles de Lyon, Arles, Embrun et Vienne, assistés de plusieurs co-évêques, *cum aliis compluribus coepiscopis.* Il n'y est fait aucune mention ni de Bernon, abbé de Gigny, ni

---

(1) *A. E. Mille.* Abrégé de l'Hist. de Bourgogne. III. Pages 37, 38.

de Bernard plante-velue, ni de Richard-le-Justicier, ni d'aucun autre comte ou grand vassal, quoique le texte des actes de cette Assemblée ait été consulté dans les recueils de Conciles les plus complets et les plus estimés. A voir la plupart des noms cités par l'avocat *Mille*, on serait porté à croire qu'il a pris la sentence de Varennes pour le procès-verbal du Concile de Valence. Comment aussi Bernard plante-velue aurait-il pu assister à cette réunion de l'année 890, puisqu'il était déjà mort au moins un an auparavant? Cet auteur a encore commis une grosse erreur en prenant le comte Hugues, qui devint roi d'Italie, pour le comte Guigues du Graisivaudan.

Page 10, *note* 8.

Parmi les princes qui ont aussi rendu la justice eux-mêmes, on cite encore l'empereur Julien en 362; l'empereur Valence vers 370, et Charles VIII, roi de France, dans les dernières années de son règne..... Les abbés ou seigneurs ecclésiastiques la rendaient également dans le principe, et même les abbesses, dans les VIIIe et IXe siècles. Celle de Remiremont conserva cet usage jusque dans les derniers temps du régime féodal.

Pages 10, 11, *note* 9.

La question des royaumes et règnes de Boson, de Louis son fils et de Rodolphe, se trouve suffisamment élucidée dans l'addition à la page 6 ci-devant.

Page 13, § 9.

En 1635, le prieur de Mouthier donna en échange à l'abbé de Baume douze journaux de vigne qu'il possédait encore à *Saint-Lauthein*.

Page 13, § 10.

Voy. en outre, sur la fondation de Cluny et sur Bernon, son premier abbé, les chartes I, II, III, IV, V, de nos nouvelles pièces justificatives.

Page 14, *note* 11.

Ajoutez aux auteurs cités : *A. Garreau.* Descript. de Bourgogne, 2e édition, page 434..... *Dunod.* Hist. de l'église de Besançon. II, page 104..... *Courtépée.* Descript. de Bourgogne, 2e édition. IV, page 455.

917 *Page 17, § 12.*

On lit dans *Guichenon* que le *doyenné de Romans*, au canton actuel de Châtillon-lez-Dombes, *fut donné, avec les dîmes et autres revenus, à Berno, abbé de Cluny, au mois de janvier de l'an* 400. Or, il y a certainement dans cet énoncé une grosse faute typographique ou un lourd anachronisme. Ce qui est certain, c'est qu'on lit dans un ancien *Inventaire* des donations faites à l'abbaye de Cluny, lequel se trouve aux archives de Saône-et-Loire : « Qu'une donation a été faite à cette abbaye, par le comte Willaume et par Ingelberge sa femme, du village et de la chapelle de Romans, avec toutes leurs dépendances, du temps de l'abbé *Berno*, l'an 20 du règne de Charles; » passage qui s'applique au pieux Guillaume duc d'Aquitaine, fondateur de Cluny, et au roi de France Charles-le-Simple, dont la vingtième année de règne tombe à l'an 917.

924 Le même inventaire mentionne ensuite une autre « donation faite à la même abbaye d'un allodial et d'une vigne sise au lieu de la Tour-en-Masconnois, du temps de l'abbé *Berno*, l'an 2 du règne de Raoul (roi de France). »

925 Il mentionne encore « un échange avec *Berno*, abbé de Cluny, auquel est transporté un pré sis à Ruffé près Cluny, en récompense d'autres héritages donnés par ledit Berno, l'an 3 du règne de Raoul. »

926 Enfin, on voit ailleurs que l'abbé Bernon fut aussi témoin d'une charte où se trouve cité Guillaume-le-Jeune, comte de Mâcon, neveu du fondateur de Cluny.

Page 18, note 13.

Le prieuré de La Frette, dont le titulaire était, comme les autres prieurs, membre des États d'Auxonne, puis des États du duché de Bourgogne, a été possédé par l'abbaye de Baume jusqu'au commencement du XVIIe siècle. Mais, le 3 avril 1607, les religieux de cette noble abbaye le cédèrent en échange au chapitre de Saint-Pierre-de-Mâcon,

CHAPITRE III. 13

contre les biens et droits du prieuré de Saint-Germain-les-Arlay, qui avaient été unis à ce chapitre dès le XIIIe siècle. Aussi, dans les derniers temps, la cure de La Frette était du patronage du prévôt de cette illustre collégiale de chevaliers. C'est sans doute par erreur que deux historiens ecclésiastiques de Chalon l'ont encore indiquée, en 1658 et 1662, comme étant toujours à la nomination de l'abbé de Baume..... Le 8 juin 1791, on a vendu, comme biens nationaux provenant du chapitre de Saint-Pierre-de-Mâcon, un champ de six journaux et un pré de sept soitures, situés à La Frette, dépendant sans doute de l'ancien prieuré.

926

Page 20, § 14; *note* 16, *et page* 767.

L'adjectif *moderne* a été employé avec le sens d'*actuel*, par *Jornandès*, auteur du VIe siècle; par *Aimoin*, écrivain du Xe; par *L. Arétin* dans le XVe; par *Gollut*, historien du XVIe, et dans des chartes de 645, 1040, 1189, 1232, 1367, 1475, etc.

Page 20, § 15.

Le tombeau et les restes mortels de Bernon ont été conservés religieusement à Cluny jusque dans les derniers temps; car, dit l'historien de l'abbaye de Saint-Martin-d'Autun, « deux religieux de ce dernier monastère, visitant Cluny en 1669, virent ouvert le tombeau où reposait Bernon, et obtinrent une partie considérable de ses reliques. Cluny ne faisait qu'acquitter une dette en renvoyant ses restes sacrés au lieu d'où était venu son fondateur (2). » On pourrait ajouter que les nobles religieux de Gigny auraient dû aussi en réclamer, à plus forte raison, une autre partie.

927

Page 21, § 51.

On lit dans le 1er volume des très-instructifs Annuaires du Jura, de notre savant et honorable ami M. *Monnier*, que Guillaume de Bauffremont, marié en 1588 avec Claudine de Villelume, était seigneur de *Saint-Bernon*, ce qui indiquerait que notre abbé aurait donné son nom à quelque village féodal. Mais il y a eu sans doute en cela une faute typographique; car il s'agit de Sombernon,

---

(2) *Bulliot*. Essai historique. I, pages 150, 365

927 chef-lieu de canton de l'arrondissement de Dijon, qui est nommé *Sumbernio, Subernio, Subernum*, dans les chartes latines, et dont la seigneurie a appartenu à la maison de Bauffremont dans le XVe et le XVIe siècle.

CHAPITRE IV.

Page 22, *ligne* 17.

En conséquence de la bulle du pape Jean X, le roi Raoul confirma, en la même année 927, la fondation de Cluny par le duc Guillaume, en exempta les religieux de tout droit de péage aux foires et de toute juridiction royale, princière ou autre; défendit de traduire en justice leurs sujets sans leur permission; disposa que leur dîme serait allodiale, sans payer de droit de terrage; leur confirma enfin la possession du village de La Frette que Bernon leur avait donné.

Ibid., *ligne* 25.

928 Dans l'édition commencée en 1854 de l'*Inventaire de Cluny* précité, une grave erreur a été commise en notant que l'alleu (*allodium*), donné par Sanson à l'abbaye de Gigny, était le village de *Lalheue* près La Ferté-sur-Grosne. L'alleu était une propriété héréditaire franche de droits seigneuriaux.

CHAPITRE VI.

Page 29.

981 En ce qui touche les souverains qui ont régné sur le monastère de Gigny dans le moyen-âge, on peut tenir

pour certain, qu'après la mort de Boson, la souveraineté **981** est échue à Louis son fils de 887 à 928; puis à Hugues de Provence de 928 à 933; puis, dès cette dernière année, à Rodolphe II, roi de la Bourgogne transjurane, qui devint alors aussi roi de la Bourgogne cisjurane et de la Provence, à cause de la cession que lui fit Hugues devenu roi d'Italie; puis, dès 936 à 993, à Conrad-le-Pacifique; puis, dès 993 à 1032, à Rodolphe III dit le Négligent; puis, dès 1032, à Conrad dit le Salique, empereur; ensuite à ses successeurs à l'empire germanique, aux comtes palatins de Bourgogne, etc.

CHAPITRE VII.

Page 30.

En 1049 eut lieu le Concile de Reims, convoqué et **1049** présidé par le pape Léon IV, auquel assistèrent vingt évêques, cinquante abbés et d'autres ecclésiastiques. Au nombre des prélats se trouvèrent les archevêques de Lyon et de Besançon, et entre autres abbés se trouva celui de Cluny. Ces trois titulaires, sommés de déclarer s'ils n'étaient pas coupables de simonie, affirmèrent par serment qu'ils étaient exempts de tout reproche. Or, il est possible que l'abbé de Gigny ait aussi assisté à ce Concile.

CHAPITRE X.

Page 49, § 13.

En 1491, un nouveau différend s'éleva entre les reli- **1155** gieux du Miroir et ceux de Gigny, au sujet du privilège Ch. xl. xli.

1155 des dîmes. Les guerres de Louis XI et de Maximilien, époux de Marie de Bourgogne, ayant dépeuplé le pays et fait abandonner la culture des terres dans la paroisse de Dommartin, les moines du Miroir donnèrent à grangeage ou à moitié-fruit leur meix Guyre, devenu vacant, situé à Chevaloz, hameau de cette paroisse. Or, le curé de celle-ci et le chambrier de Gigny, à l'office duquel étaient réunies les dîmes de Dommartin, ayant voulu les percevoir comme par le passé, l'abbé du Miroir s'y opposa en vertu des privilèges accordés à l'ordre de Cîteaux. Sur cette prétention, les parties compromirent en 1492, et nommèrent pour arbitre commun Etienne de Morel, évêque de Saint-Jean-de-Maurienne, lequel maintint le chambrier en possession et ajourna la décision du pétitoire, sans que l'on voie quelle en fut la sentence. Il est cependant probable qu'elle fut favorable, du moins en partie, à l'officier claustral. En effet, au XVIIIe siècle, selon la jurisprudence établie, les fermiers à prix d'argent de l'ordre de Cîteaux étaient assujettis à la dîme ordinaire, mais les grangers ou colons partiaires ne la devaient supporter que sur leur part, celle des religieux en étant exempte.

Ibid., note 35.

CH. XI. Le sceau du prieuré de Gigny, à l'effigie de saint Taurin, se trouve aussi attaché à une de nos nouvelles chartes de l'année 1235, et il est probable que c'est encore le même qui est mentionné dans celle de 1481 de notre premier recueil. La forme des lettres de ce sceau prouve qu'il est antérieur au XIIIe siècle, et il ne peut remonter qu'au XIIe ou XIe au plus, c'est-à-dire à l'époque où l'usage des sceaux a commencé. Auparavant on signait ou on revêtait les actes d'un *signe* ou d'une marque quelconque, remplacée plus tard par la *signature*, qui en a emprunté sa dénomination. On ignore en quel temps le sceau primitif du monastère de Gigny a cessé d'être en usage. Mais l'auteur de cette note a vu qu'en 1724 il était déjà remplacé par un sceau ovale, presque semblable à celui qui fut adopté après la sécularisation, offrant également : à son centre l'agneau tenant une croix ou un guidon, à son sommet deux clefs de saint Pierre en sautoir, et autour l'inscription en lettres toutes modernes : *Sigillum eccl. Gigniaci*. Quant au dernier sceau, postérieur à la sécularisation, on l'a trouvé apposé en 1772 et 1785 à des actes judiciaires de Gigny.   1155

Deux de nos nouvelles chartes mentionnent aussi, l'une le sceau du chambrier de notre monastère en 1431, l'autre, celui de l'aumônier en 1435.   Ch. XXXIII. XXXIV.

CHAPITRE XII.

Page 53, § 2.

En devenant gardiens ou avoués des monastères, les princes ou seigneurs laïcs trouvèrent l'occasion de rentrer dans la propriété des biens qui avaient été donnés à l'Église par leurs ancêtres. Plusieurs jurisconsultes attribuent même à cette protection l'origine des dîmes inféodées. Mais au reste, au lieu d'être les défenseurs des monastères, ces gardiens en étaient souvent les oppresseurs, les spoliateurs. Après la mort des abbés ou des prieurs, ils prenaient l'administration des biens, recevaient les clefs des portes, faisaient apposer les scellés, exerçaient le droit de gîte ou d'hébergeage, etc. Cet état de choses durait jusqu'après l'élection d'un nouveau titulaire.   1191

Page 54, note 37.

Le comte Etienne II est qualifié *consul*, ainsi que son cousin Guillaume, comte de Vienne, dans une charte de l'abbaye du Miroir, de l'année 1199, vue par l'auteur, *Stephano et Guillelmo consulibus*. Etienne, dit Tête hardie, comte de Bourgogne, leur bisaïeul, s'intitulait déjà consul des Bourguignons, de 1088 à 1102; puis, Guillaume d'Auxonne, comte d'Outre-Saône, leur aïeul, mort en 1156, lequel reconnaissait tenir son consulat de Rainaud son frère, comte suzerain de Bourgogne. La qualité de consul équivalait à peu près à celle de patrice ou descendant de comte. Fergand, de Grignon-en-Auxois, se qualifiait, en 1119, consul de Grignon, comme Gérard, de Fonvent, dans le XIe siècle; Guillaume, comte de Nevers, en 1076; Guillaume II, comte d'Auxerre, en 1126; Guillaume III, comte d'Auxerre, en 1147—1159; Thierry II, comte de Montbéliard, vers 1150, et Guy, comte de Nevers, en 1170, etc.....

1191   *Page* 55.

M. *Rousset* pense qu'il s'agit dans notre charte de 1191, non pas de Martia, hameau de Joudes, mais de Martia, hameau de la commune d'Aromas. Cependant, le prieuré de Gigny n'a jamais rien possédé en ce dernier lieu, dont on verra seulement que le fief fut donné, en 1330, à Perraud de Gigny par le sire de Thoire.

Page 56, § 3.

Comme il n'était pas question dans la charte de 1191 des villages actuels de Saint-Julien-sur-Suran et de Louvenne, quoique leurs dîmes et le patronage de leurs églises eussent toujours appartenu au monastère de Gigny, l'auteur de cette histoire avait déjà présumé que ces lieux n'existaient pas encore ou ne portaient pas les noms qu'ils ont aujourd'hui, mais ceux de quelques-unes des localités inconnues mentionnées dans cette charte. On doit à M. *Rousset* d'avoir élucidé cette question obscure par des recherches approfondies. En effet, il a constaté que Saint-Julien était l'ancien Loyon, et que, dans le XVe siècle, il s'appelait encore *Saint-Julien-le-Loyon*, *Saint-Julien-le-Lyon*, ou même simplement *Loyon*; qu'autour de l'antique église de ce dernier nom il y avait un presbytère, une tour féodale, un groupe de maisons; que, sur le territoire de Louvenne, se trouvaient disséminés, dans un voisinage plus ou moins rapproché, les hameaux de *Crameria*, de *Pollia*, de *Villa-Poillet* et de *Chicheviere*, mentionnés dans la charte précitée; que ces hameaux, ainsi que Loyon même, furent détruits dans le XIIIe siècle, mais que leurs noms restent encore attachés à quelques localités des communes actuelles; que, peu après cette époque, et peu après la construction du château par le comte Etienne de Bourgogne, il se forma un village nouveau, où une église châtelaine fut érigée sous le vocable de *Saint-Julien*, et que, dès-lors, celle de Loyon, conservant la qualité d'église-mère, ne fut plus fréquentée que par les paroissiens du quartier du *Molard* et de la communauté particulière de *La Rivière*, ainsi que par ceux de *Morges* et du *Petit-Lancette;* qu'en 1637 cette église-mère fut ruinée par l'armée française, et qu'en 1655 les fidèles qui la fréquentaient furent autorisés par l'archevêque de Lyon à se faire desservir par le curé de Louvenne, etc.....

1191

A l'appui de ces diverses assertions, on peut ajouter que la seigneurie de Saint-Julien a appartenu d'abord au comte Etienne, de la charte de 1191; puis, pendant deux siècles, à ses descendants; que l'ancienne église de Loyon était établie sur le territoire actuel de Saint-Julien; qu'une foire de ce dernier lieu se tient encore le jour de la décollation de saint Jean-Baptiste, patron de l'église de Loyon, etc.....

Cependant il faut dire aussi qu'un habitant de Saint-Julien figure déjà dans une de nos chartes de 1227; que l'église de ce lieu est inscrite dans un pouillé du diocèse de Lyon des dernières années du XIIIe siècle ou des premières du XIVe; que celle de Louvenne, inscrite en ce pouillé sous le nom de *Loüens*, est déjà citée dans un titre de 1300 avec celle de Loyon, etc.....

Ch. 70.

Ch. XVII.

Page 56, *note* 48.

Le lieu de *Samona* est probablement celui de même nom, qu'on connaît encore au voisinage de Montfleur et de Pouilla ou Germagna.

Page 58.

Dans l'ancien livre des fiefs de la Maison de Chalon, non-seulement la *garde du prieuré de Gigny* est mise au nombre de ceux qui relevaient de la baronie d'Orgelet, mais encore le fief de Monnetay en particulier, sans mention des autres villages de la seigneurie de Gigny.

1192

Ch. XLIV.

Page 59, § 7.

Les *murailles* du bourg de Gigny, qui, selon l'acte des Franchises de 1517, paraissaient entières et suffisantes, ne l'étaient plus en 1542. En effet, dans le Terrier ou la Reconnaissance des droits seigneuriaux dressée en cette année, on lisait : « Les habitants de Gigny seront tenus de faire le guet et garde au château, jusqu'à ce que leur bourg soit clos, muré, tenable contre les ennemis ; et lorsque cette clôture existera, ils ne feront le guet que dans leur ville seulement. »

Page 61, § 7 *bis*.

1195

Ch. VI.

En l'année 1195 environ, le prieur Aimon fut témoin d'une charte par laquelle le comte Etienne de Bourgogne, IIe du nom, accorda la franchise du péage de Sainte-Agnès aux religieux du Miroir, pour l'exploitation de leurs biens et le transport de leurs récoltes et denrées. Les autres témoins furent Renaud de Trenal, Etienne de Cesancey ; Jacques, chapelain de Sainte-Agnès ; Pierre, chapelain de Saint-Laurent, etc..... A la vérité, cette charte se trouve dépourvue de date, mais elle en reçoit une de ce qu'on y voit figurer Nicholas, qui est connu comme abbé du Miroir en 1193 et 1194, ainsi que Béatrix de Chalon, mariée en 1190 avec le comte Etienne et divorcée en 1202.

Page 62, § 8.

1198

La paroisse de Gigny, au diocèse de Genève, dont il est question dans la charte de 1198, n'est ni celle de notre Gigny, ni celle de Seigny, au canton de Gex (prise par erreur pour Gigny), mais bien celle de *Gigney*, aujourd'hui simple hameau de Corbonod, près Seyssel en Bugey.

Page 62, § 9.

1204

Les chartreux de Bonlieu ne furent guère exacts par la suite à payer l'acensement qu'ils avaient consenti en l'année 1204 ; car on voit qu'en 1288 le prieur d'Ilay le leur ayant réclamé en vain, même après leur avoir prouvé par l'exhibition du titre qu'ils en étaient débiteurs, les en quitta pour ne pas fatiguer leur conscience, en se réservant d'en faire la réclamation au prieur et aux religieux de Gigny. Cette charte de 1288 fut scellée par le prieur d'Ilay et par celui de Vaucluse, et il est à remarquer qu'alors le cens était porté à vingt sols au lieu de cinq. Ce refus, au reste, s'explique peut-être par une note qu'on lit sur un vieil inventaire, d'après laquelle cette rente aurait été amortie moyennant quatre-vingt-dix francs, que les religieux de Bonlieu auraient payés à ceux de Gigny.

Page 63, § 9.

L'usage des chartes-parties a été pratiqué durant la dernière moitié du XIIe siècle et pendant la première moitié du XIIIe, car on en connaît de 1158, 1186, 1190, 1204, 1213, 1218, 1220, 1226, 1234, etc..... C'était un acte fait double dont chaque intéressé avait un exemplaire.

Page 63, § 11, *note* 60.

Un auteur grave, *C. J. Perreciot*, pense que l'apposition des sceaux, à l'effet d'authentiquer les titres du moyen-âge, n'était pas gratuite, mais donnait lieu à percevoir *le droit de scellé*, variable et proportionnel comme celui des ventes. Il estime même que ce droit s'est converti en droit de lods.

CHAPITRE XIII.

Page 65.

Il règne toujours de l'incertitude sur le lieu qui a donné son nom à la maison de *Moysia* ou de *Moysi*. Il est même probable qu'il y a eu plusieurs maisons féodales distinctes de chacun de ces deux noms.

1208   La commune de *Maisod*, au canton de Moyrans, près la rivière d'Ain, étant un village à château, très-ancien, nommé *Moysia, Moysiacum, Mosyacum*, dans les chartes du XIIe et du XIIIe siècle, et duquel les seigneurs ont été insignes bienfaiteurs de la Chartreuse de Vaucluse, leur très-proche voisine, on pourrait croire que ce serait ce lieu qui aurait donné le nom à la famille dont il s'agit.

D'un autre côté, il y avait un fief et un château à *Moysia*, dans la commune de Romenay, au département de Saône-et-Loire, lequel fief a été tenu, dans le XIVe siècle, sous la suzeraineté de l'évêque de Mâcon, baron dudit Romenay, par Josserand, prud'homme de ce dernier lieu. Ce prud'homme, de concert avec Hugues, seigneur de Saint-Trivier-de-Courtes, tint, en 1375 environ, pendant plus de six semaines, Philippe de Sainte-Croix, son suzerain, prisonnier dans son château de Moysia avec les fers aux pieds. Ce fief, confisqué ensuite de cette voie de fait au profit de l'évêque, par arrêt du parlement de Paris de 1381, mais rendu aux héritiers de Josserand en 1383, tomba dans la maison du Biolay au XVe siècle, puis dans celle de Genevois au XVIe siècle (3), dans celle de Romanet au XVIIe, et dans celle de Fretiere au XVIIIe. On voit, en effet, que Marie-Nicole *de Fretiere de Moysia*, marraine à Gigny, en 1754, de M. Fr.-N.-Ch. de Romanet, de Rosay et Latrain, se qualifiait dame de Montsimon, Fretiere, Moysia, Vécourt et autres lieux.

D'autre part encore, M. *Rousset* a trouvé un gentilhomme, nommé *Pierre de Moysia*, ayant à Sagy sa maison-fort de Moysia, qu'il reprit de fief du seigneur de Sagy. C'était un des écuyers de Renaud de Dramelay, seigneur de Beaufort et de Presilly, qui vivait en 1367-1408, auquel

---

(3) Cette maison de *Genevois-Moysia* portait : de gueules à trois roses d'argent.

il fit hommage de plusieurs fonds qu'il tenait en fief de lui. Ce serait peut-être à cette branche qu'il faudrait rattacher *Jean de Moysia*, témoin en 1405 d'une charte de la seigneurie de Mont en la paroisse de Sagy.

1208

Enfin, il ne faut pas oublier qu'en 1191 le village de la Pérouse portait presque certainement le nom de *Moysia*.

Quant à la maison de *Moysi*, on est fondé à croire qu'elle est distincte de celle de Moysia, et qu'elle a pris son nom d'un hameau de Dommartin, comme semble l'établir une charte de 1268 insérée dans notre nouveau recueil. De cette maison ont été membres, outre ceux qu'on a cités dans l'Histoire de Gigny : *Poncet de Moysie*, de la charte susdite, et probablement le même que celui de 1272 ; *Philibert de Moysi*, mort avant 1417, possesseur de plusieurs biens à Varennes-Saint-Sauveur ; *Louis de Moysi*, écuyer, arbitre en 1479 d'un différend élevé entre les religieux du Miroir et Catherin de Duretal, et qui en eut un lui-même avec eux, en 1501, pour le noyer d'une vigne près le bief d'Escholes, à Cuiseaux ; *Philibert de Moysi*, fondateur de la chapelle N.-D. en l'église de Varennes, bien avant 1495 ; *N. N. de Moysi*, seigneurs de Château-Renaud, dans le XVIe siècle, etc.....

Ch. xiii.

Faut-il rapporter à Moysi de Dommartin plutôt qu'à Moysi de Saint-Symphorien-en-Autunois, ou qu'à Moisey de Marigny-en-Beaunois : *Jacques de Moysi*, écuyer, seigneur de Villy, au canton actuel de Nuits, en 1332 ; *Jean de Moysi*, seigneur du même lieu, mort en 1528 ; *Philiberte de Moysi*, dame aussi de Villy, mariée en 1533, etc..... ?

Page 66, § 2.

Ponce de Moysia a commencé à être prieur de Gigny après 1204, mais en ou avant 1208. On voit, en effet, par une de nos nouvelles chartes, qu'il fut présent à la donation que Pierre, fils de Ponce d'Onoz, fit, en 1208, à la Chartreuse de Vaucluse, de la grange de Verglas, et

Ch. vii.

1208 qu'il authentiqua de son sceau le titre de cette donation. Ce fut aussi lui, et non pas Aimon, comme on l'avait présumé par erreur, qui reçut, en la même année **1208**, l'hommage de Pierre de Dramelay, pour la seigneurie de Valfin.

1210 Il fut chargé aussi, en **1210** environ, avec le prieur de Vaucluse, de planter des bornes entre les possessions de l'abbaye du Grandvaux et de la Chartreuse de Bonlieu. Cette mission leur fut donnée par l'évêque de Mâcon, par le prieur de Saint-Pierre et par le doyen de la même ville, délégués par le pape pour instruire sur des scènes scandaleuses qui s'étaient passées entre les religieux de ces deux monastères du Haut-Jura. On peut lire dans le Dictionnaire de M. *Rousset*, l'historique de ces difficultés, qu'il assure avoir duré jusqu'en **1789**.

1218
Ch. IX. Le titulaire de Gigny est ensuite connu par une nouvelle charte de l'année **1218**, qui apprend que, de concert avec Humbert, abbé de Goaille; Pierre, prieur de Bonlieu; G., doyen de la Montagne, et W., archiprêtre de Saint-Amour, il fut arbitre du différend qui existait entre les chanoines du Grandvaux et les moines du Miroir, au sujet de la grange d'Etival, provenant des libéralités du sire de Cuiseaux. Or, il fut décidé que ce lieu appartiendrait aux religieux du Grandvaux, à la charge de payer une rente annuelle de douze sols estevenants à ceux du Miroir. Cette charte-partie fut revêtue des cinq sceaux des arbitres et de ceux des deux monastères conciliés.

Page **67**, § 3.

1223 Le *Meix de Léchaux*, mentionné en cet article, est peut-être la *Grange de L'Eschaux*, située en la commune de Donsurre, lieu plus rapproché de Montmerle que Nancuise, ou plutôt encore *la Grange des Eschaux*, hameau actuel de Montfleur, à Chapelle, dont la seigneurie dépendait autrefois de Gigny.

Page 68, § 6.

La charte en français de 1227 se trouve aussi publiée dans le recueil de *C. J. Perreciot* (4), mais toute mutilée et pleine de mots mal lus, sans aucun sens, tels que *Paris* pour Ponz, *Magny* pour Gigny, *Espine* pour Espernie, *Saron* pour Suren, *des Venz-jurés* pour d'Esvenz jurés, *Fourrichait* pour For Richar, *Espereur* pour Espernie, *Gué* et *Grie* pour Aigue, etc., etc.... Elle a été prise sur une très-mauvaise copie, tandis que celle de nos preuves a été fidèlement extraite de l'original..... M. *Rousset* a pensé qu'il fallait donner à cette charte la date de 1237, au lieu de celle de 1227, parce que Jean de Chalon, qui s'y trouve qualifié sire de Salins, n'a obtenu cette seigneurie qu'en 1237. Mais le titre original, très-lisible, est certainement daté de l'an 1227. D'ailleurs, une autre charte de 1213, revêtue en 1234 du nouveau sceau de Jean de Chalon, le qualifie déjà sire de Salins.

Page 68, § 7.

La charte latine de 1231, relative à Jasseron, avait déjà été publiée dans l'Histoire de Coligny, par *J. du Bouchet*, qui l'avait obtenue des archives de l'abbaye de Saint-Claude.

Page 69, § 8.

En l'année 1234, Ponce de Moysia, prieur de Gigny et abbé de Baume, fut nommé arbitre avec Humbert, chapelain de Sarrogna, et Guillaume, prieur de Sermesse, oncle du seigneur de Cuiseaux, pour terminer plusieurs contestations qui s'étaient élevées entre ce dernier et l'abbaye de Saint-Oyen-de-Joux ou de Saint-Claude, sur divers points et entre autres au sujet du Châtel-de-Joux, près Etival, que Hugues, seigneur de Cuiseaux, et Ponce, sire de Clairvaux, avaient fait fortifier. Or, les parties

---

(4) *De l'État civil*. Tome III, page 55.

1234 furent conciliées par les arbitres, moyennant la cession du Châtel-de-Joux au seigneur de Cuiseaux, à charge d'hommage envers l'abbé de Saint-Oyen, moyennant encore que celui-ci aurait droit de se retirer avec ses hommes, quand bon lui semblerait, soit dans ce château, soit dans celui de Clairvaux. On stipula ensuite une association sur divers articles entre les contendants, puis les arbitres apposèrent leurs sceaux à cette charte-partie, et y firent apposer ceux du sire de Cuiseaux et de l'abbé de Saint-Oyen. Elle fut rédigée au village de Soucia, en présence de Guy de Moysia, d'Etienne de Champagna et d'Humbert d'Autriset, tous trois chevaliers. On y trouve mentionnés encore les lieux de Pont-de-Poitte (*Pons de Peisto*), de Moyrans, de Ravilloles, de Saint-Lupicin et autres. Au reste, ce sixième acte d'arbitrage prouve, ainsi que les précédents de 1210, 1218, 1219, 1226 et 1231, le mérite de notre prieur et la confiance qu'on avait en lui.

1235
Ch. xi.
En 1235, le même titulaire de Gigny et de Baume, de l'avis et du consentement de son chapitre prieural, acensa aux chartreux de Vaucluse la dîme des vignes des Peytières et de Lachat, situées à Cuiseaux, moyennant la cense annuelle d'une asnée de bon vin, livrable le jour de la fête de Saint-Taurin. En foi de quoi, la charte en fut scellée en plein chapitre du sceau du prieur et de celui du prieuré à l'effigie dudit saint patron.

CHAPITRE XIV.

Page 70.

1236 Le savant mais trop défiant auteur du Dictionnaire historique du Jura pense que Ponce de Moysia était encore prieur de Gigny en 1237, et qu'il faut reléguer au nombre des fables le prétendu abbé de Gigny H., signalé comme titulaire en 1236, par *J. B. Bechet*, parce que les chefs de notre monastère étaient qualifiés depuis longtemps prieurs et non abbés, et aussi parce qu'une de nos premières chartes mentionne encore en 1236 notre prieur Ponce de Moysia. Cependant, il faut reconnaître aussi que la suivante, datée du 14 septembre 1236, semble indiquer qu'il était mort, par les expressions : Tunc *abbatis Balmensis*, tunc *prioris Gigniaci*. Il a donc pu vivre et mourir en 1236, et être remplacé dans la même année par H., qualifié abbé par inadvertance. Il faut être très-réservé pour traiter de mensongers des énoncés positifs et désintéressés.

1236

Ch. 74.

Ch. 75.

Page 71, *ligne* 5.

1238

Au lieu d'*Ansellin*, il faut lire Anselme, qui était déjà chapelain de Champagna en 1222 et 1230, comme André l'était aussi de Cuiseaux aux mêmes époques..... Le témoin de cette charte de 1238, *Humbert d'Arceset*, est probablement le même que *Humbert d'Altresec*, témoin en 1211 d'une autre charte de Coligny pour le Miroir, et que *Humbert d'Autriset*, chevalier, témoin de celle de 1234 qui précède et qui concerne Châtel-de-Joux. Au reste, le lieu de ce nom est aujourd'hui inconnu, à moins que ce ne soit le fief d'*Autrisel* à Châtillon-sur-Courtine.

Au sujet de l'*Hôtel* ou *Maison de Gigny à Cuiseaux*, on ajoutera ici que, selon les terriers de Champagna et de Vaux des années 1596 et 1610, les censes dues au prieuré de Gigny en ces deux lieux étaient payables ou livrables *en la maison et au grenier du seigneur-prieur de Gigny à Cuiseaux*. On voit aussi dans les mêmes terriers que quelques maisons de la *rue de l'Aumône* devaient aussi des cens à notre prieuré. Au reste, trois autres monastères avaient également, comme celui de Gigny, des

Ch. XLVII.

1238 maisons ou hôtels à Cuiseaux, savoir : 1° l'abbaye de Balerne, dont une tour près la porte Saint-Jacques porte encore le nom qu'elle avait déjà en 1265; 2° la chartreuse de Vaucluse, dont l'hôtel se trouvait, en 1509, près de celui de Balerne ; 3° l'abbaye du Miroir, qui avait le sien contigu au mur de ville occidental, sur la Grand'rue actuelle.

CHAPITRE XV.

Page 73, *note* 63.

1251 Dans les XIIIe, XIVe, XVe, XVIe et XVIIe siècles, on donnait la qualification de *maîtres* aux hommes de loi ou gradués, qu'on appelait aussi *saiges en droit*. Les notaires et les avoués de nos jours sont encore qualifiés *maîtres*.

CHAPITRE XVI.

1258 *Page* 75, § 3.

L'abergeage dont il s'agit fut consenti, en 1544, par Jean de Grandchamp, cellerier, à Claude Jeannet de Nancuise, devant J. Devif, notaire. Il comprit : « La place ou souloit avoir été construit un moulin, de la levée de deux chars de fom, ensemble décours d'eau, eyreux, aisances, appartenances, et les manants doigeant venir moudre audit moulin, dit le *Moulin de Veiria*, touchant de matin, vent et bise les communes de Veiria, et de soir le *pré Saint-Martin* aux habitants dudit lieu..... » La cense fut déclarée porter lods, vends, seigneurie et retenue.

CHAPITRE XVI bis.

GUILLAUME Ier, prieur.

Seigneurie et château de Beaufort. Nombre des religieux.

Page 76.

(Au premier alinéa, un nouveau chapitre doit être intercalé en place du § 4.)

Le prieur Guigues était mort avant 1260, car il existe un acte du mois d'avril de cette année même, qui prouve que le monastère de Gigny avait un prieur du nom de Guillaume. Cet acte est une transaction faite, sous forme d'échange, à l'occasion de quelques difficultés survenues entre ce prieur et Gile, seigneur de Beaufort. Par cette transaction, ce seigneur céda à perpétuité aux religieux de Gigny le tiers des dîmes qui lui appartenait par droit héréditaire dans la paroisse de Beaufort, et qu'il tenait en fief du sire de Coligny. Il promit par serment, à peine de 300 francs de dommages-intérêts assurés par des cautions, de faire ratifier ce seigneur suzerain, et de le faire renoncer à ce fief lorsqu'il aurait atteint l'âge de majorité.

En contre-échange, le prieur et les religieux cédèrent aussi à perpétuité tous les droits qui leur compétaient soit au château, soit à la terre de Beaufort, tant en champs, prés et bois, qu'en hommes, cens, corvées, amendes et autres droits quelconques. Ils en exceptèrent seulement : 1º le droit de patronage de l'église ; 2º les vignes dépendant du prieuré de Maynal ; 3º le droit au prieur de ce lieu de pêcher dans tous les cours d'eau, à l'exception de l'étang de Beaufort; 4º le droit d'usage

1260
CH. XII.

1260 personnel en faveur du même dans les bois de cette paroisse, avec défense audit prieur d'en vendre à personne. Enfin, ils exceptèrent encore un seul homme de cette cession, le tenementier du *meix de Monmorot* ou son remplaçant à l'avenir au même meix, lequel devait toujours rester, ainsi que ce meix, franc de toute charge féodale, personnelle ou pécuniaire, avec droit de retraite en temps de guerre dans le château, pour sa personne et ses biens, sans être tenu à autre chose qu'à aider corporellement à la défense.

Cette cession des religieux de Gigny ne fut pas pure et simple, ni entière de leur part. Ils ne la firent qu'à condition que les seigneurs de Beaufort tiendraient d'eux en fief les biens et droits cédés, et seraient leurs féaux ou vassaux prêts à les secourir et à les aider en cas de besoin. En conséquence, le seigneur Gile leur fit la foi et l'hommage corporel, et dénombra tout ce qu'il tenait d'eux en fief. Il reconnut aussi tenir de l'église de Gigny certains servis féodaux nommés *hostages*, dûs à cause des eaux et forêts et dont usaient les habitants de Beaufort. Il reconnut également tenir de même, soit la moitié des tâches dans les bois dudit lieu s'étendant jusqu'à la *fontaine de Bacchus*, soit encore dans le *meix Armangier*, deux quartaux de froment, deux quartaux d'avoine, deux pains et une coupe de vin (6 pintes); dans le *meix de Girard Febvre*, dix-huit mâconnais et une obole avec deux pains, une coupe de vin et un jambon de devant, si on tuait un cochon dans ce meix; dans celui de **Guy François**, un quartal d'avoine, etc.....

Enfin, tous ces biens et droits furent pris en fief par ledit seigneur de Beaufort sous le cens annuel de cinq sols, etc....., et la charte en fut scellée des deux sceaux du prieur et du prieuré de Gigny.

Page 76.

Le chevalier Guillaume de Montdidier, mentionné ici, est sans doute Guillaume Palatin, seigneur de Montdidier et de Riottier, vivant encore en 1285, mais mort avant 1298, après avoir été marié avec Guillemette de Coligny, morte elle-même en 1262.

1265

Page 76, *note* 66.

L'hommage est fort ancien, et il aurait déjà été en usage sous les premiers empereurs romains, selon un auteur (*Perreciot*), qui prétend que Néron le reçut de Tiridate, roi d'Arménie. Mais l'un des premiers et plus certains devoirs de fief, dans le moyen-âge, est celui que Tassillon, roi de Bavière, fit en 758 à Pepin-le-Bref. On trouve ensuite, en 830, celui d'un comte de Genève à Louis-le-Débonnaire; puis celui de Rollon, en 912, à Charles-le-Simple; puis celui du comte Ubald, en 950, pour le château de Bauffremont en Lorraine, etc...

Les meilleurs historiens de Franche-Comté ont écrit que, lors de la cérémonie de l'hommage, le vassal n'y mettait pas le genou en terre et n'y donnait pas les mains; que le suzerain n'était point assis : que tous deux étaient debout et la tête découverte. Mais il y a beaucoup d'exemples contraires à cet usage. Ainsi, plusieurs sont rapportés par notre savant ami, M. Monnier, aux dates de 1308, 1309, 1310, pour hommages rendus à l'abbé de Saint-Oyen, et un autre se trouve consigné dans notre histoire, à la date de 1713, pour devoir fait au chambrier de Gigny. On lit, qu'en cas d'absence du seigneur et de ses officiers, le vassal l'appelait, à trois reprises, pour venir recevoir son hommage; puis baisait le verrou de la porte du château et faisait dresser du tout un acte authentique. D'ailleurs, dans les deux Bourgognes, le vassal, en faisant son devoir féodal, ne devait que la bouche et les mains, comme on disait, sans redoublement de cens, sans droits de relief, de quint, ni de requint, qui étaient dûs en plusieurs autres provinces. L'hommage du fief, purement honorifique, s'appelait *baiser d'honneur*. La *foi mentie* était une félonie du vassal, une contravention à la foi jurée, et sa peine était déjà appliquée dans le XIVe siècle.

CHAPITRE XVI[ter].

GAUFREDE ou GEOFFROY Ier, prieur.

Entre le nouveau prieur Guillaume qui précède et le

1268

1269

Ch. XIV.

Ch. XIII.

prieur Guichard qui suivra, il faut encore en placer un nouveau du nom de Gaufrède ou Geoffroy, dont la découverte est aussi due aux recherches incessantes de M. *Rousset.* Ce titulaire n'est connu que par une charte qu'il authentiqua de son sceau au mois de juin 1269, et par laquelle Hugues, seigneur de Montadret, concéda aux chartreux de Vaucluse le droit de faire pâturer leurs bestiaux dans l'étendue de sa terre, droit que Hugues de Dramelay, son père, leur avait déjà concédé.

Ce chef du prieuré de Gigny n'y siégea pas longtemps, puisque Guichard l'avait déjà remplacé en 1270, comme on va le voir bientôt. Mais il fonctionnait déjà probablement en 1268, lorsque Guy, prieur de Moux près Cuiseaux, scella, ainsi que l'abbé du Miroir, un acte de gagere ou d'engagement entre Humbert d'Andelot et Poncet de Moysie, acte dont il sera encore parlé plus tard.

CHAPITRE XVII.

1270

Ch. VI. VIII. X.

Ch. XVII.

Page 80, § 3.

Outre les chapelains mentionnés, on en a trouvé aussi à Sainte-Agnès et à Saint-Laurent-la-Roche, en 1195; aux Faisses, à Poitte et à la Frânée, en 1209; à Champagna, en 1222, 1230; à Cuiseaux, en 1230; à Sarrogna, en 1234. Les qualifications de recteur et de curé n'ont été usitées, en place de celle de chapelain, que sur la fin du XIIIe siècle, puis dans les XIVe et XVe.

Page 81, §§ 4, 5.

Un ancien pouillé de l'archevêché de Lyon, publié en 1671, par l'historien de ce diocèse, place l'église paroissiale de Gigny dans l'archiprêtré de Treffort, tandis qu'on y trouve l'église de Véria inscrite au nombre de celles de l'archiprêtré de Coligny. Il en résulte donc qu'à l'époque de la confection de ce pouillé, ces deux églises n'étaient pas encore unies, puisqu'elles dépendaient même de deux archiprêtrés différents. Ce pouillé remonterait à peu près à l'an 1200, si l'église de *Loüens*, qu'on y trouve inscrite à l'archiprêtré de Treffort, était celle de la ville actuelle de Louhans, qui a cessé à cette époque de faire partie du diocèse de Lyon, pour être incorporée à celui de Besançon. Mais l'église en question n'est pas celle de Louhans; c'est sans doute, par suite d'une orthographe vicieuse, celle de *Loüenne* ou Louvenne près Gigny, où il y avait un prieuré. La vraie date de ce pouillé correspond à peu près à l'an 1300, car il cite encore le prieuré des Creux, uni en 1310 à la chambrerie de Nantua, celui de Châtel-Chevrel uni vers 1315 à celle de Gigny, celui de Ceyseria uni en 1318 à la mense d'Ambronay. Cette date concorde aussi à peu près avec la déclaration de l'historien Lamure, qui dit, en 1670, avoir fait sa liste à l'aide des *catalogues ou pouilliers dressés depuis* 300 *ans en çà*. Il en résulte donc que les églises de Gigny et de Véria n'ont pu être unies que de 1310 à 1330 environ. Au reste, si on s'en rapportait au premier pouillé du diocèse de Saint-Claude dressé en 1737, l'église de Véria aurait été curiale proprement dite, et celle de Gigny succursale seulement, car ce pouillé énonce *l'église de Saint-Martin de Veyriat avec sa succursale de Saint-Thaurin de Gigny.*

1270

Page 83, § 6.

On lit que, par arrêt du 6 janvier 1746, le curé de Véria (et de Gigny) fut maintenu en possession de percevoir chaque année deux mesures de froment par feu de ses paroissiens. C'est ce qu'on appelait sa *moisson*, qui était indépendante de la dîme et de la gerbe de passion,

1270 et sur laquelle on reviendra. Dans un bail de 1778, à Véria, on chargeait encore le fermier de la moisson ou des quarterons dûs au curé.

De la cure de Gigny dépendait une vigne située à Chevreau et mentionnée en un titre de 1480.

Le pré du *Stabat* a été vendu, le 23 mars 1791, moyennant 1,800 francs, et les cinq petits champs au prix de 655 francs, tous ces immeubles comme biens nationaux.

Page 83, § 7.

Le vicaire de Gigny, délégué par l'évêque de Saint-Claude, fit, le 2 mars 1761, en l'honneur de Saint-Taurin, la bénédiction de la cloche de l'ancienne église paroissiale. Celle-ci ayant été ensuite interdite en juillet 1772 par ordonnance de ce prélat, les mariages furent tous contractés dans l'église de Véria et inscrits aux registres de ce lieu, pendant l'année 1773 ; mais on les retrouve dans ceux de Gigny dès 1774. Plus tard, le 17 juin 1781, la nouvelle église paroissiale fut bénite par M. de Faletans, doyen du chapitre, spécialement délégué à cet effet par l'évêque, et assisté du vicaire et de J.-B. Collin, ancien curé de Montagna.

Page 85, § 8.

Les trois petites pièces de terre de la *Chapelle-de-Sainte-Croix*, contenant ensemble un journal et demi environ, ont été vendues moyennant 705 francs, comme biens nationaux.

Page 85, § 9.

Les *Familiarités* ou associations d'ecclésiastiques nés et baptisés dans la même ville ou dans le même bourg, étaient très-multipliées dans les deux Bourgognes. On en comptait 53 en 1750 dans la seule Franche-Comté, où elles avaient été autorisées dès l'année 1208 par l'archevêque de Besançon. Dans notre voisinage, il y en avait non-seulement à Gigny et à Cuiseaux, mais encore dans beaucoup de lieux peu importants aujourd'hui, comme Sainte-Agnès, Bellevêvre, Chilly, Fetigny, Saint-Julien, Saint-Laurent, Montfleur, Neublans, le Petit-Noir, etc... Les familiers de Bourg-en-Bresse étaient appelés, dans le XVIe siècle, prêtres *incorporés* ou *remembranciers* de l'église N.-D., et ceux de Givry en Chalonnais, *concurés*. Selon M. *Rousset*, la familiarité de Gigny a été établie, comme la plupart des autres, dans le XIVe siècle; mais nous ne l'avons trouvée mentionnée pour la première fois qu'en 1668.

1270

Ch. LIII.

Au milieu du XVIIIe siècle, il y avait dans l'église paroissiale de Gigny, comme en beaucoup d'autres, une *conférence* ou confrérie de femmes et de filles, sous l'invocation de la sainte Vierge fêtée le 8 décembre. Or, le 20 janvier 1746, l'évêque de Saint-Claude accorda sur requête à cette conférence la faveur de la bénédiction du Saint-Sacrement ledit jour de fête de la sainte Vierge, et octroya les indulgences épiscopales aux membres de cette confrérie qui, confessés et communiés, visiteraient l'église paroissiale ce jour-là, et y réciteraient cinq *Pater* et cinq *Ave*. Ces concessions furent renouvelées par le même évêque en 1752 et 1760, dans le cours de ses visites pastorales.

Page 86, § 10.

On lit qu'à Saint-Rambert en Bugey il y avait aussi un *cimetière des enfants* âgés de moins de sept ans.

De nos jours, à Ouroux près Chalon-sur-Saône, on ne sonne point les cloches à la mort des enfants qui n'ont pas encore fait leur première communion, mais seulement une grosse clochette dans l'intérieur de l'église. On les inhume ensuite hors rang dans un coin du cimetière.

Page 87, § 10, *à la fin*.

On a inhumé trente-une personnes de Gigny à Véria,

1270 du 17 octobre 1787 au 7 octobre 1788 ; la première inhumation au nouveau cimetière de Gigny eut lieu le 28 octobre de cette dernière année.

Le chemin qui cotoie ce nouveau cimetière à l'occident n'a été ouvert ou élargi, tant pour y parvenir que pour exploiter la prairie et le finage des *Terres-sous-la-Roche*, que de 1784 à 1788. Il n'y avait auparavant qu'un petit passage pour la desserte des Condamines, tandis que celle de cette prairie et de ces terres était pratiquée par le chemin qui conduit *en l'Isle* et par celui qui passait devant la chapelle de Saint-Taurin. L'élargissement eut lieu moyennant une lisière de la Condamine donnée en indemnité au propriétaire riverain du côté du soir. Ce chemin nouveau a été converti, de 1840 à 1845, en chemin de grande communication.

Page 88, § 11.

1272 Le château de Belvier dont il est ici question, est celui de Beauvoir, en la commune de Beaupont, seigneurie tenue dans les XIIIe et XIVe siècles par les gentilshommes de nom et d'armes de Loysia. La dame Béatrix, qui fit hommage en 1272 au comte de Savoie ou à Sybille de Bâgé, était sans doute la veuve de *Perraud de Loysia*, père de *Guillaume de Loysia*, peut-être aïeul de *Jean de Loysia*, damoiseau à Beauvoir en 1307, et de *Perraud de Loysi*, seigneur de ce lieu en la même année, et toujours vassal dudit comte de Savoie.

Le fief que cette veuve se réserva en faveur du prieur de Gigny était probablement celui pour lequel des hommages furent faits en 1379 et 1407 par les seigneurs de Coligny, à cause de Loysia, lequel se trouve encore rappelé en 1444.

Page 88, *note* 72.

Il y a une erreur à reconnaître dans cette note : *Jacques de Montmoret* dit *Arragon* se maria avec Marguerite N......, veuve de Milon,

CHAPITRE XVII.

seigneur de la Roche-du-Vanneau, et donna ses deux seigneuries de Loysia et de Crilla à Jeanne de la Roche, fille unique de sa femme et dudit Milon, lorsqu'elle se maria en 1298 avec Jean de Coligny.

Page 89, § 12.

Dalmas de Gigny, ici nommé, a été aussi par erreur qualifié chanoine de Chalon. C'était un chevalier qui fut témoin, en 1080, de l'élection de l'évêque de cette ville.

Page 91, § 14.

Michel de Gigny et *Jean de Gigny*, tous deux baillis successifs de Jean de Chalon, comte d'Auxerre, figurèrent en 1301 comme arbitres d'un différend survenu entre les habitants d'Orgelet et ceux de Plaisia.

Page 92, § 14.

Aux membres de la maison de Gigny mentionnés dans ce chapitre il faut encore ajouter *Jean de Gigny*, noble homme, bourgeois de Saint-Amour, marié avec Jeannette de Vaulgrigneuse, vivant tous deux en 1423, 1449 et 1452. En cette dernière année, un grand nombre d'habitants de Montfleur, Saint-Pierre, Dancia, Pouilla, Germagna, Thoulonjon, Barésia, Montagna-le-Templier et Charnod, firent à cette dame de nombreuses reconnaissances, à cause de sa censive dans la châtellenie et le mandement de Montfleur. Ils reconnurent être ses hommes, ténementiers et emphyteotes, débiteurs de divers cens en argent, froment, avoine et poules. Ces reconnaissances furent dressées à Dancia par Guillaume Ancelin de Saint-Pierre, clerc et notaire, député ou commis à cet effet. Jean de Gigny et Jeannette de Vaulgrigneuse n'ayant probablement pas eu d'enfants, celle-ci testa, en 1467, en faveur de Perceval d'Arestel son neveu, qui obtint ainsi le fief de la prévôté de Montfleur qui avait été inféodée aux auteurs de sa tante et de sa mère. A ce nouvel individu de notre maison féodale il faut joindre

1272 aussi, d'après M. *Rousset*, *Béatrix de Gigny*, qui, en 1423, était veuve de Bertrand-le-Gallois, et jouissait alors, à titre de douaire, d'un fief qui entra dans le lot de Guillaume de Vaudrey, seigneur de Courlaou. Ce savant historien du Jura pense que la *prévôté de Gigny* fut concédée à titre héréditaire à la famille noble qui prit le nom de ce bourg. Il attribue même à une pareille inféodation de prévôté, de mairie ou de sergenterie, l'origine des très-nombreuses maisons portant la dénomination de lieux dont elles n'avaient pas la seigneurie, telles que, dans notre voisinage, celles d'Arlay, de Baume, de Beaufort, de Château-Chalon, de Chatonnay, de Chaussin, de Chevreau, de Cluny, d'Orgelet, de Saint-Julien, de Saint-Laurent-la-Roche, de Neublans, de Perrigny, etc...

Page 93, § 16.

« L'*ancien château* ou *maison-forte* de Gigny, assis en dessus la ville et devers matin, était composé, selon M. *Rousset* : 1° d'un principal corps de logis de 44 mètres de longueur sur 16 de profondeur, séparé des maisons claustrales par une cour et par un jardin en terrasses, fermés de murs ; 2° d'une grande cour au bas du jardin, bordée au nord de petits bâtiments servant de volière ; 3° d'une autre petite cour à l'orient de la maison. Un escalier à deux rampes conduisait de la cour du chapitre à la terrasse du prieur. Ce château était très-élevé et soutenu aux angles par des contreforts en pierres de taille. Les appartements étaient vastes, éclairés par de grandes fenêtres coupées par des meneaux et disposées sans régularité. Des bâtiments accessoires servaient d'écuries et de remises. Une tour carrée était destinée à renfermer les prisonniers. »

On lit le millésime 1776 sur une pierre de porte de cave du château actuel, c'est la date de la reconstruction.

Page 94, § 17.

1272

La plénitude du pouvoir seigneurial pour le prieur de Gigny dans tous les villages dépendants de sa terre, éprouvait à Louvenne une petite exception dont on doit encore la connaissance aux recherches incessantes de M. *Rousset*. En effet, le seigneur de Saint-Julien avait le droit d'y exercer toute justice pendant deux jours de l'année, depuis l'heure de midi du jour de la veille jusqu'à la même heure du jour du lendemain de la fête patronale du 15 août Le curé devait alors remettre les clefs de son église aux officiers du seigneur de Saint-Julien, qui, durant ce laps de temps, pouvaient rendre la justice avant ceux de tout autre seigneur, prononcer en dernier ressort, adjuger les amendes, percevoir les droits de vente sur les marchandises amenées à la fête, échantillonner les mesures, permettre les jeux, les danses, etc., etc..... Le prieur de Gigny devait cinq sols estevenants aux prévôts de Saint-Julien pour les indemniser des frais d'établissement des tables et des bancs nécessaires pour la tenue de la justice. Le même seigneur avait de semblables droits aux Creux, prieuré en la commune actuelle de Lains, la veille, le jour et le lendemain de la fête de Saint-Laurent. Mais, au reste, l'exercice de ces droits à Louvenne était probablement tombé en désuétude dans les derniers temps du régime féodal, car les titres locaux n'en font aucune mention, la tradition elle-même s'en est perdue, et la fête du 15 août, modeste alors comme de nos jours, n'était accompagnée d'aucun concours extraordinaire de peuple ou de marchands.

Page 95, § 18.

Le monticule où était établi le signe patibulaire à deux colonnes, portait non-seulement le nom de *Fourches*, mais aussi celui de *Mont-du-Sect*, et les terres voisines s'appellent encore maintenant *Sur-Sec*. Les sujets de la

Ch. XLIV.

1272 seigneurie étaient obligés, sous peine d'amende, d'y assister, *embâtonnés* ou armés de bâtons, aux exécutions à mort. Dans un grand nombre d'autres seigneuries, l'emplacement de la potence était également désigné sous la dénomination de *Fourches*, comme à Balanod, Clairvaux, Courbouson, Ecrille, Fetigny, Virechâtel, etc.; dans quelques-unes, sous celles de *gibet, justice, penderie*, etc.....

Le signe patibulaire était la marque distinctive du seigneur haut justicier, comme le carcan et le ceps l'étaient du moyen.

Page 97, § 21.

Ch. XLIV. Les *cens* en argent ou en grains devaient être payés ou livrés au château de Gigny, après la criée sur le faîte, sous peine d'amende.

Page 97, § 22.

Ch. XLIV. Outre le droit des *langues* de grosses bêtes tuées dans les boucheries, lequel compétait déjà à l'infirmier du monastère bien avant 1542, le prieur de Gigny avait aussi le droit d'exiger « sur chacun faisant lard pour leur bacon un *jambon* de porc; mais il devait à ceux des villages de Graye et Charnay treize pintes de vin et treize pains de tiers, chacun an, au tiers jour après Noël. »

Page 97, § 23.

Ch. XLIV. La *bûche de Coulon* ou souche de Noël, due par chaque habitant de la seigneurie, est désignée dans le terrier de 1542 sous le nom de *bûche du Lethon*.

Page 98, § 24.

Dans le principe, les sujets furent *corvéables* et taillables à merci ou discrétion du seigneur; mais, dès le règne de Charlemagne, les corvées furent fixées à un certain nombre. Or, outre les deux *corvées de charrue* pour la culture des condamines qui étaient dues par chaque habi-

Ch. XLIV. tant de Gigny *faisant charrue*, il en était dû autant, selon

le terrier de 1542, par chaque laboureur des autres villages de la seigneurie, ou, à défaut, quatre gros vieux pour chaque corvée. Les corvéables de ces villages devaient aussi des *corvées de voiture*, savoir : ceux de Graye et Charnay, pour aller chercher et amener au château de Gigny, en temps de vendange, le vin du clos de Champagna, et les autres pour amener celui du clos de Saint-Jean-des-Treux. Les premiers étaient en outre tenus de faner et charroyer le foin de l'étang de Saint-Sorlin à Graye, et les seconds celui du pré Le Comte à Croupet, auquel pré le prieur devait faire conduire et déposer les tonneaux vides destinés au charroi du vin du clos Saint-Jean. Au reste, durant toutes ces corvées, ce même seigneur devait aux corvéables les droits accoutumés, c'est-à-dire la nourriture des hommes et des bestiaux, et même du bois de charronage, si les chars étaient en mauvais état. 1272

Page 98, § 25.

A l'occasion de la *banalité des moulins*, il est bon d'ajouter ici : que, selon la jurisprudence féodale, l'usage des moulins à bras et des moulins à vent n'était permis qu'avec l'agrément du seigneur propriétaire des moulins à eau ; que les meuniers étrangers ne pouvaient venir chercher à moudre dans la seigneurie ; que la banalité ne s'étendait que sur la mouture destinée aux hommes et non sur celle destinée aux animaux ; que les assujettis pouvaient aller moudre ailleurs, si on ne pouvait les servir dans les vingt-quatre heures, etc.....

Quant à la *banalité des fours*, on voit par le terrier de 1542 que, nonobstant les statuts de saint Louis, il y avait un four banal non-seulement à Gigny qui était un bourg, mais encore un à Louvenne, sur lequel il était dû au seigneur-prieur, à cause du bois de chauffage, un cens annuel de cinq florins et de deux gros et demi, monnaie

CH. XLIV.

1272 de Bourgogne ; un autre, à Montrevel, chargé de quatre florins de roi ; un autre, à Morges, devant vingt-sept gros vieux ; un autre, à La Pérouse, débiteur de trente gros ; un autre enfin, à Croupet, auquel le bois de Marleya aurait été affecté.

Page 99, § 25.

Outre la banalité des fours et des moulins, le prieur de Gigny avait certainement aussi, dans le principe, la *banalité des bois*, c'est-à-dire la propriété de ceux-ci, et le droit d'empêcher les habitants d'en user ou du moins d'en mésuser. Si, dans le XVIe siècle, ceux-ci eurent gain de cause contre lui, et s'il s'ensuivit un traité restrictif de ce droit, on peut affirmer que ce fut à tort, ainsi qu'il sera dit ci-après.

Page 99, § 26.

CH. XLIV. Nonobstant le droit féodal de *banvin*, mais par exception, les habitants de Gigny pouvaient vendre du vin en août, depuis les Vêpres de la veille de la fête de Saint-Taurin, jusqu'aux Vêpres du jour même de cette fête.

Au reste, selon la jurisprudence du régime féodal, le droit de banvin n'ayant été accordé aux seigneurs que pour faciliter la vente du vin de leur crû avant la vendange, il avait ses restrictions. Ainsi, il leur était défendu de vendre d'autres vins que ceux de leurs vignes, et de faire le métier vil et dérogeant de cabaretier ou tavernier. Ils ne pouvaient non plus le vendre qu'à la porte de la maison seigneuriale, et *sans assiettes*, c'est-à-dire sans donner à manger, etc..... Mais déjà, en 1542, ce privilège féodal était adjugé au plus offrant enchérisseur, qui était probablement un pur et simple cabaretier.

Page 99, § 27.

CH. XLIV. Les *lods* devaient être payés dans le délai de quarante jours, sous peine de l'amende de soixante sols. Mais, d'ailleurs, on n'a trouvé aucun indice que les habitants de la seigneurie de Gigny fussent sujets aux *milods*, ni au *quart* et *requart*, ni au *quint* et *requint*, ni au *relief*. 1272

Page 100, § 32.

Lors du terrier de 1542, les sujets de la seigneurie étaient encore obligés, comme on a vu ci-devant, de faire le *guet* et la *garde* au château du prieur. Celui-ci avait également à cette date le droit d'instituer un *capitaine-châtelain*, devant lequel tous les hommes de la terre devaient faire *montre d'armes*, sous peine d'amende, au moins une fois par an, et, en cas d'imminent péril de guerre, chaque fois qu'il y avait lieu. Ce genre de revue militaire continuait d'être pratiqué à cette époque, car celui qui écrit ces lignes a lu le procès-verbal de celle qui fut faite en 1537 au château de Branges. On lit même qu'une montre d'armes eut lieu en 1610 dans le comté de Montbéliard. Ch. XLIV.

Page 100, § 34.

La *mesure* de Gigny est mentionnée dans trois de nos pièces justificatives, en 1437, 1542 et 1778. Elle était marquée aux armes du prieur, et nul ne pouvait user d'une autre dans la seigneurie, à peine de l'amende de soixante sols. Ch. 120. 147. XLIV.

Page 100, § 35.

Les *notaires* de Gigny, comme ceux de Sainte-Agnès, Saint-Amour, Arlay, Bletterans, Chavannes S.S., Clairvaux, Saint-Laurent-la-Roche, Lons-le-Saulnier, Montfleur et Ruffey, envoyaient sceller leurs contrats au tabellionné de Montmorot.

Page 101.

La *mainmorte* a été aussi nommée quelquefois *mortemain, mortabilité, loi salique, condition de corps, conditio colonaria, manentitia, sedentitia, ascriptitia*. On appelait encore vulgairement *moussards* les gens de cette classe. Enfin, on a de plus appliqué à la mainmorte l'expression

1272 de *pouëte, poueste, poeste*, dérivée de *potestas*. Mais, selon la Coutume du duché de Bourgogne, les gens de poeste n'étaient pas précisément des mainmortables; c'étaient des hommes à peu près libres, à l'exception qu'ils ne pouvaient s'assembler, ni délibérer, ni s'imposer sans la permission de leur seigneur. Or, c'est presque la condition actuelle de tous les Français, surtout depuis 1848, sans qu'ils soient néanmoins mainmortables.

Il y a eu de grandes dissertations sur l'origine de la mainmorte, mais en réalité on doit reconnaître qu'elle nous est venue directement des Gaulois nos ancêtres, qui, au rapport de *César*, étaient déjà divisés en trois classes fort analogues à celles de la noblesse, du clergé et du tiers-état. Cet auteur dit positivement que le peuple y est à peu près esclave au service des chevaliers et des druides (5). La mainmorte a donc été la dernière forme de cet esclavage.

Le mainmortable ne pouvait pas démembrer son meix ou tenement sans la permission du seigneur, qui pouvait enjoindre de le réunir dans l'année, à peine de commise; c'est ce qu'on appelait *droit de bordelage*..... A Bletterans, s'il abattait l'oiseau du tir, le coup était regardé comme nul, et le tireur ne jouissait pas des privilèges ordinaires, ne profitait pas de son adresse..... Il ne pouvait pas plus disposer de sa personne que de ses biens; on lit même qu'en 1397, l'abbé de Montier-en-Der, seigneur en mainmorte, fit condamner un père qui avait fait tonsurer ses

---

(5) *In omni Gallia eorum hominum qui in aliquo sunt numero atque honore genera sunt duo. (Nam plebs pene servorum habetur loco, quæ per se nihil audet et nulli adhibetur concilio. Plerique, cum aut ære alieno aut magnitudine tributorum, aut injuria potentiorum premuntur, sese in servitutem dicant nobilibus. In hos eadem omnia sunt jura quæ Dominis in servos). Sed de his duobus generibus, alterum est* Druïdum, *alterum equitum.* BELL. GALL. 6.

deux fils sans sa permission, *à ôter ou faire ôter lesdites tonsures de clerc, réellement et de fait, et à en faire amende aux religieux*... Enfin, en certains lieux, il était incapable d'être pourvu de bénéfices ecclésiastiques et d'offices séculiers.

1272

Pour se succéder entre eux, les mainmortables devaient avoir même domicile, même feu, même sel et même pain. Ils devaient respirer la même fumée et manger le pain du même pétrin (*omokapnoi* et *omosipuoi*, comme disaient *Charondas* et *Epimenides* (6), autour du seul *chauffoir*, de la seule *cheminée au large* qu'il leur était permis d'avoir dans le meix. Une seconde cheminée eût été un démembrement de celui-ci et aurait donné lieu au droit de bordelage. Cette cheminée n'avait pas de pied ou d'appui sur le sol, sans doute pour rappeler à ceux qui s'y chauffaient que ce sol ne leur appartenait pas (7).

La suppression de la mainmorte, proclamée dans la nuit du 4 août 1789, fut accueillie avec enthousiasme dans les pays grevés de cette servitude odieuse. Deux ans plus tard environ, le 14 juillet 1791, dans une fête patriotique à Saint-Laurent-en-Grandvaux, on brûla solennellement, en mémoire de son abolition, une main figurée par un gant de peau, dont les cendres furent jetées au vent. Deux années ensuite, en 1793, cette commune, toujours sous l'impression de son ancien asservissement, échangea son nom religieux contre celui de *main-libre*. L'amour de la liberté avait fait des progrès chez les descendants des Gaulois de César, qui s'asservissaient volontairement à la suite des nobles; de ceux qui se soumettaient par familles entières à la condition mainmortable, en 1016, 1326, 1431, 1461, 1491, 1496, 1691, etc.....; de ceux qui préféraient

---

(6) *Aristot*. Politic. I. c. 2
(7) *Voyez* mon mémoire sur les constructions en bois dans l'*Annuaire du Jura* de 1853, p. 330.

1272 l'argent à la liberté en 1315, lorsque Louis-le-Hutin leur proposait d'acheter à un prix modique leur affranchissement.

Au reste, sous le rapport de la population et de l'agriculture, la suppression de la mainmorte a eu des effets tout opposés à ceux qu'on en attendait. Au lieu d'attirer des habitants dans les pays naguères assujettis, cette suppression a été cause que ceux qui y étaient fixés, étant devenus libres, les ont quittés et sont allés s'établir ailleurs, pour s'y livrer à quelque spéculation ou à quelque industrie, en renonçant à l'agriculture. On en acquiert la preuve en comparant la population des communes mainmortables et des communes franches aux deux époques de 1790 et de 1856. Or, ce calcul appliqué par l'auteur aux communes purement rurales et agricoles du département du Jura, a établi qu'en 1856 la population des premières s'est trouvée diminuée de $1/13^e$ 465 fract. déc., de ce qu'elle était en 1790 ; qu'au contraire, celle des communes franches ou affranchies d'ancienneté, s'est trouvée augmentée de $1/17^e$ 890 frac. Ainsi donc, quoi qu'on en ait dit, la mainmorte était favorable à l'agriculture, et l'on conçoit bien que des hommes attachés à la glèbe devaient mieux cultiver un sol inaliénable que des fermiers, cultivateurs temporaires ou précaires.

Page 104, § 37.

Il n'y avait point de *colombier* féodal en 1771, dans l'enceinte du chapitre de Gigny, et MM. de Faletans, doyen, et de Gonsans, chanoine, en louaient chacun un dans le bourg. Or, en cette année, le procureur d'office ayant sollicité la suppression des quatre colombiers de pied qui y existaient et d'un cinquième qui se trouvait à Guinan, hameau de Louvenne, ces deux nobles religieux ne s'y opposèrent pas, tout en déclarant qu'ils avaient le droit d'en posséder. en leur qualité de seigneurs du lieu ;

mais cette affaire n'eut pas de suite. Au reste, un arrêt **1272** du parlement de Besançon, du 27 juin 1772, disposa : 1° que nul ne pourrait, à l'avenir, avoir de colombier à pied, à moins d'être seigneur en toute justice territoriale ; 2° que nul ne pourrait tenir *volière* ouverte, à moins de posséder sur le territoire soixante journaux de terre labourable, ou à moins d'y avoir une directe féodale de pareille étendue, sans préjudice toutefois des droits acquis par titres ou possession trentenaire, tant pour les colombiers à pied que pour les volières, sans préjudice encore de la faculté aux curés d'avoir une volière à leur usage seulement.

Aux nombreux droits seigneuriaux du prieur de Gigny dont on a parlé, il faut ajouter encore celui d'un *chevreau*, qui fut reconnu en 1542 par les sujets de la seigneurie, Ch. XLIV. pour chaque chèvre qu'on tenait. Mais, au reste, on n'a trouvé aucun indice des droits féodaux de *gîte aux chiens* de chasse, ni de *boucherie banale*, ni de *champart* sur une partie des fruits après la dîme, ni de *chassipolie* destiné à nourrir le concierge du château, ni de *proti* ou protection dû par l'étranger qui venait s'établir dans une seigneurie, ni de *garenne* permettant d'y enclorre les héritages d'autrui avec ou sans indemnité, ni d'*étangs* permettant d'inonder les bois, prés, ou champs voisins, aux mêmes conditions ; ni d'*arpentage* ou de *revenant-bon* donnant la propriété des *terrains vagues* après l'arpentage des biens des particuliers. On verra seulement qu'en 1691, le prieur de Gigny réclama en vain un droit de *tâches*, avec liberté d'acenser la plaine du Vernois.

Page 104, § 38.

On a vu précédemment que le prieur Guillaume I avait donné en fief, en 1260, tous les droits qu'il possédait au château et au territoire de Beaufort, au seigneur de ce lieu qui lui en avait fait hommage.

1272 *Page* 105, § 38.

Malgré la haute féodalité et la grande seigneurie du monastère de Gigny, on n'a découvert aucune trace ou commencement de preuve qu'il ait jamais eu de blason ou d'*armoiries*, comme en avaient dans le voisinage les abbayes de Balerne, de Baume, de Saint-Claude, de Cluny, de Saint-Pierre de Chalon et de Tournus.

CHAPITRE XIX.

Page 106.

1278 Lisez Guillaume II au lieu de Guillaume I, à cause du nouveau chapitre XVI bis.

Page 108, § 4; *après le* 1er *alinéa*.

1286 Le 4 juillet 1286, l'archevêque de Lyon tint un concile provincial à Mâcon, où furent appelés non-seulement les évêques suffragants, mais encore les abbés, prieurs et chapitres du ressort de son diocèse, de manière que le prieur de Gigny doit y avoir assisté, ou n'avait pu répondre à cette convocation. Les seuls prélats susdits sont mentionnés dans les actes de ce concile.

Page 108, § 4, 2e *alinéa*.

Jacquin de Saint-Nizier, mentionné ici, est sans doute le même que *Jacquet de Signisiey* qui, en 1272, fit hommage-lige au sire de Bâgé, pour sa maison-forte de Signisiey, garnie de forts et entourée de fossés.

Page 109, § 4.

1290 Sous notre prieur Guillaume II, l'abbé de Cluny, ensuite d'une permission du pape, leva pendant six ans, à dater de 1290, le vingtième des revenus de tous les monastères dépendant de son abbaye. Or, il est à croire que celui de Gigny, qui en relevait depuis près de deux cents ans, se soumit de bonne grâce à cette exigence, et n'imita pas l'abbaye de Baume et ses prieurés de Jouhe et de Lons-le-Saulnier, qui prétendirent de nouveau ne pas dépendre de Cluny.

Page 109, § 5.

Ce fut probablement en l'année 1294 que Henri d'Antigny, seigneur de Sainte-Croix, fonda un anniversaire dans l'église de Gigny, duquel il est parlé à la page 512 de l'Histoire, car c'est en cette même année qu'il testa et mourut. Si ce n'est pas ce puissant seigneur, ce doit être Henri d'Antigny IIe du nom, son fils, qui n'est mort qu'en 1317.

1290

1294

Page 110, § 6.

La tradition porte aussi qu'à Ambronay une dame de Dompierre aurait donné de grands biens à cette abbaye, moyennant quatre pieds carrés dans le paradis.

Page 111, § 7.

On a constaté à Graye et Charnay :

En 1614,	27 feux.	
En 1790,	400 habitants.	
En 1836,	342	—
En 1841,	354	—
En 1846,	378	—
En 1851,	346	—
En 1856,	315	—

Page 111, § 7.

En 1791, on a vendu quatre-vingt-deux soitures et demie de prés situés à Graye, provenant du chapitre de Gigny, moyennant 79,000 francs, savoir :

Le 31 janv^{er}, six pièces, contenant	16 soit. 1/2,	16,314 f.
Le 3 mars, l'étang St-Sorlin (8),	17	16,300
A reporter...	33 soit. 1/2,	32,614 f.

(8) L'*étang Saint-Sorlin* était déjà réduit en nature de pré en 1542, lequel les habitants de Graye étaient tenus, comme il a été dit, de faner et de charroyer.

CH. XLIV.

1294

	Report...	33	soit. 1/2,	32,614 f.
—	La Culée sous la Chaussée,	2		2,150
—	Entre les deux Eaux,	2		1,850
—	En Dannessia,	2		1,925
—	Ibid.	»	3/4,	420
—	Pré Malhomme,	»	1/2,	425
—	» de l'Aumônerie,	7		8,000
—	» Canain ou Censier,	»	1/8,	150
—	» de Chamballerie au Chambrier,	2	2/3,	2,075
—	» » au doyen,	2	2/3,	2,200
—	» » au chapitre,	2	1/3,	2,200
—	La Mergatiere,	5	3/4,	2,025
—	Le Vernois,	2	1/6,	2,025
—	La fausse Montange,	1	1/2,	1,520
—	Les Petites,	12	1/2,	12,200
—	Culée des Petites,	4	1/6,	3,975
—	Pré couronné,	2	1/2,	1,300
—	» Manet,	4	1/4,	1,946
	Total.....	82^s 1/3,	1/24,	79,000 f.

Pages 114, 115, § 10.

CH. XLIV. Le terrier de 1542 porte « qu'au prieur de Gigny compète et appartient le droit de relever, pour l'élection du blief de la *châtellenie de Cropet*, deux mesures de bled par chacun an » Or, d'après ce titre, il paraît que cette châtellenie comprenait les villages de Cropet, Louvenne, Morges, Montrevel, La Pérouse et Monnetay, dont les habitants seuls (à l'exclusion de ceux de Gigny, du Villars, de Graye et de Charnay), étaient obligés, comme on a vu, à faner et charroyer le foin du pré Le Comte et à aller chercher le vin du clos Saint-Jean. Il en résulterait que la seigneurie de nos religieux aurait été composée des trois châtellenies de Gigny, de Cropet et de Graye.

On a vendu, le 23 mars 1791, moyennant 20,700 francs, **1299** vingt-neuf soitures de prés situés à Cropet, y compris la moitié du Grand-Pré dépendant du territoire de Gigny, tous provenant du noble monastère, savoir :

Pré Le Comte. . . .	12 soitures 2/3,	11,400 fr.
Grand-Pré.	12	6,300
Pré Merla.	1 1/2,	1,550
La Foule Jean Guyot.	1	450
La Rochette	2	1,000
Total.	29 soitures 1/6,	20,700 fr.

Page 115, § 11.

La population du village de Cropet seul a été reconnue :
    En 1614, de 16 feux.
    En 1790, de 166 habitants.
    En 1851, de 100   »

Page 116, § 12.

En ce qui concerne la maison de Graye, on trouve encore qu'en 1391, *Huguenin de Graye*, du consentement de Guy de Vienne, seigneur de Chevreau, vendit à l'abbaye du Miroir, moyennant 22 francs d'or, les biens qu'il possédait dans la châtellenie dudit Chevreau.

CHAPITRE XXI.

Page 118, § 1.

On ignore si Pierre de Feillens était déjà prieur en 1299, **1299** lorsque Girard de la Palud, chevalier, seigneur de Va- **Ch. XVI.** rambon, Tossia, Bouligneux et Richemont, légua 40 sols viennois au prieuré de Gigny, pour droits de sépulture, cire et autres usages dûs. Cette donation était peut-être faite à cause du prieuré et de l'église d'Oussia, membre

1299 de Gigny et au proche voisinage de Varambon et de Chatillon de la Palud.

En la même année 1299, un nouveau concile provincial fut tenu à Anse par l'archevêque de Lyon et ses quatre suffragants. Les abbés, les prieurs conventuels et les chapitres du diocèse y furent aussi appelés, et dès-lors le titulaire de Gigny. Mais les actes de cette assemblée ne mentionnent que la présence des abbés d'Aisnay, de Belleville, de la Chassaigna, de Saint-Etienne de Dijon, de l'Ile-Barbe, de Molesme, d'Oigny, de Savigny et de Saint-Seine, sans mention d'aucun prieur et d'aucun chapitre.

1305 La charte relative au sacristain de Gigny prouve l'erreur où est tombé l'historien de l'église de Saint-Etienne de Dijon, en écrivant qu'en 1303 on n'enterrait pas encore dans les églises, ou que, du moins, ce privilège n'existait que pour les corps saints; que ceux des princes et des prélats n'étaient inhumés qu'au devant et au bas des temples; que les religieux mêmes, quoique privilégiés, ne l'étaient que dans leurs cloîtres ou dans un cimetière séparé; que les cimetières publics étaient ordinairement hors des villes, et que ce n'est que plus tard qu'on les a établis près de la maison du Seigneur; qu'enfin c'est seulement dès les dernières années du XVe siècle qu'on a permis les sépultures dans les églises, etc..... Mais à l'autorité de notre charte on ajoutera qu'il y a une tombe de 1312 dans l'église de La Frette, une autre de 1403 dans celle de Maynal, et une dizaine du XIVe et du XVe siècle dans celle de Tournus, etc.....

Page **118**, *note* **82**.

On lit qu'en 1318, un homme fut affranchi moyennant une rente de deux livres de *cire*. Celle-ci valait alors trente deniers la livre, ou autant qu'un boisseau de blé, ou que cinq poules.....

Qu'en 1366, un four banal valait annuellement sept livres de cire de revenu, et la cire deux sols six deniers la livre.....   1305

Qu'en 1398, le duc de Bourgogne crut faire un vœu important pour la guérison de son fils, en promettant son pesant de cire à saint Antoine de Vienne, et un cierge de vingt-deux livres à saint Thibaud.....

Qu'en 1425, les habitants d'un village furent affranchis moyennant chacun une demi-livre de cire de rente annuelle, et les veuves moyennant un quart seulement.....

Qu'en 1462, les habitants de Châtenoy, Saint-Christophe, Epervans, Saint-Etienne, Lans, Saint-Marcel, Oslon, Ouroux et Tronchy, furent aussi affranchis de la mainmorte par le prieur dudit Saint-Marcel-les-Chalon, en consentant une cense annuelle d'une livre de cire par feu, en valeur de dix blancs.

Page 119, *note* 83.

Aux membres de la *Maison de Véria* on peut ajouter ceux qui suivent, sans qu'il soit bien sûr que quelques-uns ne seraient pas de quelque autre maison homonyme : *Etienne de Veyrieu* ou *de Veyrel*, nommé en 1285 arbitre à Saint-Etienne-du-Bois ; *Jean de Veyrieu*, chevalier, père de *Catherine de Veyrieu*, mariée en 1322 avec Jean de Feillens ; *Jean de Verye*, qui attesta en 1401 la noblesse de Jean d'Amanzé, pour son admission au chapitre des comtes de Lyon. *Beatrix de Verye*, religieuse à Marcigny, en 1412 ; *Guillaume* et *Jean de Verye*, témoins d'un acte de la maison d'Amanzé en la même année 1412 ; *Humbert de Verye*, damoiseau, marié vers 1430, avec Antoinette de Vaugrigneuse de la maison des seigneurs de Servigna ; *Etienne de Véria*, religieux à Saint-Claude, en 1446 ; *Pierre de Verye (de Veyriaco)*, seigneur de Germolles en Mâconnais, en 1450 et 1472 ; *Pierre de Verre*, présent en 1440 à la prise de possession de Quentin Ménard, archevêque de Besançon ; *Philibert de Veere* ou *de Veyré*, dit *La Mouche*, autrement la *Mouche de Véré*, ou *Philibert seigneur de la Veyre, seigneur de Véré*, chevalier, chambellan du duc Charles-le-Téméraire, fait prisonnier en 1477 à la bataille de Nancy, puis conseiller de l'archiduc Philippe, acquéreur en 1503 de la seigneurie de Saint-Julien, qualifié seigneur de Véria par M. *Rousset*, et lequel fut père de : 1º *Jean de Véré*, dit aussi *La Mouche*, admis à la cour de l'archiduc Philippe, roi d'Espagne, puis à celle de Charles-Quint, empereur ; 2º *Pierre de Véré*, père de *Jean de Véré II* du nom, et de *Marguerite* ou *Jeanne de Véré*, dame de Saint-Julien, et de Véria, mariée en 1520 avec Adrien de Vaudrey, seigneur de Courlaoux.

La maison de Véria possédait, au XIVe siècle, un hôtel à Orgelet.

Page 122, *note* 86.

Dans l'Auxerrois, même encore au XVIIIe siècle, le meilleur lit

1305 de chaque père de famille défunt appartenait à l'église, et il en était de même à Bourg-en-Bresse. Après le décès des nobles, à Lons-le-Saulnier, les familiers ou les bénédictins de Saint-Désiré avaient droit au cheval du mari et au lit de la dame. A Beaune, les religieux de Saint-Benoît percevaient de même la couverture et les draps du lit de mort des défunts. Il a été reconnu aussi en 1613 que, dans le diocèse d'Auxerre, les archiprêtres étaient fondés à prendre le lit après le décès de chaque curé de leur archiprêtré. On verra bientôt encore le prieur de Gigny plaider, en 1490, pour la dépouille du prieur de Marboz, son subordonné. Enfin, ce droit de dépouiller les morts s'exerçait dans toute la hiérarchie sociale : par le pape sur les évêques, par ceux-ci et par les archidiacres ou archiprêtres sur les curés, par ces derniers sur les paroissiens. L'usage en quelques pays de donner encore le bréviaire du prêtre décédé à celui qui lui a administré les derniers sacrements est, dit-on, un reste de ce droit de dépouilles.....

Page 123, § 4.

La *Gerbe de passion*, nommée *Gerbe de cléricature* dans la charte 117, s'appelait *Gerbe de Saint-Oyen* dans la terre de Saint-Claude.

Au lieu de *panière* et de *poignée* de froment, lisez ici et aux pages 173 et 417 ci-après : *pugnière*. Ce mot était synonyme de *mesure* dans les XVe, XVIe et même XVIIe siècles. Il y avait huit pugnières ou mesures dans le quartal, d'après des titres de 1484, 1496 et 1659. Dans un terrier de 1547, la contenue des fonds est indiquée à Varennes-Saint-Sauveur par le nombre de pugnerées ou de fractions de pugnerées de semaille.

On appelait *Moisson de curé* la redevance que celui-ci percevait par chaque feu, outre la dîme et la gerbe de passion. Cette redevance portait le nom de *Charrues* ou de *Quarterons* à Clairvaux, à Mouthier-en-Bresse, à Coldre et ailleurs. Elle était de deux mesures de froment par feu à Gigny, à Véria, à Maynal, à Chambornay, etc... Dans la paroisse du Grandvaux, dans celle de La Chaux-des-Crotenay, où il ne croissait point de froment, elle était d'une mesure d'avoine et d'une mesure d'orge. Pauvres cultivateurs !.....

CHAPITRE XXII.

Page 124, § 1.

On trouve un *Mayeul de Rabutin* en 1118, 1147, 1149, ce qui prouve que le prénom Mayeul était usité dans cette famille.

1310

Page 125, § 2.

Notre prieur Mayeul assista-t-il en 1310, à Cherlieu, avec tous les abbés de Franche-Comté, à la cérémonie funèbre pour le comte de Bourgogne Othenin?

Page 127, § 2 *bis*.

Ce fut très-probablement du temps de Mayeul de Rebucin qu'eut lieu la dotation des offices claustraux du prieuré de Gigny, conformément à la permission que l'abbé de Cluny en donna à tous les monastères de son ordre. La cession des droits de sépulture faite en 1305 par Pierre de Feillens à l'office du sacristain, avait déjà été un commencement de démembrement de la mense commune. Mais, en 1308, ou immédiatement après, cette dotation devint générale, et presque tous les offices reçurent d'abord des prés provenant depuis peu d'années du seigneur de Graye, lesquels prirent le nom de ces offices ou de leurs titulaires, comme ceux de l'*Aumônerie*, de *Chamballerie*, de l'*Infirmier*, du *Sacristain*, du *Chantre*, du *Doyen*, etc... Peu après, et déjà certainement avant 1316, 1320 et 1336, le chambrier obtint le prieuré de Châtel, l'aumônier celui de Maynal, l'ouvrier celui de Chazelles, le cellerier la grange du Villars et la seigneurie de Condal, le pidancier la seigneurie de Joudes et le quartier de muire dû à Salins, etc., etc.....

Page 128, *alinéa* 5°.

1328 Par son testament de 1328, Etienne de Coligny, seigneur d'Andelot, outre les legs déjà mentionnés, disposa encore de cinq sols viennois envers chacune des églises de l'archiprêtré de Coligny, lesquelles relevaient à peu près toutes du prieuré de Gigny.

CHAPITRE XXIII.

Page 131, § 3.

1348
1349 La *peste noire*, originaire d'Asie, après avoir dévasté les pays de l'Orient, ainsi que l'Egypte et l'Afrique, envahit les contrées méridionales de l'Europe. En 1348, elle pénétra d'Italie en Savoie et en Dauphiné, puis d'un côté au pays de Gex et en Franche-Comté, et d'un autre dans le Lyonnais, la Bresse et la Bourgogne. Marchant de proche en proche, du midi au nord, elle désola pendant deux ans Poligny, puis Arbois, puis Salins, puis Besançon, puis Montbéliard. M. *Clerc* a constaté ses ravages dans cette avant-dernière ville par des chiffres sans réplique, extraits des titres de l'Officialité, où l'on reçut quatorze testaments en 1347, quarante-sept en 1348, cent soixante-un en 1349 et vingt-trois en 1350. De son côté, M. *Ch. Duvernoy* a trouvé qu'elle avait enlevé les deux tiers des habitants de Montbéliard. On a aussi des indices de son passage dans d'autres lieux de notre pays, tels que Arlay, Arnay, Audelange, Augerans, Belmont, Bois-d'Amont, Bouilland, Bourg-en-Bresse, Censeau, Cernon, Chalon, Chamblay, Châtel-Blanc, Le Châteley-en-Bresse, Châtel-Neuf, Châtenois près Dôle, Cîteaux, Esserval-Tartre, Faletans, Foncine, Gex, Saint-Julien-sur-Suran, Longchaumois, Longcochon, Lons-le-Saulnier,

Marboz, Menouille, Mervans, Moiron, Montbard, Nuits,   1348
Paray, Plâne, Rochefort, Rully, Verdun, etc...   1349

En preuve de la dépopulation qui en résulta dans ces lieux, on lit : Que l'abbé de Saint-Claude appela, en 1360, une colonie d'étrangers pour repeupler les villages de Cernon et de Menouille ; qu'en 1373, celui de Foncine était presque tout habité de Suisses, de Bugistes, de Genevois, de Gexois et de Savoyards ; qu'à Esserval-Tartre, il ne resta que trois familles de cent qui s'y trouvaient auparavant, lesquelles, en 1414, étaient remplacées par celles des colons arrivés des pays voisins; que les villages d'Audelange, Châtenois, Faletans et Rochefort étaient encore complètement inhabités en 1374; que des *confréries de treize* furent instituées à Mervans et à Verdun, parce qu'il ne resta que treize familles dans chacun de ces deux gros bourgs ; qu'enfin un dicton rimé porte que :

> En l'an treize quarante-sept, à Nuits,
> Les habitants de cent restèrent huit.

On dit aussi qu'à Paray, à peine en échappa-t-il douze sur cent. Il y a sans doute de l'exagération dans tous ces chiffres, mais il est certain qu'on lit l'inscription suivante sur une tombe de l'église de Mervans : *Illo anno, MCCCXLVIII, plus quam tertia pars istius regionis decessit.*

Au reste, cette maladie meurtrière, dite aussi *peste de Florence*, n'était point le choléra indien, quoi qu'en aient pensé quelques auteurs. Comme il ne nous en est resté aucune description exacte, on ne sait à quel genre la rapporter. On trouve écrit que les premières atteintes de ce fléau étaient des pustules rouges ou violettes par tout le corps ; qu'une fièvre violente survenait, accompagnée de symptômes nerveux, de danse de saint Guy, etc., et qu'elle était suivie de mort au bout de deux jours. Or,

1348
1349
cette description n'est applicable à aucune des maladies connues aujourd'hui. Elle régna six mois à Lons-le-Saulnier, y fut surtout meurtrière pour les jeunes gens et tout-à fait contagieuse.

CHAPITRE XXIV.

Page 133, § 2.

1356
Ch. xxi.
Jean de la Grange, prieur de Gigny, fut choisi, en 1356, comme arbitre d'un différend entre Guillaume de Beauregard, abbé de Saint-Oyen, et Guillaume de Montsaugeon, prieur du Grandvaux. Le premier de ces religieux réclamait au second un cens annuel de soixante quartaulx de grains, moitié orge et moitié avoine, pour l'inféodation à lui faite du Château-des-Prés, construit au commencement du XIIIe siècle. Or, le 18 décembre de ladite année, notre illustre prieur condamna le prieur du Grandvaux à servir sa rente, et le différend fut terminé.

Déjà, en la même année 1356, le 21 de juillet, notre prieur, choisi pour arbitre avec Gallufin de la Baume, sire de Vallefin, avait condamné le même abbé de Saint-Oyen à payer une somme de 200 florins que lui avait prêtée Etienne de Beaufort, sire de Beaulieu. Ces arbitrages renouvelés prouvent, en faveur de Jean de la Grange, la même confiance que nous avons signalée à l'égard du prieur Ponce de Moysia.

Page 135, § 5.

1357
Le cardinal Jean de la Grange remplissait, en 1378, les fonctions de légat du Saint-Siège en Toscane. En 1389, il fut l'un des cardinaux chargés par le pape de recevoir honorablement, à Villeneuve près d'Avignon, le roi de France Charles VI.

Pour montrer notre impartialité à l'égard de cet illustre titulaire de notre prieuré, duquel nous avons parlé avantageusement jusqu'ici, nous n'omettrons pas de dire qu'il a été accusé par quelques historiens d'avarice, de concussion et de déprédation des finances qu'il avait administrées; qu'à la fin il était détesté; qu'en conséquence il se retira disgracié de la cour en 1380, et qu'il mourut, dit-on, engraissé de la substance publique. Il ajouta aussi, selon certains rapports, la cruauté à l'avarice; car, en 1379, il fit arrêter un capitaine breton, parent de Duguesclin, qui, pour payer ses soldats, s'était emparé de quelques mulets chargés de la vaisselle d'or et d'argent du cardinal, et lui fit trancher la tête à Mâcon.

1357

CHAPITRE XXV.

Page 137.

Lisez GUILLAUME III au lieu de GUILLAUME II, à cause du nouveau chapitre XVI bis.

1359

CHAPITRE XXVI.

Page 138, § 1 *bis*.

Pendant que Jean de Marigna était prieur à Gigny, les *Grandes-Compagnies*, autrement les *Tards-Venus* ou *Routiers*, exercèrent pendant près de dix ans, de 1360 à 1370, leurs brigandages dans les deux Bourgognes. La Franche-Comté notamment, qui se ressentait encore de la peste noire, en fut, dit-on, presque entièrement dépeuplée. En

1360

1361 et 1362, ils ravagèrent Clairvaux et s'emparèrent des châteaux de Pymont et d'Olipherne ; en 1364, ils désolèrent les deux rives de l'Ain et incendièrent, après l'avoir pillée, l'abbaye de Balerne dont les religieux se réfugièrent en celle de Mont-Sainte-Marie. En 1365, ils brûlèrent la ville de Lons-le-Saulnier, etc. Ainsi, on ne peut guères douter qu'ils n'aient guerroyé et brigandé dans les possessions du prieuré de Gigny. Au reste, on peut prendre une idée des maux qu'a eu à souffrir le pays à cette époque par l'extrait suivant d'un compte de la prévôté de Rochefort au voisinage de Dôle, sous la date de 1369. « Le receveur ne peut être payé des censes de Roichefort, d'Audelange, de Chastenois, de Faletans et des autres villes, pour cause de ce que li meix sunt et les terres en ruines et en planches, et sunt morts et trépassés ceux qui devaient lesdites censes, et n'y a nuls hers. A Antorpe, s'en sunt allés les habitants, et n'y a ni borde ni maison. » Ces maux survinrent principalement par les brigandages que Jean de Chalon, seigneur d'Orgelet, devenu fou et furieux, commit dans le pays, en se mettant, en ladite année 1369, à la tête des derniers bandits de ces Grandes-Compagnies. Les environs d'Orgelet et d'Arinthod eurent surtout à en souffrir, et probablement aussi ceux de Gigny.

En 1361, le jeune Philippe, duc de Bourgogne, mourut et fonda un anniversaire dans toutes les *abbayes blanches et noires de ses États*, avec une rente de cent soudées de terre assignée à chacune d'elles. Or, comme Gigny n'était plus une abbaye proprement dite, mais un prieuré, il est douteux que ce monastère ait été compris dans cette disposition.

CHAPITRE XXVI bis.

GUILLAUME IV, prieur.

Page 138.

Un nouveau chapitre doit être intercalé après le § 3, parce qu'on trouve qu'en 1380, frère *Guillaume*, prieur de Gigny, ratifia l'acensement que Pierre de Rochefort, prieur de Château-Saint-Salins, venait de stipuler pour une vigne de quarante-six ouvrées, située à Salins, dite le *Clos-de-Château,* et qu'il apposa le sceau de Gigny à ce titre en latin. Or, comment faire concorder avec ce nouveau prieur la mort de Jean de Marigna en 1383 seulement ? L'un d'eux n'aurait-il été que prieur-cloîtrier ? Je l'ignore. 1380

Quoi qu'il en soit, ce nouveau prieur, ainsi que le suivant, fut nommé par le pape Clément VII, qui, séparé de Rome et reconnu par la France, vint rester à Avignon, où il mourut en 1394.

CHAPITRE XXVII.

Page 140.

Henri de Sarsey était déjà prieur de Gigny en 1391, selon une charte qui prouve qu'en cette année il était en même temps chambrier. En cette dernière qualité, il abergea trois meix situés à La Frenaise (9), hameau 1391
Ch. XXIV.

---

(9) Les habitants de ce hameau ont embrassé la religion protestante vers 1846, et ont édifié un temple en 1854.

1391 de Fronteneau, lesquels, dépendant de son office, et consistant en maisons, prés, terres, pâquiers, bois, communautés, etc., étaient de condition taillable ou mainmortable et du fief du chambrier. Cet abergeage fut fait à Gigny, en présence d'Etienne de Ballet, religieux du monastère et autres témoins, et scellé du sceau de l'officier claustral.

1393
Ch. xxv.
Quant au titre mentionné de 1393, où Henri de Sarsey figure aussi, voyez-en un extrait parmi nos nouvelles pièces justificatives.

Ibid. au bas de la page.

1396 En 1396 eut lieu la funeste expédition guerrière en Hongrie contre les Turcs. Or, le prieuré de Gigny dut y **1397** contribuer comme les autres établissements religieux. Il dut aussi, l'année suivante, aider à la rançon de Jean-sans-Peur, fils du duc de Bourgogne, fait prisonnier à la malheureuse journée de Nicopolis.

Page 141.

L'hommage de Jacquemard de Coligny n'a pas été fait au prieur Henri de Sarsey, mais au prieur Henri de Scey. Ainsi cet article doit être reporté au chapitre suivant, et les mots de la charte 112 (*page* 696) *Henrico de Sayccio,* doivent s'entendre du dernier et non du premier de ces titulaires.

CHAPITRE XXVIII.

Page 142.

1403 On ne doit pas douter qu'il y ait eu un prieur du nom de *Henri de Scey,* lequel a succédé à Henri de Sarsey. En effet, celui qui écrit ces lignes a trouvé, parmi les titres de Gigny déposés aux archives de Saône-et-Loire, une ancienne copie d'un terrier de l'office du chambrier, mélangé de latin et de français, qui se termine ainsi : *Datum Gigniaci, die decima octava mensis februarii, anno Domini millesimo quatercentesimo tertio, present frere* Henri de Scey, *priour dudit monastere de Gigny.*   1403

A ce prieur, qui fut nommé par le pape d'Avignon Benoît XIII, se rapportent, comme on a déjà dit, nos chartes de 1406, 1408, 1412, 1414.   1406.1408 1412.1414

CHAPITRE XXIX.

Page 143.

Le titulaire du prieuré de Gigny était probablement *Fromond de Liconna*, en 1418, lorsque la peste régna à Besançon, et en 1420, lorsque les guerres des Armagnacs et des Bourguignons troublèrent le Mâconnais et autres pays voisins. Mais rien ne prouve que notre monastère ait eu à en souffrir. Cependant, on lit que le duc de Bourgogne fit mettre, en 1421, le château d'Orgelet en état de défense..... Qu'un mandement du même prince enjoignit, en 1423, aux chefs des villes, aux abbés et aux prieurs de la Franche-Comté, de répartir sur leurs habitants et sujets une somme de 100,000 fr., destinée à aider à la réparation des dommages causés à la province par les partisans du Dauphin, venus du Lyonnais et du Nivernais..... Qu'en 1425, les religieux de St-Paul de Besançon disaient qu'une grande partie de leurs biens, tant terres que prés, étaient convertis en broussailles, à défaut de culture, par suite des guerres et des mortalités, etc....   1418 1420 1421 1423

En revenant à notre prieur, on ajoutera : 1° Que l'abergeage consenti par lui en 1423, eut pour objet un pré

1423 au territoire de la Pérouse, en faveur de Jean Coillard, habitant de Montrevel, en la paroisse de Loyon, moyennant la cense annuelle de trois florins d'or ;

Ch. xxx. 2° Qu'en la même année 1423, le pidancier de notre prieuré acensa le quartier de muire qui appartenait à son office, en la saunerie de Salins, et dont il sera parlé ci-après.....

3° Que de la maison féodale de notre prieur on trouve, à la même époque, Guillaume de Liconna, clerc, lieutenant du bailli de Montfleur, en 1401, pour la dame Alix de Chalon.

CHAPITRE XXX.

Page 148, § 3.

1425 En 1425, le prieur Humbert de Chatard et ses religieux, ayant acensé leur moulin de Balanod, moyennant une quartelée de froment par an, l'abbé de Cluny, comme chef d'ordre, fit informer sur l'opportunité de cet acensement.

1428 En 1428, le même prieur ratifia, ainsi que son chapitre, celui que le prieur de Château-St-Salins avait fait aux habitants de Prétin du treuil banal de ce lieu.

1429 En 1429, la peste étendit probablement ses ravages à Gigny, car elle régna pendant plus de six mois à Lons-le-Saulnier, et elle obligea le parlement de Dijon à se transporter à Dôle.

1432 Un article de l'inventaire des titres de Cluny mentionne, à la date de 1432 : un procès intenté par le procureur-général de l'ordre de Cluny contre le prieur de Gigny, à cause d'incontinence avec la servante du grand-

CHAPITRE XXX.

prieur de Cluny, par lequel il pardonne audit prieur pour cette fois, le destituant pour lors de son prieuré, en cas de récidive. » — 1432

Ibid., note 96.

Selon M. *Guichard*, qui a dépouillé soigneusement les archives de Cuiseaux, il faut lire sur la cloche de cette ville : *Jhan Monial*, au lieu de : *Jhan Momul*. L'inscription de cette cloche comprend encore les mots : *Colio nomineque fonditus evulco*, qu'il faut ajouter après *cremato*, la lettre *c* étant employée pour *s* dans *colio* et *evulco*.

Page 149.

D'après un titre de 1483 pour l'abbaye du Miroir, le testament de Jacquemard de Coligny n'aurait été ouvert et publié que le 10 août 1444, à Coligny, par Jean Vieux, bailli de ce lieu. — 1435

Ibid., note 97.

Gallois de la Baume, seigneur de Valefin et de Montrevel, avait déjà exigé, en 1362, par son testament, 1000 prêtres à ses funérailles ; Jean de la Baume, son petit-fils, maréchal de France, en demanda 2000 par le sien, en 1436 ; Antoine d'Andelot, chanoine de Lyon, s'était contenté de 200, en 1402 ; Henriette de Grandson, veuve de Jean de Vienne, seigneur de Neublans, en voulut 300, en 1439 ; Bernard du Saix, 160 seulement, en 1454, etc...

Page 150.

Pour apprécier le luxe de table au XV° siècle, on saura encore que Mgr le duc de Clèves étant venu, avec plusieurs chevaliers et écuyers, le vendredi 5 février 1450, au château de Gex, on acheta à Genève, pour les régaler en maigre, quatre livres de riz, quatre livres d'amandes, cinquante harengs-saurs, deux paniers de salerie, de l'huile, du sel, du vinaigre et de la moutarde.

Ibid., note 99.

En 1322, il y avait aussi des *lapins* de garenne à Pérouges près Meximieux.

Ibid., note 100.

En 1315 le *sucre* figura dans les festins qui furent donnés, à Salins,

1435 à la comtesse Jeanne de Bourgogne et à Philippe-le-Long son mari, qui devint bientôt roi de France. Plus tard, et notamment dans le XVIe siècle, on le donnait comme un très-digne présent, et il entrait en particulier, avec les dragées, l'hypocras et les épices, dans les cadeaux que les plaideurs devaient aux juges.

Page 151, *note* 101.

Le *café*, originaire de la haute Ethiopie, où l'on en fait usage depuis un temps immémorial, a passé en Arabie et en Perse dans le XVe siècle; en Egypte, en Syrie, en Grèce et en Turquie, dans le XVIe; en Italie, en France et en Angleterre, dans le XVIIe. Le célèbre voyageur *B. de Montconys* en usa à Marseille en 1646, et en Egypte en 1647, pays où tout le peuple en prenait beaucoup.

Ibid., *note* 104.

L'art d'émailler sur terre, ou l'art du *faïencier*, inventé à Florence au commencement du XVe siècle, par *Lucas della Robia*, se perfectionna ensuite à Faënza en Romagne, dans les premières années du XVIe. *J. B. Camus*, évêque de Belley, appelait cette vaisselle, en 1616, *ouvrage de Faënze*. Le célèbre *Naudé*, qui habita Rome de 1630 à 1642, dit qu'elle était fort commune en Italie, qu'elle provenait de Faënza, et qu'on l'appelait *Maiolica*. Enfin, le noble voyageur, originaire de la Bresse, cité précédemment, dit, en 1645, qu'à Nevers il se faisait un grand commerce de *vaisselle de Faïence*.

Ibid., *note* 106.

L'*hypocras* s'appelait aussi *claré*, *clairet*, *frustratoire*, et il y en avait du blanc et du rouge. Le filtre en feutre qui servait à le clarifier portait le nom de *chausse d'hypocras*, et non pas de *chausse d'Hippocrate*, comme on le trouve écrit par erreur. Ce vin liquoreux était fort estimé dans le moyen-âge et était souvent donné en présent. Jean de Chalon, seigneur d'Orgelet, en fit boire à tous ses hommes d'armes, en 1396, la veille de son départ pour l'expédition de Hongrie.

Page 152.

Ch. XXXIV. Le titre de fondation de l'hôpital de Gigny, ayant été recouvré aux archives du Jura, se trouve inséré en entier parmi nos nouvelles pièces justificatives, où l'on peut en consulter les dispositions.

Au reste, de même qu'à Gigny, les hôpitaux de Saint-Claude et de Flavigny furent aussi placés sous la direction de l'aumônier de chacune de ces abbayes.

Page 154, § 8.

La maison du dernier *hôpital* de Gigny a été construite en 1754 environ, sous le nom de *Maison de Charité,* avec les matériaux de la chapelle N.-D. des Planches dont on parlera plus tard. Ce prétendu hôpital, ou maison de charité, a été vendu moyennant 1550 fr., le 20 mai 1793, comme propriété nationale.

Page 155, § 9.

Il y en a qui attribuent l'introduction de la lèpre en France à l'invasion des Sarrasins au VIIIe siècle, avec recrudescence à l'époque des Croisades. Mais cette maladie y était déjà connue bien auparavant, quoique moins répandue que depuis ces deux époques. En effet, outre les trois lépreux guéris, en 418, avec de l'eau du Jourdain, par l'évêque d'Auxerre, on en cite d'autres au milieu du IVe siècle, du temps de saint Panchaire, archevêque de Besançon ; d'autres, déjà sequestrés et rendus à la santé par saint Romain, au milieu du Ve, dans une grotte servant de léproserie près de Genève ; d'autres guéris avant le VIe par saint Cyprien, abbé de Périgueux, etc...... Le concile de Lyon tenu en 583 statue déjà que les lépreux de chaque cité doivent être nourris aux dépens de l'Eglise, et à la diligence de l'évêque, pour empêcher leur vagabondage. A la même époque, le père de l'*Histoire de France* mentionne une léproserie à Gourdon, près le Mont Saint-Vincent en Charollais. Enfin, selon une légende de saint Sore d'Auvergne, le roi de Bourgogne Gontran, mort en 594, aurait été affecté lui-même de la lèpre. Ces diverses citations prouvent l'existence de cette maladie dans nos pays avant l'invasion des Sarrasins ; les suivantes l'établissent après celle-ci et avant les Croisades.

Outre les légendes de saint Boniface et de saint Antonin, qui signalent en 754 et en 830 la lèpre comme con-

1435 tagieuse en Europe, et outre l'existence en 874 de la léproserie de Saint-Jean-des-Vignes, près Chalon-s.-S., on lit qu'en 757 le parlement de Compiègne décida que la lèpre était une cause de la dissolution du mariage, et que le conjoint non lépreux pouvait se remarier; — qu'en 760 il y avait déjà des léproseries en Bugey, du temps de saint Hippolyte, évêque de Belley... qu'en 854 environ, les reliques de saint Martin guérirent miraculeusement un lépreux à Auxerre...; qu'en 1053 une maladrerie fut fondée à Arbois...; qu'en 1096 il y avait des lépreux en Poitou, etc...

Page 156.

Outre les léproseries déjà citées, il en a existé aussi à Arc-sous-Montenot, Arlay, Autumes près Pierre, Beaufort, Bletterans, Blye, Bornay, Bourcia, Bourg-en-Bresse, Broissia, Ceffia, Cernon, Chalon-sur-S., Champagnole, Charchilla, Charnod; Château-Chalon, Chatel-Neuf, Chaussin, Chilly, Choux, Civria, Saint-Claude, La Cluse de Nantua, Coisia, Colonne, Cornod, Courlans, Cousance, Cressia, Crozet, Dijon, Dôle, Etival, Faletans, La Ferté-sous-Vadans, Fétigny, Frontenay, Gex, Gray, Saint-Julien, Lancrans, Saint-Laurent-la-Roche, Lons-le-Saulnier, Louhans, La Loye, Marnésia, Maynal, Menouille, Mirebel, Molamboz, Monnet, Montbarrey, Montcusel, Monteplain, Montfleur, Mouchard, Mouthier-en-Bresse, Nance, Nantey, Nermier, au Petit-Noire, à Noiron près Gray, Onoz, Orchamps, Orgelet, au Pasquier, à Pontamougeard, Pontarlier, Tournus, Usie, Vanchy, Verdun, Ville-N.-D. et Vuillecin.

Ibid., ligne 16.

Par une disposition favorable et libérale, le sire d'Arlay, en donnant une charte de franchise au bourg de Champagnole en 1320, autorisa les lépreux à disposer de leurs biens selon leur gré.

Ibid., ligne 17.   1435

Les formalités de la séquestration des lépreux étaient les suivantes, d'après le rituel du diocèse de Chalon-sur-Saône, publié en 1653 :

Le lépreux ayant été averti ou prévenu d'avance, le prêtre, revêtu du surplis et de l'étole, et précédé de la croix, se transportait auprès de lui, dans sa demeure, et lui adressait d'abord des paroles de résignation, de consolation et d'encouragement. Il l'aspergeait ensuite d'eau bénite, et, toujours précédé de la croix, il le conduisait à l'église, en chantant des *libera*, comme à un mort. Arrivé dans la maison du Seigneur, le malheureux, après s'être confessé pour la dernière fois, se mettait à genoux entre des étais qui supportaient une pièce de drap noir, et entendait ainsi la messe de ses funérailles. Après la célébration de celle-ci, il était revêtu d'un habillement noir, aspergé de nouveau d'eau bénite à la porte de l'église, recommandé à la charité du peuple, et enfin conduit à la loge qui lui était destinée, avec accompagnement de la croix et de *libera* continuels. Arrivé à cette demeure dernière, le prêtre le consolait et l'exhortait de nouveau à la résignation, lui jetait ensuite de la terre sur les deux pieds avec une pelle, en disant : *Sis mortuus mundo, vivens iterum Deo;* sois mort pour le monde, vivant pour Dieu. Enfin, il lui défendait :

De jamais entrer ou paraître dans les églises, maisons, tavernes, moulins, fours, foires, marchés ou réunions populaires ;

De laver ses mains ou choses quelconques dans les fontaines, ruisseaux ou autres courants d'eau; lui donnant le seul droit d'y puiser avec une écuelle ou autre vase ;

De marcher sans son costume de lépreux et d'être déchaussé ailleurs que dans sa loge ;

De toucher, autrement qu'avec une baguette ou un

bâton, les choses qu'il demanderait ou qu'il voudrait acheter;

De recevoir ou d'acheter du vin, à moins que versé dans son baril;

D'avoir commerce avec d'autres femmes que la sienne;

De parler aux gens, si ce n'est en se plaçant hors des chemins et toujours sous le vent;

De se rencontrer avec les autres hommes dans des chemins étroits;

De toucher les parapets des ponts ou les rames des bacs sans avoir des gants;

D'avoir aucun contact avec les enfants et de leur rien donner;

De boire ou manger avec d'autres que des lépreux.

Enfin, le prêtre terminait cette triste et cruelle cérémonie en annonçant au malheureux qui en était l'objet, qu'il ne serait pas enterré à l'église, mais dans sa loge, à moins d'exception obtenue par grâce.

Le même rituel ajoute que le lépreux, en entrant dans sa loge, devait avoir une tunique et un haut de chausses en gris, des souliers, des cliquettes pour s'annoncer, un capuchon, une housse, deux linceuls, un baril, un entonnoir, une écuelle, une courroie ou ceinture, un couteau, un lit, un oreiller, un coffre, une table, une chaise, une lampe et autres ustensiles de ménage. La loge devait être petite, et un puits lui était contigu.

Une ordonnance de Philippe-le-Bon, duc et comte de Bourgogne, défendait d'appeler des jugements qui avaient prononcé l'interdiction et la séquestration des lépreux.

Page 156, *note* 109.

La nouvelle liste de lieux à léproserie ne prouve pas plus que la première une plus grande proportion de lépreux dans les pays de vigne, puisque, sur soixante-quatorze léproseries, cinquante-une étaient établies en des localités où on ne récoltait pas de vin.

Page 157.

Selon certaines coutumes, telles que celle de Beaujolais, rédigée en 1461, on devait, sous peine d'amende, dénoncer à la justice les personnes lépreuses, pour faire prononcer leur séquestration. En d'autres lieux, notamment à Calais, les lépreux étaient exclus de la bourgeoisie ; on n'y était même admis dans celle-ci qu'en prouvant qu'on était issu de parents sains et non ladres.

Au reste, les rigueurs qu'on exerçait envers ces malheureux les aigrirent probablement, au point qu'ils cédèrent, en 1321 et 1388, aux sollicitations des Maures et des Juifs d'Espagne, et empoisonnèrent les puits et les fontaines. Du moins ils en furent accusés, puis punis d'emprisonnement et même de mort.

La lèpre n'a disparu en France que dans les dernières années du XVIIe siècle. *Fr. Rabelais* parle, en 1535, des ladres de la Bretagne, munis de leurs bruyantes cliquettes, et il y en avait encore qui étaient sequestrés, en 1543, dans la maladière de Bourg-en-Bresse. *B. de Monconys* en a rencontré bien souvent, en 1663, dans son voyage de Coblentz à Cologne, lesquels ne parlaient pas aux voyageurs, mais demandaient l'aumône en faisant sonner leurs castagnettes. Enfin, quoique le jésuite, auteur de l'histoire de Chalon, ait écrit en 1658 qu'il n'y avait plus de léproserie à Saint-Jean-des-Vignes, parce qu'il n'y avait plus de ces pauvres malades, néanmoins le chapitre spécial inséré en 1653 dans le rituel précité, pour les formalités de l'interdiction et de la séquestration des lépreux, prouve que cette maladie n'avait pas encore entièrement cessé dans le diocèse. Un procès-verbal d'enquête constata aussi, en 1673, qu'en la léproserie d'Auxerre on n'avait jamais tenu moins de cinq à six lépreux dans les trente années précédentes.

Une ordonnance royale de 1672 avait d'abord uni les

1435 biens des léproseries aux ordres militaires de Saint-Lazare et de N.-D. du Mont-Carmel, mais un nouvel édit de 1693 les en détacha pour les incorporer aux hôpitaux du voisinage.

Page 157, *note* 110.

La qualification de *Méseau* était aussi une injure amendable, selon les chartes de franchise d'Arinthod, de Champagnole, de La Chaux-du-Dombief, de Lagnieu, de Louhans et de Saint-Maurice-de-Remens.

Ibid.

La maladière de Nuits, d'après des terriers de 1436, 1548, 1623, avait aussi *le droit de prendre la* courée *des grosses bêtes des boucheries, à savoir : le foie, le mou et le cœur, excepté un petit morceau nommé foron*, droit dont l'hôpital de cette petite ville a joui jusqu'en 1789.

A Champagnole, les peaux des grosses bêtes tuées par les bouchers de ce bourg appartenaient également aux lépreux.

Page 158, *note* 111.

Dans le XIIIe siècle, il y avait à Lons-le-Saunier un *hôpital des Ardents*, situé dans la rue Saint-Antoine d'aujourd'hui. Il cessa d'exister dans le XIVe siècle, et ses biens furent unis à l'hôpital du Saint-Esprit.

Page 158, *note* 113.

Le *Petit-Véria* était un hameau de Véria, limitrophe de la commune de Gigny, près de l'emplacement de l'ancien château. Ce village a disparu et on n'y retrouve que les ruines de quelques habitations. Il s'étendait aussi sur le territoire de Gigny, car un titre de 1698 porte que la Grange de l'Isle est située au *Petit-Véria*, *rière Gigny*.

Page 159, § 11.

La *léproserie* de Gigny n'était point établie au voisinage de la Grange de l'Isle, mais bien proche de la chapelle N.-D. des Planches. En effet, dans le terrier de 1691, se trouve reconnu : « Un pré dit *Vers la Malatière* ou *Vers le Petit-Pont*, confiné à soir par le pré de la tuilerie, à matin par le bief châtelain, à vent par ledit bief, le petit pont du moulin et le chemin tendant vers la chapelle. » Dès-lors, on comprend que le bois du ladre et le champ de la Malatière, situés au Petit-Véria, n'étaient que des biens appartenant à cet hospice. 1435

La *Grange de l'Isle* s'appelait aussi anciennement *Meix Montbuzon*, sans doute du nom de la montagne qui s'étend de Gray à Avenans. Jean Ducret y demeurait en 1680, 1681, et Pierre Bocquillot, *granger de l'Isle*, y décéda en 1695. Ce domaine, composé de onze soitures de pré et de soixante-quatorze journaux de terre, fut vendu par la nation, le 20 mai 1792, moyennant 15,200 francs.

La donation de l'abbé Regaud et de sa sœur Claudine-Augustine Regaud, faite par acte du 17 mai 1808, consistait en une maison et un jardin, avec un domaine composé de cinq hectares trente-deux ares de pré et six hectares soixante-trois ares de terre; le tout évalué à 1,200 francs de revenu. Elle fut stipulée, à charge par les sœurs de charité de cet hospice futur : 1° de porter des secours temporels et spirituels aux malades et aux vieillards infirmes et indigents ; 2° de donner gratuitement une éducation morale et religieuse aux jeunes filles nées de parents pauvres. Il est à regretter que les intentions bienfaisantes des donateurs ne soient exécutées que dans la dernière clause, et nullement dans la première, qui était cependant la principale.

Page 161, § 12.

Outre les sœurs de charité, qui donnent l'instruction aux petites filles, il y a un *instituteur* pour les petits garçons. Voici les noms de quelques anciens *recteurs d'école* et de quelques *maîtresses*, comme on disait alors :

Leroux (Joseph), de Salins, recteur, puis chantre en l'église prieurale, en 1709 — 1739, année de sa mort et de son inhumation en cette église ;

Marie-Charlotte, maîtresse d'école en 1712 ;

Martin (Jean-Claude), en 1739 — 1743 ;

Meynier (François), en 1746 — 1768 ;

Romand (Jean-Marie), en 1766 — 1779 ;

Daniel (Benoît), en 1781 — 1790 ;

1435 *Malessard* (Jean-Baptiste), en 1786 — 1787 ;
Pernet (femme de Pierre-Joseph), de Champagnole, maîtresse pour les enfants des deux sexes, en 1787 — 1795, salariée en partie par la commune, en partie par le père de l'auteur de cette note.
Picard (Claude-Antoine), en 1792.

Page **161**, § 13.

Il s'agit probablement dans cette vente de 1435, du *fief de Vaugrigneuse*, relevant de la seigneurie de Vallefin en toute justice et s'étendant sur une partie des territoires de Montrevel et de Morges. On lit qu'en 1332, Jeannette, fille de Humbert de Vaugrigneuse, vendit le *Meix Galaron* sur Morges, consistant en terres, prés, bois et cours d'eau, moyennant le cens annuel de 50 sols et une poule, à condition que l'acquéreur ne pourrait jamais s'avouer, non plus que ses héritiers, au prieur de Gigny.

Page **162**, *ajoutez après le* § 13 :

1436   De 1436 à 1444, les *écorcheurs*, puis les *retondeurs*, soldats licenciés du roi Charles VII, ravagèrent le nord de la Franche-Comté et la rive orientale de la Saône ; mais aucun document ne les signale dans la partie méridionale de la province, ni dans la Bresse, ni dès-lors aux environs de Gigny.

Ibid., *note* 116.

1437   Le *carême de l'Avent* est encore mentionné, en 1555, dans un arrêt du parlement de Chambéry, concernant les chanoines de Bourg. On croit que le jeûne de ce carême n'était obligatoire que pour les ecclésiastiques.

Page **163**, § 16.

En 1831, les habitants du Villars, ainsi que ceux de Cropet, ont demandé à être distraits de nouveau de la commune de Gigny, et à être reconstitués en communes distinctes ; mais leurs demandes n'ont pas été accueillies.

La population du Villars, qui était de 77 habitants en 1790, a été reconnue de 84 en 1851.

Page **166**, *au bas*.

Une ordonnance de Philippe II, roi d'Espagne, rendue

en 1586, disposait que les « instruments (titres, actes) des choses excédant la valeur de dix francs ne font foi, sinon qu'ils soient signés par la partie obligée, ou par l'un des témoins instrumentaux, ou par deux notaires. »

CHAPITRE XXXIII.

Page 172.
Un article de l'inventaire des titres de Cluny mentionne : « Un acte du 24 juillet 1470, par lequel le prieur de Gigny signifiait à ses religieux qu'il avait droit de connaître en première instance des différends qui étaient entre eux. »

CHAPITRE XXXIII bis.

JULIEN DE LA ROVERE, prieur 1º.

MISE DU PRIEURÉ EN COMMENDE.

Page 173.
Benoît de Montferrand n'a pas été le premier prieur commendataire de Gigny, comme on l'avait pensé en écrivant l'histoire de ce lieu. Toutes les généralités qui ont été insérées à son article, sur la mise en commende des monastères, doivent être appliquées à *Julien de la Rovere*, cardinal de Saint-Pierre-ez-Liens, que M. Rousset a découvert avoir été prieur de Gigny, à deux reprises, avant et après Benoît de Montferrand. Il fut nommé par son oncle Sixte IV, le 24 février 1472, après la mort de Bernard de la Muysance, titulaire de ce prieuré en même

1472 temps que de l'évêché de Lausanne, vacant depuis deux ans par le décès de Jean de Michaëlis, arrivé le 28 décembre 1469 par une chute de cheval. Mais il ne conserva pas longtemps ces deux bénéfices qu'il avait dûs à la recommandation du duc de Bourgogne, car il donna sa
1476 démission de l'un et de l'autre en 1476, année où Benoît de Montferrand le remplaça, soit à Gigny, soit à Lausanne. C'est donc par suite d'une erreur qu'on trouve *Michel Anglicus* qualifié, en 1471, évêque de Lausanne et prieur de Gigny de l'ordre de Cluny en Bourgogne (10). Il semble que l'auteur de cet énoncé a confondu Jean de Michaëlis avec Michel Anglicus, qui a été évêque de Carpentras de 1452 à 1471, et non de Lausanne.

Au reste, on verra Julien de la Rovere de nouveau prieur à Gigny, 15 à 16 ans plus tard, et alors on parlera de lui plus au long. On se contentera de dire ici que c'est pendant son premier prieurat que commencèrent les débats fâcheux relatifs au monastère de Château-s.-Salins, dont il sera encore question dans un chapitre particulier.

CHAPITRE XXXIV.

Page 174.

Dans les quatre abbayes nobles de Baume-les-Dames, de Château Chalon, de Lons-le-Saulnier et de Migette, il y avait une manière spéciale de transmettre les bénéfices et d'en perpétuer la possession dans les familles. Selon un usage existant déjà en 1618, et qualifié ancien

---

(10) *Richard*. Dict. des sciences ecclés. Art. Lausanne. Paris. 1760.

dans un titre de 1685, chaque dame religieuse avait le droit de se choisir pour *nièce* une fille noble, de l'adopter avec l'agrément de l'abbesse et de lui transmettre, avec sa prébende, sa maison canoniale et ce qui s'y trouvait. On retenait seulement les revenus de la première année, destinés à des prières pour le repos de l'âme de la *tante* défunte A défaut de nièce adoptée, la prébende, la maison et les objets délaissés par la tante appartenaient à l'abbesse, qui les vendait à la nouvelle religieuse admise.

1476

En fait de *coadjuteurs*, on trouve déjà, en 1536, un abbé de Lure nommé de cette manière.

Page 175, § 1.

La mise en commende eut pour but de donner les abbayes et les prieurés aux enfants des grandes maisons, mais il est à remarquer que les abbayes de femmes n'ont jamais été conférées de cette manière.

Ibid., note 119.

De même que le Concile d'Épaône avait défendu, en 517, à un abbé d'être chef de deux monastères, de même celui de Mâcon enjoignit, en 1286, sous peine d'excommunication, aux abbés et aux prieurs conventuels de ne point nommer la même personne titulaire de plusieurs prieurés, à moins d'un motif approuvé par l'évêque diocésain.

Page 176.

D'après les titres du monastère de Gigny, on voit que le prieur, ou même chaque officier ou religieux, y est qualifié : *frère N....., humble prieur, chambrier, aumônier, sacristain,* etc.., en 1244, 1260, 1279, 1294, 1305, 1316, 1356, 1391, 1393, 1431, 1435, 1437, 1461, 1471, etc... Les religieux collectivement y sont nommés : *vénérables et religieuses personnes,* en 1276, 1313, 1336, 1356, 1400, 1403, 1424, 1428, 1446, 1457, 1461, 1471, 1482, 1483, 1487, etc... Ils sont désignés sous les noms de *nobles et religieuses personnes,* en 1423, 1457, 1485, 1488, 1492, 1500, 1521, 1547, 1600, 1620, 1621, 1626, 1631, etc... Enfin, sous

1476 ceux de *nobles et révérends seigneurs*, en 1582, 1653, 1680, 1713, etc...

Ibid., à la note.

Selon l'historien *Lebeuf*, le propos d'Amyot doit être attribué à un autre évêque d'Auxerre.

Page 177, § 3.

La commende a été aussi introduite en 1422 à Saint-Desiré de Lons-le-Saulnier...; en 1462, à Saint-Martin d'Autun...; en 1469 à Ambronay...; en 1470, à Oussia..., à la Boysse et à Saint-Paul de Besançon...; en 1478, à Goailles...; en 1480, à Mesvres...; en 1494, à Baume ..; en 1499, à Montier-en-Der...; en 1510, à Villemoutier, à Cherlieu et à Mont-Benoît..; en 1525, aux Bouchoux..; en 1527, à Pontigny...; en 1540, à Saint-Marien d'Auxerre...; en 1542, à Saint-Père de la même ville..; en 1548, à Fontenet, etc...

Page 178, *au dernier alinéa.*

Ch. XLIV. La cense des bois de Malaissard, mentionnée ici au prix de 12 gros, l'est au chiffre de 20 dans le terrier de 1542.

Page 179, § 5.

1479 L'invasion du comté de Bourgogne par les troupes de Louis XI après la mort du duc Charles, fut tout-à-fait désastreuse pour nos pays. En effet, on lit que non-seulement Cuiseaux, mais encore St-Julien et Montfleur, furent incendiés et presque détruits. D'un autre côté, une

Ch. XL. de nos nouvelles pièces justificatives prouve que la culture des terres cessa dans notre voisinage pendant de longues années, et que « les meix, tant par les guerres que périlités du temps que a régné ou pays, étaient demourés vacques, en manière qu'ils n'estoient d'aucuns revenuz ne prouffit. » Ensuite de cette dépopulation, des familles de la Savoie vinrent s'établir dans les terres de l'abbaye de Saint-Claude, tandis que des Normands ou des Picards formèrent des colonies dans le bailliage d'Amont. Malheureusement on n'eut pas à se féliciter de ces nouveau-venus, puisque une lettre adressée en 1550 par les officiers de ce bailliage au parlement de Dôle les qualifie : « Pour la plupart gens bannis, homicides, fabricants de fausse monnaie, ayant des enfants bélîtres et mendiants....., par qui les anciens habitants étaient journellement offensés, injuriés et travaillés. » 1479

Page 180, § 6.

Benoît de Montferrand est encore connu, soit comme évêque-comte de Lausanne, soit comme administrateur-commendataire du prieuré de Gigny, par une de nos nouvelles chartes, sous la date de 1483, constatant le *vidimus* d'une bulle apostolique par le lieutenant du bailli de la terre de Gigny. 1483 Ch. xxxviii.

Sous ce même prieur, en 1487, fut confectionné le terrier de Champagna au profit du prieuré de Gigny, devant Jean Guie, notaire, terrier qui fut renouvelé en 1542, devant Colassin et Trebillet. 1487 Ch. xlv.

Ibid.

Bien que les religieux de Gigny aient joui, jusques dans les derniers temps, des dîmes de Marboz, Foissia, Etrée, Dommartin et Epy, cependant une de nos nouvelles pièces constate qu'en 1492 l'abbaye de Saint-Claude était toujours en possession de celles de Dommartin, au lieu et place du chambrier de Gigny. 1487 Ch. xli.

CHAPITRE XXXV.

Page 181.

La maison de *Fauquier* ou *Faulquier*, dont était membre notre prieur, florissait principalement à Poligny, dans les 1488

1488 XVe et XVIe siècles, possédant les seigneuries d'Aumont, de Commenailles, de Marigna et de Montsaugeon. Sa noblesse n'aurait pas été bien ancienne, si, comme on le trouve écrit, *Pierre F.* de Lons-le-Saulnier n'avait été annobli qu'en 1400 par le duc Philippe-le-Hardi. Toutefois, elle a contracté de bonnes alliances dans les maisons de l'Aubepin, d'Haraucourt, du Pin, de Salins, de Tenarre, etc. ... D'un autre côté, un de ses membres, *Etienne de F.*, fut abbé de Saint-Claude de 1444 à 1465, et son homonyme fut prieur à Gigny en 1488, deux monastères réservés à la haute noblesse. Cette maison portait : D'azur, à trois *faulx* d'argent emmanchées d'or; c'étaient des armes parlantes, les mêmes que celles de Faouc en Normandie. Elle s'est éteinte, dit-on, dans la maison de Villelume, par le mariage de *Claudine de F.*, vers 1546, avec Hugues de V., auquel elle porta les seigneuries d'Aumont, Commenailles, Montsaugeon et Rans. Cependant, on lit encore que *Denis de F.*, professeur de théologie en l'université de Dôle, y mourut en 1637 de la peste.

CHAPITRE XXXVI.

1490 *Page* 182, § 1.

Un article de l'inventaire de Cluny mentionne : « Un procès entre l'évêque de Lausanne, prieur commendataire de Gigny, et Jean Germain, au sujet de la dépouille du prieur de Marboz dépendant de Gigny, en 1490, » sans autres détails. Or, cet article non-seulement confirme notre titulaire, mais prouve encore le droit de dépouille, en faveur des prieurs conventuels, sur les prieurs **ruraux**, leurs membres.

CHAPITRE XXXVII.

JULIEN DE LA ROVERE, prieur 2º.

Page 183, § 1.

Julien de la Rovere, prieur de Gigny pour la seconde fois, aurait été batelier et pêcheur comme son oncle Sixte IV, selon quelques-uns, et notamment d'après le célèbre *Erasme*, son contemporain. Un autre de ces auteurs affirme même qu'il fit le métier de forban, courant les mers pour piller les navires marchands, et enlevant de jeunes filles qu'il vendait aux Turcs. Mais il est à croire que ces assertions seraient difficiles à établir.

1492

Page 184, § 2.

Pour donner une idée du cumul des bénéfices ecclésiastiques pratiqué par Julien de la Rovere, on dira ici qu'il devint :

En 1471—1482, évêque de Carpentras et cardinal ;
En 1472—1476, évêque de Lausanne ;
En 1475—1503, Ier arch. d'Avignon et légat en France ;
En 147... — — évêque d'Albano ;
En 147... — — évêque de Sabine ;
En 1478-1483, évêque de Mende, qu'il céda à son neveu ;
En 1483—1503, grand-pénitencier et évêque d'Ostie et de Velletri, qu'il remit à un de ses parents ;
En 1483—1502, évêque de Bologne, qu'il permuta avec Verceil ;
En 1499—1502, évêque de Savone, qu'il transmit à un autre neveu ;
En 1502—1503, évêque de Verceil.

Page 188, § 6.

Les auteurs du *Dictionnaire historique du Jura*, bons juges en cette matière, qui ont donné une description

1495

1495 exacte et détaillée de l'église prieurale de Gigny, pensent que les trois nefs de l'édifice, ainsi que la base du clocher et les corniches extérieures, sont du style roman usité au XIe siècle, mais que le chœur et la façade occidentale sont de la fin du XVe. Ces archéologues n'ont fait aucune mention de l'escalier pratiqué à l'angle oriental et septentrional, en forme de tourelle extérieure encorbellée, lequel est un indice ordinaire de l'ère romane secondaire, mais qui a été aussi en usage dans l'ère ogivale. Quant aux corniches extérieures, ils n'ont sans doute voulu signaler que celles qui règnent le long de la moitié orientale de l'église, car celles de la moitié occidentale sont d'une époque bien postérieure.

La division de la grande porte en deux moitiés par un pilastre, est un signe propre à l'architecture du moyen-âge. C'est même, dit-on, le symbole des deux chemins qui conduisent à l'éternité, l'un aux peines, l'autre aux récompenses.

Page 190, § 8.

L'inscription des cloches de Gigny et de Tarascon, ainsi que celle des portes du pays de l'Évêché de Bâle, se retrouve encore sur la cloche de Pagny près Seurre, portant la date de 1452 : *Mentem sanctam spontaneam honorem Deo et patriæ liberationem.*

Page 191, § 8.

On regarde généralement comme supposés les titres antérieurs au XVIe siècle, où se trouve la diphtongue *æ* au lieu de *e* pour les génitifs ou datifs singuliers, et nominatifs ou vocatifs pluriels des noms latins terminés en *a*.

Page 191, § 9.

L'orgue de l'église de Gigny fut acheté en 1760, lors de la sécularisation, moyennant 10,000 fr.

Page 192, § 10.

1497 On lit dans l'inventaire des titres de Cluny l'indication d'un « procès intenté en 1497, par-devant les vicaires généraux de l'abbé de Cluny, par *Antoine de Corlaou*, chambrier et vicaire de Gigny, contre *Jean de Fillain*, religieux audit Gigny, désobéissant. » Cette indication, quoique bien incomplète, prouve cependant, contre l'opinion commune, que le prieur commendataire, ou son vicaire-général, se croyait en droit d'exercer de la discipline ou une sorte de juridiction sur les religieux du monastère. {1497}

On trouve dans le même inventaire la mention « d'un libelle produit, pardevant les députés de l'abbé de Cluny, par *Jean des Plastre*, mistral ou juge temporel du prieuré de Gigny, contre le prieur dudit Gigny, au sujet de son office de mistral et des droits d'iceluy. » Cette seconde indication est bien incomplète aussi, mais elle semble avoir rapport à quelque atteinte portée par le prieur à l'indépendance judiciaire. {1498}

Page 194.

Non-seulement on parle d'une fille de Julien de la Rovère, nommée Félicie, mariée avec Jourdain des Ursins, mais encore d'une autre, nommée Lucrèce, qu'il donna en mariage à Antoine Colonna, et qu'il avait eue d'un commerce incestueux avec Lucine, sa propre sœur. On dit aussi que le duc d'Urbin était à la fois son neveu et son bâtard. Mais toutes ces imputations auraient sans doute besoin d'être mieux prouvées, et peuvent n'être que des inventions des nombreux ennemis de notre illustre prieur. {1503}

CHAPITRES XXXVIII et XXXIX.

FRANÇOIS DE SODERINI, prieur.

Pages 195, 196.

Une pièce nouvelle, rencontrée aux archives du Jura, {1505, Ch. XLIII}

1505

Ch. XLIII.

et communiquée obligeamment par M. *Rousset*, auteur de l'excellent *Dictionnaire historique du Jura*, établit, qu'en 1505, très-révérend père en Dieu, messire *François de Soderini*, cardinal de Sainte-Suzanne de Volterre, fut nommé prieur de Gigny par bulles apostoliques obtenues en cour de Rome. Cette nomination fut ratifiée et approuvée le 5 décembre de la même année, par Philippe de Castille, fils de Marie de Bourgogne, surnommé l'*Amour du monde*, roi de Castille, de Léon et de Grenade, comte de Bourgogne, etc... Les lettres-patentes de cette ratification furent vidimées, transumptées et scellées le 15 avril 1506, par le lieutenant du bailli d'Aval au siège de Montmorot. Ce nouveau titulaire, né à Florence d'une famille noble, en 1453 (11), fut pourvu de l'évêché de Volterra en 1478, par le pape Sixte IV; accompagna en 1494 le roi de France Charles VIII dans son expédition de Naples ; fut député à Milan par les Florentins, en 1498, pour y féliciter Louis XII d'avoir recouvré le royaume de Naples ; fut promu cardinal du titre de Sainte-Suzanne en 1503 par Alexandre VI; devint évêque de Saintes en 1507, évêché dont il se démit en 1512, en faveur de Julien de Soderini, son neveu, auquel il avait déjà cédé, en 1509, celui de Volterra.

1506

Ce prince de l'Eglise romaine ayant conspiré contre le pape Léon X, et ayant avoué son crime, fut seulement condamné à l'amende, mais tomba en défaveur. Il ne rentra en grâces que sous Adrien VI, successeur en 1521 de Léon. Or, ce nouveau pontife ayant aussi appris, par une lettre interceptée de l'évêque de Saintes, que le cardinal de Soderini, toujours favorable à la France, sollicitait François Ier à envahir le royaume de Sicile, ce

---

(11) *J. Soderini* a publié à Florence, en 1600, un traité sur la culture de la vigne, réimprimé en cette ville en 1734. 1 vol. in-4°. Etait-il de la même famille ?

prélat fut condamné à la prison, comme perturbateur de la paix publique, et privé du droit de voter avec les autres cardinaux. Après la mort d'Adrien, survenue en 1523, il fut mis en liberté par Clément VII, qui le nomma même évêque d'Ostie et de Velletri et doyen du sacré collège. Mais il ne jouit pas longtemps de sa nouvelle faveur, car il mourut le 17 juillet 1524, et fut inhumé en l'église de Sainte-Marie-du-Peuple, où on lisait cette simple épitaphe : 1506

Francisci Soderini episcopi Ostiensis
et Volaterrani depositum.

Quant au prieuré de Gigny, on peut croire qu'il en fut pourvu par le pape Jules II, et qu'il y devint ainsi son successeur immédiat. Mais, au reste, il ne conserva pas ce bénéfice jusqu'à sa mort, puisqu'il est établi qu'Antoine de Vergy le possédait déjà en 1517. Comment ensuite concilier l'existence simultanée, en 1506, des trois prieurs Soderini, Chatillon et Francheleins? Ces deux derniers n'ont cependant pas pu être simples prieurs cloîtriers, puisque *Cl. de Charnoz* l'était déjà en 1499 et encore en 1508. Les titres locaux ne fournissent aucun éclaircissement sur ces trois titulaires de la commende.

CHAPITRE XL.

Page 199, § 2.

Antoine de Vergy, peut-être déjà prieur de Gigny, devint aussi prieur de Morteau dès 1513, bénéfice qu'il conserva jusqu'à sa mort. Vers la même époque, il dressa les statuts de la familiarité de Seurre, par lesquels il fut disposé que les familiers devaient être prêtres, savoir 1513

1513 chanter l'épître et l'évangile, et avoir au moins une certaine instruction en grammaire, *scientiam mediocrem, ad*
1514 *minus grammaticalem.* L'année suivante, en 1514, il dressa aussi ou confirma les règlements des familiarités de Lons-le-Saulnier, Montmorot et Moyrans; en 1519, ceux de Saint-Laurent-la-Roche ; et, en 1520, ceux de Fetigny. Dans cette avant-dernière paroisse, ils dataient déjà de 1481, et portaient que, pour être reçu, il fallait être né et baptisé à Saint-Laurent ou à Geruge et issu de bourgeois y résidant.

1515 Un évêché ayant été établi à Bourg-en-Bresse, par bulle apostolique de l'année 1515, composé de tous les lieux dépendant de l'archevêché de Lyon, tant en Bresse, Bugey et Dombes qu'en Franche-Comté, Gigny se trouva compris dans sa circonscription. Mais cet évêché fut supprimé en 1534 par une nouvelle bulle pontificale, et les titres de notre localité n'ont fait aucune mention de cet établissement passager.

Page 200, § 3.

1517 En 1621, les habitants de Châtel-Chevrel, plaidant pour leur franchise contre le chambrier de Gigny, leur seigneur, opposèrent avec raison (probablement d'après la présente charte de 1517) que les habitants de ce dernier lieu étaient francs et de franche condition, de toute notoriété et de toute ancienneté.

Page 201, § 3.

1518 Les habitants de Château-Chalon même étaient francs, de toute ancienneté, comme ceux de Gigny, tandis que, dans les autres lieux de la seigneurie, ils étaient mainmortables. D'un autre côté, ceux de Lure n'étaient pas plus francs que ceux de Tournus et de Mouthier-en-Bresse.

Page 202, § 5.

1526 Il paraît que nos religieux usaient eux-mêmes du droit

seigneurial de la chasse, et non par un préposé spécial, commis en justice, dont ils auraient été responsables. 1526

Page 204, § 7.

Les écoles claustrales furent établies par Charlemagne avant 813, année où le Concile de Chalon en recommanda la pratique. Celui de Mâcon, tenu en 1286, défendit en conséquence d'envoyer les novices hors du cloître, pour y faire leurs études. Il y en a eu une en l'abbaye de Saint-Marcel jusques dans les derniers temps. Il y en avait aussi dans les chapitres épiscopaux d'Auxerre, de Besançon, de Chalon, *etc.*, en 875, 890, 990, 1100, 1117, 1210, 1236, 1269, 1321, *etc...* Le maître d'études ou de grammaire de ces écoles était désigné sous les noms de *magister scholarum, grammaticus, præceptor, scholasticus, pænitentiarius.* Dès le XIIe siècle on exigea aussi que les religieuses apprissent le latin, qui avait cessé d'être la langue vulgaire, et cet usage dura jusqu'au XIVe siècle. 1534

Au reste, il est douteux qu'une école claustrale ait jamais existé à Gigny ensuite de la bulle de 1534. On comprend même difficilement l'énoncé de cette bulle, puisque deux de nos nouvelles pièces justificatives constatent que déjà en 1500 les dîmes de Cuisia appartenaient par ensemble au chambrier de Gigny, au seigneur de Chevreau et au curé de Cuisia. Ch. XLII. L.

Page 204, § 8.

On ajoutera ici les événements qui suivent, relatifs au prieur Antoine de Vergy, quoique à peu près étrangers à Gigny : 1539

1° En 1523, il reçut au château de la Tour-du-Mai Charles de Bourbon, connétable de France, qui se retira de la cour et du royaume, et passa au service de l'empereur Charles-Quint, comte de Bourgogne.

2° De 1525 à 1527, la peste, ou plutôt la suette, maladie meurtrière et nouvelle, qui avait paru pour la première fois en 1486 en Angleterre, désola le comté de Bourgogne et les pays voisins;

3° Du temps d'Antoine de Vergy, le calvinisme s'établit à Genève et amena les guerres de religion ; mais celles-ci ne paraissent pas avoir troublé nos bénédictins ni les habitants de Gigny. Il n'en fut pas de même à Salins, à

1539 Lure, à Montbéliard, à Vesoul et autres lieux du nord de la Franche-Comté, où l'hérésie chercha à s'introduire et amena la guerre civile en 1524, 1525, 1538, etc..., comme encore un peu plus tard dans la terre de Saint-Claude.

4° En 1538, notre prieur assista, au château de Chambéria, aux noces brillantes qui s'y firent, de Jean-Philibert de Binans, fils aîné du seigneur du lieu, avec la fille de Philibert de Pontailler, chevalier, sire de Vaugrenans.

CHAPITRE XLI.

Page 206, § 1

1542 On dit que le mot *Rye* signifie rivage de la mer, et que toutes les villes d'Angleterre dénommées avec cette terminaison sont maritimes, notamment celle de *Rye*, au comté de Sussex, que Jean de Vienne brûla en 1377. Or, cette étymologie n'est pas applicable à notre village jurassien, tout-à-fait situé au milieu des terres; mais ce nom pourrait bien lui avoir été apporté d'Angleterre par la famille qui est venue s'y établir. Il y a aussi un village de *Rye*, patrie de l'historien Mézeray, loin de la mer, près Argentan, en Normandie.

La maison féodale de Rye avait pour adage : *Générosité de Rye*.

Page 208, § 3.

En l'année 1542, première du prieurat de L. de Rye, le terrier de Champagna, comme beaucoup d'autres, fut renouvelé de celui de 1487, devant les notaires P. Colassin, de Cuiseaux, et A. Trebillet, de Saint-Amour. Les habitants reconnurent être de condition mainmortable du

Ch. XLV.

prieur de Gigny, eux et leurs biens, et devoir divers cens payables à Cuiseaux, portant lods, vends, seigneurie et retenue. — 1542

Page 209, § 4.

En 1544, les terriers de Joudes et de Marcia furent aussi confectionnés devant les mêmes notaires Colassin et Trebillet, comme on le dira encore ci-après. — 1544 Ch. XLVI.

En 1545, celui de Vaux fut également rédigé, au profit du prieur de Gigny, par les mêmes tabellions, en simple seigneurie censive. Il en sera parlé de nouveau, à la date de 1610, à l'occasion de son renouvellement. — 1545 Ch. XLVII.

Page 210, § 5.

Le procès concernant les bois de Gigny prouve que, de tout temps, les pauvres ont cherché à s'approprier le bien des riches, et que, plus on leur fait de concessions, plus ils exigent. Au lieu d'être reconnaissants de ce qu'on leur a donné, ils convoitent encore ce que l'on a conservé. Il était évident que tous les bois et tout le territoire de la commune de Gigny appartenaient primitivement à l'abbaye, qui y exerçait la pleine seigneurie; que les habitants n'y possédaient de droits d'usage que ensuite de la concession qui leur en avait été faite; que cette concession avait été toute gratuite, puisqu'ils n'alléguaient pas avoir jamais payé aucune somme pour l'obtenir, ni devoir de cens, services ou prestations qui en auraient été le prix. Néanmoins, ils prétendirent à la nue-propriété de tous ces bois, sans autre titre qu'une ancienne possession qui ne résultait en réalité que d'actes de simple tolérance... Et il se trouva au bailliage d'Aval des juges pour leur donner gain de cause!... Les religieux de Gigny avaient déjà disposé de tous les bois situés à l'orient du Villars...; ils avaient affecté celui de Biolieres à l'usage du four banal et un autre à l'entretien du moulin...; plus tard, ils acensèrent ceux de Marleya, de la Bio- — 1546

1546 lée, etc... Détenteurs du patrimoine de Bernon, ils étaient donc propriétaires de tous les bois. Seigneurs haut-justiciers, ils en avaient certainement le *droit de banalité*. S'ils n'eussent pas traité en 1546, l'ordonnance de 1669 leur eût accordé sans contredit celui de *triage*, c'est-à-dire la distraction du tiers des bois à leur profit.

Pages 212, 213.

1548 La Seigneurie de Joudes fut possédée d'abord par des gentilshommes de ce nom, tels que *Fromond de Joudes*, chevalier, qui, de concert avec Humbert d'Arlay, son frère, donna, en 1232, à l'abbaye du Miroir, un meix situé à Montagna, avec le droit d'y construire un moulin; *Guy de Joudes*, aussi chevalier, dont la femme se nommait Guyette, lequel était probablement fils ou petit-fils de Fromond, contesta en 1253 la propriété de cette usine à ce monastère.

Par suite de mariage ou d'aliénation, cette seigneurie passa ensuite, soit dans la maison de Moysia, soit dans celle de Chevrel. En effet, on trouve Jean de Chevrel, écuyer, seigneur dudit lieu, de Joudes, de Villars, de Montagna et de Balanod, marié avec Marguerite de Dortans, père et mère de Claude de Chevrel; laquelle, par son mariage, porta, vers l'an 1320, la seigneurie de Joudes dans la maison de Mont-Jouvent, qui l'a tenue longtemps.

P. Thorel, qui acheta cette seigneurie en 1635, doit être qualifié, selon M. *A. Guichard*, de *Bourgneuf* et non du *Barneaut*, comme on le lit dans l'inventaire des archives de la Bourgogne. Effectivement, Bourgneuf est un hameau de Joudes qui a pu être tenu en fief par P. Thorel, et l'auteur de ces lignes a lu dans les titres de Gigny que Claude Moyron était qualifié en 1620 sieur *du Bournud*, et en 1621 M. *du Bourneufs*. Il a aussi entendu parler de M. et de Mme *du Bornu*, qui tenaient rang de noblesse à Joudes et à Cuiseaux dans la seconde moitié du XVIIIe siècle. Cependant il faut reconnaître aussi qu'il y avait une maison noble de *Barnaud* possédant la seigneurie de Platenay, à Saint-Germain-lez-Arlay, sous le règne de Louis XI, et une autre, ou la même, du nom de *Bernaud* ou *Bernault*, qui, dans les XVe et XVIe siècles, a tenu celles d'Amange, Chatenois, L'Etoile, Saint-Germain-du-Plain, Marcilly près Louhans, Montmort en Charollois, Rosay près Cousance, Uxelles en Chalonnois, etc... Il y avait aussi à Faletans, déjà en 1538, un fief dit de *Bernaud*. 1546

CHAPITRE XLII.

Page 214, § 2.

Philibert de Rye est aussi connu comme prieur de Gigny, pour avoir présenté en 1554, à la nomination de l'archevêque de Besançon, frère Gaspard de l'Aubepin, pour être curé à Chatonnay, ensuite de la résignation d'Etienne Morel. 1554

Des condordats analogues à celui de Gigny avaient déjà été faits en **1341** à Ambronay, et en **1389**, à Bèze, entre les abbés de ces monastères et leurs religieux.

CHAPITRE XLIV.

Page 221, § 1.

Outre les exemples cités de familles féodales à surnoms, on trouve encore, en 1314, Jean de Longvi dit *de Chaussin*. « C'était, dit Guichenon en **1650**, un abus commun qui continue encore aujourd'hui parmi la noblesse, de prendre dans les contrats le surnom d'une 1586 seigneurie comme plus spécieux. Ainsi les d'Andelot se qualifiaient *dits du Bois*, ou bien du Bois *dits d'Andelot...* »

A l'égard du mot espagnol *Fernand*, usité en Franche-Comté, on peut ajouter que *Fernand* Bereur était trésorier de l'université de Dôle en 1550 environ, et que *Fernande* d'Augicourt était co-seigneur de ce lieu en 1629. Mais, au reste, nous avons suffisamment établi ailleurs (12) que ce mot est le seul avec celui de *Pequegnot* (Petit) qui ait été importé au comté de Bourgogne par la domination espagnole, qui n'y a pas introduit non plus ses mœurs ni ses usages. La langue de la péninsule ibérique se naturalisa davantage en Artois, en Flandre et en Belgique, parce que ces pays furent plus occupés par les Espagnols que la Franche-Comté. Aussi on y use encore des mots *rio* pour rivière, *candela* pour chandelle, *caracol* pour colimaçon, etc...

Page 221, § 2.

Ferdinand de Rye fut nommé abbé de Cherlieu en 1599 par les archiducs, mais il n'obtint ses bulles qu'en 1605. Précédemment, en 1587, Marc de Rye, son frère, gouverneur de l'Artois, l'avait fait nommer abbé de Lure et de Murbach par les religieux tenus emprisonnés au moyen de la force armée. Mais, ensuite d'une protestation motivée sur la violence et la contrainte qu'ils avaient éprouvées, laquelle ils adressèrent au pape, la nomination n'eut pas lieu.

En sa qualité d'archevêque de Besançon, ce prieur de Gigny fit un grand nombre de règlements utiles à son diocèse. Mais plusieurs tiennent à l'esprit de ce siècle de querelles et de révolutions religieuses, comme l'obligation imposée aux sages-femmes de déclarer, sous la foi

---

(12) *Soc. d'ém. du Jura.* Ann. 1854, page 42-48.

du serment, le vrai nom des pères des enfants naturels...; 1586
la défense faite aux médecins de visiter les malades qui
ne demanderaient pas à se confesser dès le troisième
jour de la maladie...; la prohibition d'imprimer le caté-
chisme du concile de Trente en langue vulgaire...; celle
de manger de la viande le samedi, depuis la fête de Noël
à celle de la Purification, comme dans quelques diocèses
voisins, etc...

Poge 221, § 3.

La guerre portée par Henri IV en Franche-Comté fut 1595
d'autant plus inique, qu'elle viola sans motifs le traité
de neutralité renouvelé à Bade pour 29 ans, en 1580, par
les plénipotentiaires de France et d'Espagne, à la demande et intervention des cantons suisses. Les brigandages de ce roi, au comté de Bourgogne, furent précédés
de ceux de Louis de Beauveau-Tremblecourt, son parent.
Ce partisan, après avoir saccagé avec ses Lorrains, aux
mois de février, mars et avril 1595, tout le bailliage d'A-
mont, dont il pilla et brûla les bourgs et villages non
fortifiés, vint ravager au mois de mai le département
actuel du Jura, au nom du roi de France et de Navarre,
son cousin. Or, comme il dévasta le hameau de Marie,
au-dessus de Cuiseaux et de Champagna; comme il se
présenta avec ses bandits devant le château de Chambéria pour s'en emparer et le piller aussi; comme ses
troupes saccagèrent Saint-Julien, en démantelèrent les
fortifications et en ruinèrent l'hôpital, il est possible que
Gigny et les lieux voisins se soient ressentis de ses déprédations; mais on n'en a pas de preuves positives.

Page 221, *note* 135.

Quelques lecteurs de l'histoire de Gigny ont blâmé et d'autres
ont approuvé le jugement sévère que l'auteur a porté sur Henri IV.
Cependant, après plus de treize ans de réflexion, ce jugement lui
paraît aussi motivé qu'à l'époque où il a été prononcé, et il persiste
à croire que la popularité de ce roi prétendu *grand* et *bon* n'a

1595 d'autre origine que l'esprit de parti. Comment ne pas qualifier *irréligieux* ou même *athée* le calviniste qui se fit catholique en 1573 et mérita le surnom d'*apostat*, qui redevint catholique en 1576 et mérita celui de *relaps*, et qui, en 1593, se fit de nouveau catholique pour obtenir le trône de France ? L'intérêt seul le guida dans toutes ces variations, comme il avait guidé auparavant Constantin, Clovis et Rollon, et comme il a guidé plus tard Bernadotte. La conscience et la conviction religieuses n'ont jamais contribué aux conversions des princes... Comment n'était-il pas *immoral* et profondément criminel, celui qui écrivait à une de ses maîtresses, touchant sa femme et sa belle-mère : « Je n'attends que l'heure d'ouïr dire que l'on aura envoyer étrangler la royne de Navarre. Cela, avec la mort de sa mère, me ferait bien chanter le cantique de Siméon? » Comment n'était-il pas *barbare* celui qui fit pendre à Arbois, malgré une capitulation et la foi promise, le capitaine Morel, uniquement coupable d'avoir défendu sa ville natale, celui qui, par l'édit de 1601, punissait des galères et même de la mort les délits de chasse en récidive?

On a cherché à excuser Henri IV sur les horreurs à Lons-le-Saulnier, en les rejetant sur le baron d'Assonville, son général. Mais, en droit public comme en droit civil, les maîtres sont responsables et comme complices des fautes de leurs serviteurs ou employés. D'ailleurs, la sentence inique, rendue le 4 décembre 1598, contre les malheureux otages de Lons-le-Saulnier, prouve assez la participation du roi de Navarre à la campagne de 1595.

Page 222, § 3.

A la fin du mois d'août 1595, les officiers du maréchal Biron accordèrent capitulation au château de Pymorin, moyennant une somme de 1000 écus, pour assurer le paiement de laquelle ils emmenèrent en otage le capitaine de ce château.

Page 223.

Aux événements locaux arrivés sous le priorat de Ferdinand de Rye, on peut ajouter les suivants :

1600 1. En 1600, les échevins de Cuiseaux réclamèrent à ce prieur, en sa qualité de gros décimateur, le paiement des réparations qu'ils venaient de faire à leur clocher.

1601
CH. XLVI.
2. En 1601, les terriers de Joudes et Marcia furent renouvelés devant les notaires Bertrand, de Gigny, et Crestin, de Cuiseaux, de ceux qui avaient été dressés en

1544 et en 1557. Les habitants reconnurent tenir leurs biens de la censive et directe du prieur de Gigny, avec lods, vends, droit de retenue, etc...   1601

3. En 1610, le terrier de Vaux fut aussi renouvelé devant les mêmes notaires, à Cuiseaux, en l'*écritoire* et maison de J. Crestin, l'un d'eux. Les habitants y déclarèrent être gens francs et tenir en condition franche leurs héritages de la directe censive et seigneurie du prieur de Gigny, sous des cens annuels portant lods, vends, seigneurie et retenue. D'après ce terrier, on voit qu'il y avait à Vaux un *clos et curtil appartenant au sieur de Gigny*, ainsi que des *chastanières*, des fonds dépendant de la *chapelle de Clémencey*, fondée en l'église de Cuiseaux, etc..   1610   CH. XLVII.

4. En 1616, F. de Rye fit la visite pastorale de son diocèse, et, à cette occasion, il termina, pour quelques années, les querelles incessantes des familles de Lons-le-Saulnier et des religieux de Saint-Desiré de cette ville, relatives à la desserte de la paroisse. En même temps il y toléra l'usage de donner à boire aux malades de l'eau recueillie dans la pierre sépulcrale du saint Patron, mais défendit de proclamer des guérisons merveilleuses sans son autorisation et sans une vérification de commissaires délégués par lui.   1616

5. En 1629, notre prieur acensa à perpétuité, au quart des fruits, le *clos de Champagna*, avec les maisons et le pressoir qui en dépendaient, à six vignerons du village de Vaux, comme on l'expliquera plus en détail ci-après.   1629   CH. XLVIII.

Page 224.

Le traité de neutralité dont il s'agit ici, avait d'abord été conclu en 1508 entre Louis XII et Maximilien, roi des Romains ; puis, en 1512, entre le même roi de France et la princesse Marguerite d'Autriche, fille de Maximilien ; puis, surtout en 1522, entre celle-ci et François Ier. Il fut   1636

1636 renouvelé ensuite en 1527, 1542, 1544, 1552, 1555, 1562, 1580, 1595, 1611, 1620, 1636, 1644. Entre autres clauses, ce traité disposait que : Quoique les rois de France et d'Espagne seraient d'ailleurs en guerre, la neutralité et bonne amitié continueraient entre le duché et le comté de Bourgogne (*art*. 3)...; que les habitants des deux pays pourraient : « hanter, fréquenter, trafiquer et marchander des choses loyales et non prohibées, aller demeurer, séjourner et retourner de pays en autre, sans pouvoir être arrêtés, ni eux, ni leurs biens confisqués, comme en cas de guerre. » (*Art*. 5.) « Que les mêmes habitants ne pourraient être travaillés ni molestés, pour leurs biens respectifs, ains en jouiraient sans aucune difficulté, sans être tenus, pour en transporter les fruits, à aucunes gabelles ou impositions. » (*Art*. 7.)

Page 225.

L'archevêque F. de Rye répondit, le 27 mai 1636, aux propositions de négocier qui lui furent faites après la sommation de rendre la ville de Dôle : « Qu'il entendrait plus volontiers les canons des Français que leurs paroles, et qu'il craignait moins leurs forces que leurs tromperies. »

CHAPITRE XLV.

ABRAHAM GIRARD, prieur. — BASILLON, prieur.

Page 226, § 1.

1636 La maison de *Prevost*, comme écrit Guichenon, était noble et ancienne au comté de Bourgogne, avec une branche à Coligny. Elle était originaire d'Orchamps sur le Doubs, au canton de Dampierre, où se voit encore son manoir féodal avec tours et armoiries. Elle portait de gueules, au sautoir d'argent, chargé de cinq étoiles aussi de gueules.

Etienne Prévost de Coligny (ou *Prowost*, comme signait notre prieur) se qualifiait déjà chevalier dans son testament de l'an 1334. Il fut père de Guillaume, aïeul de Humbert et trisaïeul de Huguette Prévost de Coligny, laquelle se maria d'abord à Othenin de Morel, seigneur de Maisod, et en secondes noces à Jean de Velieres, dans le XVe siècle. Jean Prevost, natif de Besançon, seigneur de Pelousey, était conseiller laïc au parlement de Dijon dès l'année 1490, ensuite conseiller de Maximilien, roi des Romains, en 1493; puis du roi Philippe, son fils, et enfin conseiller au parlement de Dôle dès 1500. Jean de Pelousey commandait, en 1595, la garnison du château de Chambéria, lorsque Beauveau de Tremblecourt se présenta pour le piller.

Quant à *Philippe-Louis de Prowost*, qui, de vicaire-général de l'abbé de Baume, devint d'abord prieur de Saint-Désiré de Lons-le-Saulnier en 1641, il ne succéda pas immédiatement à F. de Rye comme prieur de Gigny, car il est comme certain que, ensuite des malheurs du temps, ce bénéfice demeura vacant au moins sept années. En effet, on voit qu'en 1640 le moulin de la Pérouse fut abergé par le chambrier, et non par le prieur du monastère. On lit aussi qu'en 1643 une requête fut présentée au lieutenant du bailliage d'Orgelet, au nom des *nobles officiers et religieux du prieuré de Gigny*, contre les habitants de Gisia, sans aucune mention du prieur. Or, comme d'un autre côté Ph.-L. de Prowost figure en qualité de titulaire dans un acte notarié de Gigny en 1645, il en résulte qu'il n'a été pourvu qu'en 1644 ou à la fin de 1643 au plus tôt.

On lit même que M. de Pelousey « ne sollicita le prieuré de Gigny qu'en 1647, en exposant dans sa requête au roi

1636 d'Espagne, le 13 février de cette année : — Qu'il était issu de l'une des plus nobles et plus anciennes maisons du comté de Bourgogne; que ses ancêtres avaient servi de tout temps dans les armées; et que, pendant les guerres avec la France, il y avait eu douze capitaines de son nom; que son père avait été pendant trente ans gouverneur des ville et château de Bletterans; qu'il avait encore deux frères et deux cousins-germains capitaines; qu'enfin il ferait tous ses efforts pour introduire la réforme dans le monastère qu'il sollicitait... — En conséquence, il fut nommé en 1647 titulaire de celui de Gigny. Mais lorsqu'il voulut en prendre possession, il y trouva un sieur *Basillon* qui y faisait les fonctions de prieur, en vertu d'une nomination obtenue du prince de Conty, abbé de Cluny, et confirmée par le pape. Toutefois, ce nouveau titulaire, se voyant menacé de perdre le bénéfice, le remit à *Abraham Gerard*, fils du sieur Gerard, secrétaire du prince de Condé, lequel obtint un brevet du roi de France et prit possession de tous les biens du prieuré de Gigny situés hors du comté de Bourgogne. »

Ce passage de l'excellent *Dictionnaire historique du Jura* ne concorde pas avec les actes notariés de Gigny, qui citent positivement, comme on l'a déjà dit, L.-Ph. de Prowost de Pelousey comme prieur et seigneur du lieu en l'année 1645. Mais, d'un autre côté, il est confirmé par des notes du XVIIe siècle, qui se trouvent aux archives du Jura et qui mentionnent : « Noble *Abraham Girard*, abbé de Chalmont, prieur de Gigny, ayant pour procureur spécial, en 1658, Philibert de Gendrier, bailli de Louhans et avocat au bailliage de Cuiseaux. » On trouve aussi aux mêmes archives « un manuel des censes dues à messire *Abraham Girard*, à cause de son prieuré de Gigny, d'après les reconnaissances faites en 1596 pardevant Louis Bertrand, notaire, etc... Et, en effet, ces censes étaient dues à Champagna et à Vaux, lieux dépendant du duché de Bourgogne. 1636

Ce prieur *in partibus* était probablement de la famille Girard, de Givry près Chalon-s.-S., qui a fourni deux conseillers au parlement de Bourgogne. Il est à présumer qu'il était neveu et filleul d'Abraham Girard, seigneur de Chalivois, dont la fille, Jeanne G., se maria avec J. de Thesut, et fut mère d'Abraham de Thesut que l'on verra bientôt succéder dans le prieuré de Gigny, soit à Abraham G., son oncle à la mode de Bourgogne, soit à Ph.-L. de Pelousey. Une autre fille fut mariée avec N..... d'Hénin-Liétard, comte de Roche, et fut mère de J.-F. G. d'Hénin-Liétard, archevêque d'Embrun. Cette maison Girard portait d'azur à trois trèfles d'or. J. Girard de Givry, mort en 1453, fut un historien ecclésiastique.

Page 226, §. 2.

Pendant le siège de Dôle, la guerre ne fit presque sentir ses calamités qu'à cette ville et à ses environs, dans un rayon d'un myriamètre, lesquels furent foulés, pillés et même brûlés par les soldats du prince de Condé. Mais aussitôt après la levée de ce siège, les troupes franc-comtoises, allemandes, hongroises et lorraines alliées, sous la conduite du duc Charles, généralissime, et des généraux ou colonels Galas, Fortkatz, Lamboy, Mercy et Champvans, poursuivirent les Français et portèrent la guerre avec toutes ses horreurs dans le duché de Bourgogne, et surtout le long de la Saône, à Allerey, Bragny, Charnay, Chaussin, Chauvort, Ciel, Frontenard, Saint-Jean-de-Losne, La-Marche-s.-S., Pontaillier, Vauvry, Verdun, Verjus, etc... Quelques partis s'avancèrent même dans l'intérieur de la Bresse chalonnaise; car l'auteur de ces lignes a lu des notes qui prouvent que le château de Noisy, en la commune de Verissey, fut brûlé et pillé par des Cravattes ou Croates qui couraient le pays.

1636

Ch. 133.

En outre, un corps de cette armée comtoise ou impériale s'était avancé au midi sous le commandement du baron de Clinchant, et s'était emparé de Cuiseaux le 26 août. Il mit à contribution cette petite ville dont il exigea 100,000 fr., et, au bout de cinq jours, la laissa déserte en emmenant 18 otages pour garantir le paiement de cette somme (13).

1637

Ch. 134.

Il ne paraît pas que Gigny ait eu beaucoup à souffrir des calamités de la guerre en 1636 même, et on peut présumer que ce fut par prudence seulement qu'en cette année les religieux du prieuré transportèrent au château de Cressia les reliques de saint Taurin. Mais, au mois de janvier 1637, Charles Damas de Thianges, gouverneur de la Bresse et du Bugey, s'étant emparé inopinément de Chavannes-sur Suran qui appartenait alors au comté de Bourgogne, le maréchal-de-camp Gerard de Watteville, plus connu sous le nom de marquis de Conflans, partit aussitôt de Lons-le-Saulnier avec ses troupes pour l'en expulser et reprendre ce bourg mal fermé de murailles ébréchées et de portes sans défenses. Or, étant arrivé à Gigny, et y ayant appris par ses coureurs ou éclaireurs que le marquis de Thianges avait déjà abandonné Chavannes et s'était retiré sur Bourg, il se contenta de faire place d'armes à Gigny en cette saison rigoureuse, et disposa ses quartiers en forme de guerre, en attendant l'occasion de se venger de l'affront de Chavannes. En effet, quelques semaines après, il s'empara de Cuiseaux, qui se

---

(13) On lit que les habitants de Cuiseaux se laissèrent persuader par un capucin de Saint-Amour qui les engageait à se rendre, sous l'appât d'un bon traitement. Mais on voit aussi que, par des lettres-patentes du mois de décembre 1636, tous les biens du ci-devant commandant Lurbe furent confisqués et adjugés au sieur Girard, secrétaire du prince de Condé, en punition de ce qu'il avait donné l'entrée de la ville de Cuiseaux aux ennemis.

rendit au bout de trois heures ; puis, le 9 février, de Savigny-en-Revermont, qui capitula le second jour de l'attaque.

1637

A la même époque, le comte de Bussolin, fils du marquis de Conflans, qui avait porté la guerre en Bugey, s'empara des châteaux d'Arbent, de Dortans et de Martigna. D'un autre côté, le baron de Watteville, son cousin, qui avait pénétré dans la Bresse chalonnaise, ravagea, au mois de janvier, les communes d'Autume, Bellevèvre, La Chapelle-Saint-Sauveur, Charette, Frettrans, Lays et Pierre. Mais ce furent là les seuls succès obtenus en l'année 1637 par les troupes commandées dans le bailliage d'Aval par le duc de Lorraine ou ses lieutenants. En effet, après la bataille de Cornod, perdue par le marquis de Conflans et son fils, le 13 mars (et non le 16 juillet, comme on l'a écrit par erreur), les Français, sous la conduite de Henri d'Orléans, duc de Longueville, ne cessèrent d'obtenir des avantages ; car, outre la reddition des villes et châteaux de Saint-Amour, Lons-le-Saulnier, Orgelet, Clairvaux, Montaigu et Bletterans, dont il a été parlé, on lit que le château de Neublans fut pris au mois de mars....; ceux de l'Aubepin, Bornay, Chevreau, Frontenay, Saint-Julien, Saint-Laurent, Moyrans et Château-Chalon, en avril...; celui de Chilly, en juin...; celui de Savigny fut repris le 6 juillet, et ceux de Crêvecœur, l'Étoile et Pymorin se rendirent dans ce même mois...; celui d'Arlay, en août...; ceux de Jousseau et Coges, en octobre, et les églises de Coldre et de Cousance furent inondées, à la même époque, du sang des malheureux qui s'y étaient réfugiés.

Page 227, § 3.

Aux revers éprouvés en 1638 il faut ajouter :

1638

1° La prise du château de Rahon, le 16 avril, malgré la défense héroïque de l'infortuné capitaine Dusillet ;

1638 2° La reprise de Chaussin par le duc de Longueville, le 26 mai, après deux ans environ d'occupation par les troupes franc-comtoises;

3° La prise et l'incendie d'Arbois, le 9 juillet;

4° Celle du château de Montigny, le lendemain;

5° Celle du château de Vadans, le 14 du même mois, château qui, à la vérité, fut repris le 9 août suivant par le duc de Lorraine.

1639 L'année 1639 fut encore plus funeste au pays que les précédentes, et le duc Bernard de Saxe-Weymar, avec ses Suédois ou ses Allemands, acheva sa ruine en portant le fer et le feu dans la région de la haute montagne qui en avait été exempte jusqu'alors. Ce prince, qui se qualifiait *comte de Bourgogne* et *roi du Jura*, d'après les promesses du cardinal de Richelieu, profitant d'un hiver insolite, en raison de sa douceur et du défaut de neige, commença sa campagne avec le comte de Guébriant dès le commencement de janvier. Non-seulement ils s'emparèrent de Pontarlier, de Nozeroy et du fort de Joux, comme il a été dit, mais aussi de l'abbaye de Mont-Benoît, du bourg de Morteau, des châteaux de Vuillafans, Jougne, Usier, Châtel-Blanc, Verges, Sirod, La Chaux-des-Crottenay, et des villages de Buvilly, Cernans, Cize, Gardebois, Larderet, du Pasquier, etc., qu'ils incendièrent sans pitié. Il a été énoncé par erreur que la ville de Saint-Claude avait été occupée en 1638. Ce n'est que le 16 mai 1639 qu'elle le fut par le duc de Saxe, malgré les tentatives que les nobles religieux firent pour s'en préserver, en se prévalant auprès de ce nouveau roi du Jura d'un traité de neutralité stipulé jadis entre eux et les Allemands issus des anciens rois jurassiens.

La mort de ce prétendant au royaume de la Bourgogne jurane, arrivée le 18 juillet, ne suspendit point les malheurs de la Franche-Comté; car le marquis de Villeroy continua activement la guerre pendant le reste de l'année, 1639 et s'empara, au mois d'août, des châteaux d'Alieze, Beaufort, Chambéria, Dompierre, Fetigny, Frontenay, la Vilette, Virechâtel, etc... (14)

En compensation de tant de pertes, les armes francomtoises n'obtinrent, en 1639, d'autres succès que : 1° le grave échec éprouvé par l'armée du duc de Saxe-Weymar à Saint-Germain-en-Montagne ; 2° la reprise du château de Beaufort par Lacuson et Cæs. Du Saix, baron d'Arnans, et celles de Nozeroy, de La-Chaux et de Château-Villain par Ch. de La Baume, marquis de Saint-Martin.

Page 228, § 3.

En 1640, la Franche-Comté était presque toute conquise, mais dévastée, incendiée (15) et dépeuplée. Les 1640

---

(14) On ne lit pas qu'aucune hostilité ait été commise, durant le cours de cette longue guerre, contre les châteaux d'Andelot, de Coligny-le-Vieux, de Cressia et de Loysia, appartenant à Cleriadus de Coligny, parce que ce seigneur soutenait le parti français et trahissait l'Espagne.

(15) C'est avec une véritable douleur qu'on voit un roi surnommé *le Juste*, et son ministre, cardinal-prince de l'Église romaine, faire la guerre, comme les barbares, dans un siècle où florissaient Descartes, Corneille et Rubens. Pendant les six années que la Franche-Comté eut à supporter cette guerre d'extermination, le feu causa bien plus de mal encore que le fer de l'ennemi, parce qu'il était rare que le meurtre et le pillage ne fussent pas suivis de l'incendie. « Le duc de Weymar, dit un témoin oculaire, désespérant, en 1639, de forcer Besançon et Salins, mit en feu toutes nos montagnes, dès Pontarlier jusqu'à Salins. On voyait chaque jour, dès le fort de Sainte Anne, fumées en divers lieux, et, la nuit, les feux des villages brûlants donnaient lueur. En cette sorte furent consumés plusieurs centaines de beaux et grands villages..., par haine cruelle contre les catholiques bourguignons, ou par commandement de Richelieu, qui voulait les extirper. Mais l'action la plus cruelle fut l'horrible incendie de la ville de Pontarlier, *etc.* »

1640 quatre villes fortifiées de Besançon, Dôle, Gray et Salins étaient les seules possessions qui restaient encore à l'Espagne. Or, le cardinal de Richelieu, voyant qu'il ne pouvait en faire la conquête par les armes, entreprit de les soumettre en les affamant. En conséquence, il donna ordre au marquis de Villeroy de faire faucher tous les blés en fleur, et on vit alors ses soldats, convertis en faucheurs, achever au mois de juin la désolation du pays. Mais ce fut en vain, car aucune des quatre villes ne succomba sous ce dernier acte d'un vandalisme en désespoir.

1643 Le traité de neutralité entre les deux Bourgognes ne fut pas renouvelé positivement, quoi qu'on ait écrit. On trouve seulement qu'il fut plusieurs fois question de le renouveler en 1640 et 1641, mais la France n'en eut jamais sincèrement l'intention, et en négociant elle ne chercha qu'à gagner du temps. Ce qui réellement fit cesser les hostilités, ce fut d'abord la mort de Richelieu survenue le 4 décembre 1642, puis celle du roi Louis XIII arrivée le 14 mai suivant. En effet, peu après celle-ci, les députés suisses ayant sollicité le rétablissement de la neutralité, tant dans leur intérêt que dans celui du comté de Bourgogne, la reine régente de France fit résoudre en conseil qu'on n'entreprendrait rien sur ce pays pour le conquérir. En conséquence, une suspension d'armes eut lieu dès le mois de septembre, et fut ensuite renouvelée jusqu'au mois d'avril 1644. Aussi c'est dès-lors qu'on commença à remuer les ruines de la ville de Lons-le-Saulnier et à la reconstruire; mais les habitants n'y étaient pas encore rentrés le 31 décembre 1645. Bien plus, en 1647, les rues et les passages étaient toujours obstrués de décombres. Les habitants de Nozeroy et de Mièges, retirés en Suisse, ne commencèrent non plus à rentrer en France qu'à la fin de 1645 et au commencement de 1646. Les officiers judiciaires du siège de Montmorot, qui s'étaient d'abord réfugiés à Baume, puis à Saint-Laurent, hasardèrent de venir rendre la justice et de tenir leurs audiences à la porte du château de Lons-le-Saulnier. Ceux d'Orgelet siégeaient aussi en 1643, d'après une de nos nouvelles pièces justificatives. Quant au parlement de Dôle, après avoir cessé toutes fonctions dès 1636, il recommença en 1640 à s'occuper des procès, mais ne tint des audiences publiques que dès le 11 novembre 1642. Il ne s'occupa qu'en 1644 à taxer, pour les voyageurs, les tables d'hôtes qui ne l'avaient pas été pendant les huit années de malheurs publics.

1643

Ch. XLIX.

Page 228, § 4, *ajoutez :*

Au mois de décembre 1638, une femme d'Autechaux, en l'arrondissement de Montbéliard, égorgea un enfant, le mangea en trois jours et mourut d'indigestion.

En 1640, la mesure de froment pesant 30 livres, se vendait 10 francs et plus.

Page 229, § 4.

Ce fut en 1637 et 1638 qu'eut lieu l'émigration à Rome dont parle l'historien Girardot. Elle se composa de 300 à 400 habitants de Mieges, de Mont-sur-Monnet et de Salins en l'arrondissement de Poligny, et de plusieurs autres de la paroisse de Frâne en celui de Pontarlier. Le pape leur assigna un quartier à Rome, et l'église ou hospice de *Saint-Claude-des-Bourguignons*, fondée par François Henri, curé de Monnet, y existe encore. M. Monnier, infatigable dans ses recherches, l'a visitée en 1843, et a trouvé dans les archives pontificales les noms de ceux qui émigrèrent alors.

Plusieurs émigrés de cette époque s'arrêtèrent à Milan; mais ce n'est pas à eux que l'église de *Saint-Etienne-des-Bourguignons* doit son nom, puisqu'elle le portait déjà en 1300, selon une charte de cette date.

1643   *Page* 230.

La ville de Dôle ne fut pas la seule qui implora le secours du ciel contre le fléau épidémique du XVIIe siècle. Celle de Lyon s'était déjà vouée en 1628 à saint Nicolas de Tolentin, patron des Augustins de Brou près Bourg-en-Bresse En la même année, celle d'Autun renouvela ses vœux à saint Sébastien et fit une procession solennelle à Uchon dont ce saint est patron. — En 1629, Baume-les-Dames se mit sous la protection de saint Germain et s'engagea de le fêter annuellement le 11 octobre avec grande solennité... En cette même année, Chalon et Tournus se placèrent sous l'égide de saint Charles Boromée.. A la même époque, Salins fit : 1° une neuvaine à saint Louis ; 2° un vœu d'aller en procession à N.-D. de Gray ; 3° le don d'un calice, d'une patène et de deux chopinettes en vermeil à Saint-Nicolas de Brou... De son côté, Bourg fit don à cette église d'un tableau qu'on y voit encore, et institua une procession annuelle au 10 septembre en l'honneur de ce saint patron, laquelle on pratique toujours de l'église de Bourg à celle de Brou, depuis l'année 1824 qu'elle a été rétablie après une interruption pendant trente ans... Enfin, la ville de Lons-le-Saulnier fit aussi vœu, le 15 août 1629, de trois processions : l'une en l'honneur de la Vierge, à l'ermitage de Montciel ; la seconde, en celui de saint Roch, à Courbouson ; la troisième, au couvent des Capucins de Saint-Amour, pour honorer saint Nicolas de Tolentin leur patron.—En 1630, les habitants de Lure établirent en leur église paroissiale la confrérie du Rosaire. — En 1631, ceux de la commune de la Boissiere érigèrent une chapelle en l'honneur de saint Christophe, qu'ils adoptèrent probablement alors comme patron secondaire. — En 1636, ceux de Bletterans se vouèrent à saint Roch et à saint Sébastien, érigèrent une chapelle et instituèrent une confrérie en leur honneur...

Le 28 décembre de la même année, ceux de Macornay firent vœu à saint Taurin et à saint Tiburce et instituèrent une procession solennelle sous leur invocation.. La petite ville d'Arnay-le-Duc recourut aussi, à la même époque, à saint Sébastien d'Uchon, comme Autun avait fait précédemment. — En 1638, la paroisse de Saint-Lupicin se voua, dans le même but, à saint Claude et vota une procession annuelle au 6 juin, laquelle se pratique encore aujourd'hui depuis ce village jusqu'en la ville épiscopale. Enfin, on lit qu'en 1639 la ville de Salins, si souvent éprouvée par la peste, érigea encore, à cause d'elle, une chapelle en l'honneur de N.-D. libératrice. 1643

Page 231, § 5.

La maladie épidémique qui dépeupla les deux Bourgognes et les provinces voisines pendant le XVIIe siècle, n'était sans doute ni la peste d'Orient, ni le typhus des armées. C'était probablement une fièvre putride pétéchiale, avec altération du sang, mortelle en peu de jours ou même en moins de 24 heures, telle enfin qu'on en a rarement vu d'aussi meurtrière. Un manuscrit du temps la qualifie *fièvre chaude fanatique*, peut-être à cause du délire qui l'accompagnait. Elle sévissait principalement en été et en automne, finissait en hiver et reparaissait quelquefois plusieurs années de suite dans la même localité. Elle commença ses ravages dès l'année 1626, et, sans égard aux circonstances hygiéniques les plus salubres en apparence, elle continua à dévorer l'espèce humaine pendant près de trente ans. En effet, on lit qu'en 1652 elle enleva encore plus de 2000 habitants à Dijon dans l'espace de cinq à six mois; mais avant 1664 elle avait enfin cessé de régner. On en attribua l'origine aux régiments de Croates et de Hongrois, auxiliaires des armées espagnoles, que la peste suit ordinairement, selon l'historien *Girardot*. Or, ce fut par erreur, car cette Ch. 137.

1643 maladie pestilentielle avait déjà effrayé et décimé les populations bien avant l'arrivée de ces troupes étrangères. Son souvenir effrayait encore les habitants de la Franche-Comté en 1720, lorsque la peste d'Orient vint alarmer la France.

La nature contagieuse de cette fièvre pourprée est suffisamment démontrée par les mesures de police rigoureuses qu'on prenait contre elle. Dès qu'elle avait envahi une ville, un bourg ou un village, l'autorité proclamait que ce lieu était *barré*. En conséquence, il n'était pas permis d'en sortir, sous des peines sévères, même aux risques d'*être arquebusé sans forme de procès*, et ce, jusqu'à ce que la barre eût été levée. Dans l'intérieur des villes, on barrait aussi les maisons où il y avait des malades, avec prohibition à qui que ce fût d'en sortir. On interdisait toute espèce de réunions, telles que celles des églises, des écoles, et surtout des funérailles ou enterrements. On enjoignait aux habitants de déclarer et de révéler les malades à l'autorité, sous peine de grosse amende, et même de fusillade, selon les circonstances. On défendait sous les mêmes peines aux fossoyeurs ou autres personnes de s'approprier, de recueillir et de distribuer les effets des morts. Enfin, dans un grand nombre de lieux, dès qu'on connaissait des personnes atteintes de la maladie, on se hâtait de les *séquestrer*, riches ou pauvres, non plus dans leurs propres maisons, mais dans des *loges* en planches construites à cet effet à un certain éloignement des habitations, avec défense de les quitter et de rentrer en leurs domiciles, sous peine d'être passés par les armes des sentinelles. Des hommes bien salariés les conduisaient de gré ou de force dans ces loges, leur distribuaient, à quelque distance, des aliments et des boissons, prévenaient les fossoyeurs des décès qui survenaient, etc... Ces malheureux séquestrés ne recevaient pas même la visite et les secours de leurs parents et de leurs amis, et ils étaient obligés de se rendre entre eux les services que leur triste position réclamait. Seulement, des prêtres leur donnaient, à une respectable distance, les consolations de la religion, et les exhortaient à se résigner dans leur triste sort. On lit que de telles séquestrations ont été pratiquées dans le temps, soit près des cimetières, soit aux anciennes léproseries, soit dans des lieux écartés qui portent encore les noms de *loges*, *bordes* ou *cabornes*, à Avallon, Beaufort, Billecul, Bletterans, Ceffia, Champagnole, Chaussin, Chevigny, Choux, Clairvaux, Saint-Claude, Coisia, Conliège, Courbouzon, Dambelin, Dôle, Fetigny, Ivory, Saint-Lauthein, Lons-le-Saulnier, La Villette, Salins, etc... Mais, au reste, cet usage n'était pas nouveau ; car, à Montbéliard, lors de la peste de 1564, on reléguait déjà les malades dans des loges hors de la ville.

Page 231, § 6.

On pourra mieux apprécier le résultat général des calamités inouïes qui pesèrent sur le comté de Bourgogne pendant tout le second quart du XVIIe siècle, par l'exposé qui suit :

1° La dépopulation fut portée à un tel point, que le premier recensement qui fut effectué après ces temps malheureux prouva une diminution énorme du nombre des feux qui avait été constaté par le recensement antérieur. Ainsi, on trouva que cette diminution était des *deux-tiers* en quelques localités, comme au Déchaux, à Molay, à Rahon et à Vilette, en l'arrondissement de Dôle, ainsi qu'à Roujailles, Chalamont et Courvières en celui de Pontarlier. On la reconnut des *trois-quarts* à Bèze près Dijon ; à Parrecey et à Taveau près Dôle ; à Dambelin, au département du Doubs... ; des *quatre-cinquièmes* à Arlay et à Bletterans... ; des *cinq-sixièmes* à Gevry et à

1643

1643 Champdivers...; des *neuf-dixièmes* à l'Abergement-la-Ronce, à Bretennieres, à Lombard, à Port-Aubert, à Vaivre, etc... Enfin, ce qui étonne un peu l'imagination, c'est qu'à Dôle on ne compta en 1647 que 662 habitants, au lieu de 9000 en 1790, et qu'à Lons-le-Saulnier il n'était resté que 30 habitants ou 8 familles des 800 qui y existaient avant la guerre, la peste et la famine.

2° Cependant ces chiffres inspireront toute créance quand on saura qu'un grand nombre de lieux sont devenus déserts et tout-à-fait inhabités pendant 4, 5, 6, 10, 12, 15 et même 30 ans, soit parce que les habitants en étaient tous morts, soit parce que les survivants s'étaient expatriés pour trouver des demeures plus heureuses. Or, c'est ce qu'on trouve écrit à l'égard de divers lieux de Franche-Comté, notamment à l'égard d'Auge, de Balaisaulx, de Saint-Baraing, de Barézia, des environs de Baume-les-Dames, de Bonneau, de Cernon, de la Chapelle-sur-Furieuse, de Charchilla, de Chêne-Sec, de Fetigny, de Lemuy, de la Lième, des environs de Lure, de Menouille, de Montoux dont le village entier a été reconstruit 30 à 40 ans plus tard dans un autre emplacement, de Mouthier-en-Bresse, de Nancuise, de Neufchatel-Urtieres, d'Orgelet, d'Oussieres, de Pagney, de Parrecey, du Pasquier, etc... Ce défaut d'habitants fut même cause qu'un grand nombre de paroisses furent sans curés pendant 12 ou 15 ans, comme Mouthier-en-Bresse, Goux en l'arrondissement de Montbéliard, Chalon-Villars, Frahier, Essert et Buc, en ceux de Lure et de Belfort, etc...

3° Une pareille dépopulation de la province ne pouvait manquer d'amener la cessation de toute culture, l'envahissement des terres par les broussailles, et leur conversion en friches et en bois. C'est aussi ce qu'on trouve être arrivé à Baume-les-Dames et ses environs, à Beauchemin, Cernon, la Chapelle-sur-Furieuse, Chemin, Chêne-Sec, Lure et ses environs, Menouille, Neufchâtel-Urtieres et son voisinage, Orgelet, Parrecey, Pupillin, etc... Les habitants qui avaient survécu à tant de calamités ne commencèrent guère à rentrer dans leurs maisons dévastées et ruinées qu'en 1647, et ne s'occupèrent à remettre leurs terres en culture que dès l'année 1648. Ces défrichements marchèrent lentement, faute de bras, et plusieurs communes étaient encore en grande partie incultes, après 25 ans, comme celles de Parrecey et du voisinage de Lure; après 70, comme celles de Chemin et de Beauchemin; après un siècle, comme celle de la Chapelle-sur-Furieuse. On laissa même dans beaucoup de villages une grande étendue de terrain en pâquiers ou en bois proprement dits. Cependant l'autorité encourageait, autant que possible, ces défrichements et exemptait d'impôts pendant cinq ans les terres remises en culture. Mais trop de cultivateurs étaient morts!... à tel point que les habitants de la Savoie, du Bugey et du pays de Gex vinrent cultiver et repeupler le pays, notamment les environs de Poligny, ainsi que le canton de Bouchoux près Saint-Claude. Quant à celui de Clairvaux près d'Orgelet, il reçut des colons du Grand-Vaux, de Foncine et autres lieux de la haute montagne, et il en fut ainsi de Pymorin. Quant au village de Desnes près Bletterans, il se repeupla presque entièrement de familles du duché de Bourgogne qui favorisaient le parti français contre le gouvernement espagnol; et dès 1650, le sire d'Arlay attira des colons à Arlay, Saint-Germain, Lombard et autres lieux voisins, pour remettre en culture les terres couvertes de bois.

D'après cet exposé, on ne doit pas être surpris d'apprendre qu'en quelques lieux les fermiers généraux des seigneurs et des moines aient demandé et obtenu la re-

1643

mise de tout ou partie de leurs fermages pendant ces années malheureuses. Il est encore moins surprenant que les habitants de Gizia aient cessé de payer, pendant les sept années de 1636 à 1643, les arrérages de la rente qu'ils devaient aux religieux de Gigny. Enfin, on comprend facilement aussi que, durant ce long espace de calamités, tout commerce avait cessé, toutes affaires avaient été suspendues, et pour quel motif la première foire, depuis les guerres, ne fut tenue à Montbéliard qu'en 1646.

Page 232, § 7.

Les habitants de Revigny se retirèrent aussi en 1637 dans leur grotte, où ils furent assiégés et canonnés en vain par les troupes françaises sous la conduite du duc de Longueville. Une autre grotte, profonde de 40 mètres, et close d'une énorme porte de fer, servit aussi de refuge à ceux de Baume dans le même temps; d'autres, en 1639, à ceux de Foncine, de la Frânée, etc...

Au reste, il ne faut pas ajouter foi à la tradition qui prétend qu'à cette même époque on aurait creusé en terre, pour s'y retirer, ces grands trous des bois de la plaine connus actuellement sous le nom de *Mares*, tels qu'on en voit sur les territoires de Balaisaulx, Biefmorin, Bonneau, Bretennieres, Chatelay, Coges, Gâtey, Oussieres, Pointre, etc... Cette tradition, quoique accueillie par deux auteurs très-recommandables pour leurs recherches historiques et qui possèdent toute mon estime, ne peut soutenir un examen sérieux. En effet, 1° ces mares existent sans distinction dans les pays de la Bresse qui n'ont pas été le théâtre des guerres de 1636 à 1643, comme dans ceux qui l'ont été; c'est-à-dire dans les départements de l'Ain et de Saône-et-Loire, comme dans celui du Jura...; 2° elles n'offrent à leur pourtour aucun cordon ou jet de la terre vierge qu'on en aurait extraite

en quantité immense...; 3° elles sont d'une profondeur 1643
telle qu'aucun mortel n'en a jamais vu le fond; car si on
y plonge de longues perches, elles y entrent sans résis-
tance et sans rencontrer de terrain solide. Aussi, en exé-
cutant des fouilles de curiosité, il y a quelques années,
dans une de ces mares de mon voisinage, on s'est arrêté
à cinq mètres de profondeur, sans y parvenir, et sans
extraire autre chose qu'une bouillie noirâtre composée
des débris de feuilles et d'herbes converties en une espèce
de tourbe...; 4° elles contiennent de l'eau toute l'année,
sans être le siège d'aucune fontaine, et sans donner
naissance à aucun écoulement, à aucun ruisseau. Elles
s'en remplissent en automne et en hiver; mais en été
elles se dessèchent à la surface, et on peut y entrer, en
marchant sur une espèce de croûte recouverte de laiches,
de carex, de mousses et autres plantes marécageuses...;
5° si, dans cette dernière saison, on y pratique des
fouilles ou travaux d'assainissement, on trouve constamment, à la vérité, à un mètre de profondeur au plus,
de gros arbres de diverses essences. Mais ces arbres,
tout noirs, plus ou moins détériorés, couchés horizon-
talement, croisés en tout sens l'un sur l'autre, ayant
toujours leurs racines à la circonférence et leurs sommets
au milieu de la mare, paraissant y être tombés comme
déracinés, n'offrent aucun indice d'avoir été travaillés
quelquefois par la main de l'homme au moyen de la
cognée ou de la scie, ni d'avoir jamais fait partie de
quelque charpente...; 6° on n'a trouvé aux bords de ces
mares aucun débris de constructions, aucune espèce de
matériaux, aucun outil, instrument ou ustensile, dont
on pourrait induire l'existence d'habitations humaines, à
une époque si peu éloignée de nous...; 7° les titres du
XVII° siècle n'énoncent en aucune manière que les fléaux
de la guerre et de la peste aient fait creuser à nos ancêtres

8

1643 de semblables demeures, non-seulement inhabitables mais encore non restituables aujourd'hui.

Les mares de la Bresse sont très-multipliées, et souvent au nombre de 50, 60, 80, 100, dans une seule commune... Elles sont d'une forme arrondie, d'une surface variable de un à plusieurs ares, et d'une profondeur de quelques pieds seulement au-dessous du niveau du sol environnant... On les voit le plus souvent solitaires, ou quelquefois au nombre de deux, placées régulièrement l'une contre l'autre et séparées seulement par une étroite chaussée d'environ deux mètres... Elles existent indistinctement dans les bois, les champs ou les prés, dans les fonds en plaine ou dans ceux en pente...

Je crois devoir ajouter que, dans les montagnes du département du Jura, on observe des creux analogues aux mares de la Bresse, lesquels y sont connus sous les noms de *Feuillées*, *Fonds*, *Combets*. Ils sont également circulaires, de dimensions semblables, environnés de rochers souvent à pic, profonds de un à deux mètres, mais sans eau en aucun temps. Quelques-uns sont cultivés avec succès, car le sol en est épais et n'y repose pas sur le roc vif. Il en existe un grand nombre sur les territoires de Gigny, Graveleuse, Graye, Loysia, Rosay, Véria, et dans presque toute la basse montagne.

Dans l'état actuel de la science, on ne peut considérer les mares de la Bresse et les fonds de la montagne que comme des phénomènes géologiques qui remontent probablement à la dernière formation ou révolution du globe terrestre.

Page 235, § 8.

Ce n'est pas à Gigny seulement qu'à l'occasion de la guerre entre la France et l'Espagne on s'occupa de mettre les reliques des saints en lieu de sûreté ; car on lit qu'à la veille des hostilités, celles de saint Désiré de

Lons-le-Saunier furent enfouies en terre, près de la porte des Dames, d'où on ne les retira que le 2 juillet 1647, c'est-à-dire plus de onze ans après. On lit encore que le chef de saint Denis, qui appartenait à l'abbaye de Sainte-Claire de la même ville, fut transporté en 1637 au château de Saint-Laurent-la-Roche, où le duc de Longueville s'en empara, pour en faire don à l'abbaye de Saint-Denis près Paris. On voit aussi que les reliques de l'abbaye de Bèze furent déposées, en 1636, par mesure de précaution, en celle de Saint-Bénigne de Dijon, d'où elles ne furent réintégrées à Bèze que vingt-deux ans plus tard.

1643

Page 237, § 9.

La Réforme de Saint-Maur fut aussi introduite, en 1629, à Saint-Germain d'Auxerre...; en 1631, à Mouthier-Saint-Jean...; en 1635, à Saint-Martin d'Autun et à Saint-Père d'Auxerre...; en 1644, à Flavigny...; en 1647, à Saint-Seine...; en 1649, à Saint-Désiré de Lons-le-Saulnier...; en 1651, à Saint-Bénigne de Dijon...; en 1659, à Montier-en-Der...; en 1662, à Bèze et à Saint-Pierre de Chalon-sur-Saône...; en 1671, à Paray, etc...

1644

Cette réforme chercha aussi à s'introduire, mais en vain, dans l'abbaye noble de Lure et Murbach. Malgré une bulle apostolique obtenue en 1623, qui autorisait l'abbé à l'y établir, et à user au besoin contre les récalcitrants soit des censures ecclésiastiques, soit de la privation des bénéfices, soit même de la puissance du bras séculier, les religieux s'y refusèrent constamment.

Page 238, *note* 139.

Dès l'année 1814, la confrérie de Saint-Georges se réorganisa, et les chevaliers tinrent leurs réunions annuelles du 23 avril à Besançon, en l'hôtel de la Préfecture. Ils assistaient, ce jour-là, à une messe solennelle en l'honneur de leur saint patron; mais, depuis 1830, toutes ces réunions ont cessé.

1654

Page 241, § 11.

Le quartier de muire que le monastère de Gigny a

1657

1657

Ch. xxx.

possédé jusqu'en 1789, en la saunerie de Salins, dépendait anciennement de l'office du pidancier, et était destiné à assaisonner les aliments des moines. En 1423, noble et religieuse personne, Jean de Chambornay, pidancier, acensa perpétuellement ce droit à Jean Poncy, bourgeois de Salins, moyennant la cense annuelle, portant lods, amende, retenue et seigneurie, de quatorze écus d'or vieux et de poids, à 64 au marc, au coin du roi de France, et payable à Gigny. Or, cet acensement qui fut consenti au prieuré de Château-s.-Salins, membre de celui de Gigny, et en présence de noble et religieuse personne Guy d'Usier, titulaire dudit membre, n'a pas eu une durée *perpétuelle*, puisque, bien avant 1657, le quartier de muire était revenu à la mense du prieuré de Gigny, à laquelle avait été réuni dès 1548 l'office de pidancier.

On peut présumer avec grande probabilité que cette rente de sel avait remplacé le droit que l'abbaye de Gigny avait, selon le testament de Bernon de 926, en la saline de Lons-le-Saulnier. Il est fort à croire que le souverain, en supprimant cette dernière vers 1315, a donné en compensation à nos religieux le quartier de muire de Salins. Du moins, on lit qu'un transfert semblable eut lieu en faveur de la ville de Lons-le-Saulnier, qui avait droit à une délivrance de 50 charges de sel par mois en sa propre saline. On lit aussi qu'il en fut de même en 1255, lors de la suppression de celle de Scey-sur-Saône, et en 1369, lors de la destruction de la saunerie de Grozon.

Page 242, § 12.

Ch. xlix.

3o bis. En 1643, requête des nobles officiers et religieux de Gigny, présentée au lieutenant-général du bailliage d'Orgelet, pour faire condamner les habitants de Gizia à payer sept annuités d'une rente de 8 fr., au capital de 100 fr., qu'ils avaient cessé de servir.

Page 243, § 12.

8° Du moulin de Charnay dépendaient deux prés d'environ sept chars de foin, lesquels furent chargés de douze niquets de cens, dans l'acte dont il s'agit...

Au nombre des parents de notre prieur qui ont résidé à Gigny, on trouve encore : Marie-Elisabeth de Sybriot, veuve de généreux Alexandre de Prowost dit de Pelousey, en 1650, 1657.

1657

CHAPITRE XLVI.

Page 246, § 4.

En 1473, le fief de Chichevière appartenait à plusieurs seigneurs, car on le trouve possédé alors non-seulement par les héritiers de Pierre de Moisy, mais encore par Claude Saulx, et recensé sous la mouvance du seigneur de Louhans ou de Sainte-Croix...

1666

Le moulin de Balanod, abergé en 1666 par Abr. de Thesut, fut reconnu sous le même cens de 50 fr., au terrier de Champagna et Balanod, en 1693, devant le notaire Grignon. Mais, en 1695, le comte de Saint-Amour obtint de ce prieur un désistement de la directe-seigneurie sur cette usine.

Ibid. § 5.

En 1692, Abr. de Thesut avait pour procureur spécial au château de Gigny l'ecclésiastique Abel de Cabrol.

1667

Page 249, § 7.

Le service anniversaire pour le prieur Chatard, était en 1760, à la charge de l'aumônier. (V. *Hist. p.* 407.)

1683

Ibid. § 8.

Les habitants du Villars n'avaient offert, en 1642, pour obtenir l'acensement du bois de *la Biolée*, qu'une rente

1685

1685 — de huit mesures de froment et de douze mesures d'avoine...

1686 — L'objet de l'acensement fait en 1686 fut le revers occidental du côteau alors en bois et depuis défriché, « touchant à matin le restant du bois du moulin au seigneur prieur, à soir le pré des étangs au même, vent le grand chemin de Cuiseaux, bise autre grand chemin tirant à la fontaine du Châtre. » Les descendants du premier censitaire possèdent encore une grande partie de ce terrain acensé.

Page 252, § 11.

1687
Ch. LIII.

C'est à cause du voisinage des *planches* qui tenaient anciennement lieu de pont à Gigny, que la chapelle de N.-D., qui était déjà érigée à soir avant 1668, a pris le nom de *Chapelle de N.-D.-des-Planches*, de laquelle il sera bientôt parlé plus en détail.

Page 253, § 12.

En 1519, l'abbé de Saint-Claude s'était déjà servi d'expressions très-libérales dans l'acte d'affranchissement de Ravilloles.

Page 257, § 15.

1693 — On voit qu'en 1535, l'abbaye du Miroir possédait divers fonds mouvants de la censive et directe du cellerier de Gigny, à cause de sa seigneurie de Condal...

En 1638, le comte de Saint-Trivier, en donnant au roi le dénombrement de sa seigneurie, déclara avoir la justice haute, moyenne et basse, à Bellanoiset.

Page 258, § 15.

Nonobstant les aliénations faites en 1693, à Condal et à Bellanoiset, par les religieux de Gigny, l'État y a encore vendu, comme provenant d'eux :

1° Le 3 mars 1791, le pré du *Breuil*, de six soitures, au prix de. 9000 fr.

2° En 1794, une *rente*, au capital de 6000 fr., due par M. de Chaignon, moyennant. . . . . 2835 fr.   1693

3° Le 27 pluviôse an VIII, un emplacement dit le *Seuil des dîmes*, d'environ 47 ares, moyennant. . 240 fr.

Ibid. § 16.

Une requête adressée en 1753, par le curé de Gigny à l'évêque de Saint-Claude, et insérée au nombre de nos nouvelles pièces justificatives, contient une notice historique sur la *Chapelle N.-D.-des-Planches*, que le lecteur consultera avec intérêt. Cette chapelle est désignée, en 1737, dans le premier pouillé du diocèse de Saint-Claude, sous le nom de Chapelle de la Vierge-Marie à Gigny, au nombre de celles qui furent cédées au nouveau diocèse par l'archevêque de Lyon. *P. Pitiot*, probablement frère de Jeanne Pitiot, qui avait renouvelé en 1668 la fondation de cette chapelle, en fut titulaire d'abord jusqu'à son décès, arrivé en 1695 environ. *Maurice Roussel* lui succéda, ainsi que dans la chapelle de Sainte-Croix, jusqu'en 1721, et alors elle échut à *Philibert Cancalon*, en sa qualité de curé de Gigny, lequel obtint en 1753 sa démolition et le transfert de son service au maître-autel de l'église paroissiale du lieu.   Ch. LIII.

En 1791, on a vendu, moyennant 4625 fr., comme biens nationaux, vingt-six œuvrées de vigne et deux mesures de terre situées à Saint-Jean-des-Treux, louées au prix annuel de 65 fr., et appartenant à cette chapelle ensuite de la donation que lui en avait faite, en 1675, le sacristain du prieuré de Gigny.

Page 259, § 16.

D'après un procès-verbal de voirie du 27 janvier 1773, la croix-Poly avait été plantée depuis peu par le nommé Claude Poly d'Andelot; mais on en voit déjà une figurée, presqu'en la même localité, sur un plan du bois de Biolieres dressé en 1723.

1699   *Page* 260, § 17.

Les religieux d'Ambronay, comme ceux de Gigny, faisaient aussi des processions de Rogations en deux villages voisins de leur abbaye. Or, les curés de ceux-ci devaient, comme celui de Graye, venir à leur rencontre en cérémonie, et leur fournir à discrétion du pain, du vin, des œufs, des petits gâteaux et un plat de millet cuit au lait.

Ibid., *note* 144.

1701   Outre les mots de ce genre mentionnés dans cette note, on connait aussi le *Biolet*, bois à soir de Curny ; le *Biolay*, le *Bioley*, le *Biolet* et la *Biolée*, hameaux d'Alieze, de Beaupont, de Bereins, de Saint-Etienne-sur-Reyssouze, de Romenay, de Conliège et de Saint-Usuge-sur-Seille. Ce mot signifie probablement un bois.

Page 261, § 18.

En 1701, un accord fut fait entre le prieur de Gigny et celui de Bonlieu, contenant délimitation des dîmes du canton du Treuil à Montaigu. Les droits de Bonlieu lui provenaient d'un acensement consenti, en 1312, par Renaud de Bourgogne, comte de Montbéliard, seigneur de Montaigu.

Page 263, § 21.

1712   Des pèlerinages ou promenades ont aussi lieu, le lundi de Pâques, dans un but de dévotion ou de partie de plaisir, à des hermitages ou oratoires, près de Nuits en Bourgogne et de Flacey en Mâconnais.

1715   La mention de deux hermites à Gigny dans le XVIIIe siècle est le résultat d'une erreur, par confusion ou espèce de double emploi. Il n'y en a eu qu'un dans la personne de *Claude Berrod*, qui prit en religion le nom de *Frère Thaurin*, et mourut en 1755, âgé d'environ 80 ans. Il est désigné dans les registres de l'état civil, tantôt sous le nom de *Claude Berrod* hermite, tantôt sous celui de *Thaurin Berrod* hermite, tantôt enfin sous celui de *Frère Thaurin* hermite. Il assistait à toutes les inhumations de la paroisse, et servait de témoin aux actes qu'on en dressait, dans les trente dernières années de sa vie.

Page 266, § 22.

Le voyage des deux savants bénédictins de Saint-Maur eut lieu en 1708. Ils vinrent d'abord à Dôle d'où ils se rendirent successivement à Saint-Vincent de Besançon, à la Charité, à Lure, à Baume-les-Dames, à la Grâce-Dieu et à Buillon. Ils visitèrent ensuite Château-sur-Salins, Vaux-sous-Poligny, Baume-les-Messieurs, Gigny et Saint-Claude. Ce n'est pas rien qu'à Gigny qu'ils constatèrent le relâchement de la discipline ecclésiastique, car ils rapportent qu'ayant entendu la grand'messe en musique du dimanche, en l'abbaye de Lure, le chœur ne chanta point de *Gloria in excelsis*, et ne chanta le *Credo* que jusqu'à *Et homo factus est*; le tout, leur assurèrent les nobles religieux, pour ne pas prolonger l'office.

Page 267, § 23.

Le prieur Abr. de Thesut paraît avoir habité assez constamment à Gigny, car, dans la plupart des titres, on le voit comparaître en personne. Les registres de l'état civil prouvent aussi qu'il y fut assez souvent parrain de nouveau-nés, notamment en 1697, 1702, etc... Ils mentionnent aussi en 1702, 1703, les *domestiques demeurant chez M. l'Abbé* depuis plusieurs années.

S'ensuivent encore quelques faits qui se rattachent à son prieurat :

1° En 1668, Jeanne Pitiot, parente de celui qui avait déjà fondé en 1520 la chapelle de Sainte-Croix en l'église paroissiale de Gigny, répara, comme il a été dit, la Chapelle de N. D. des Planches, y établit une messe hebdomadaire, avec d'autres prières, et en augmenta la dotation de 60 fr. comtois de revenu, hypothéqués sur des biens situés à Chatillon-s.-Courtine ;

2° En 1670, un accord fut fait entre le prieur de Gigny

1720 et le curé de Condal, d'après lequel celui-ci a eu droit de prélever sur la dîme 36 coupes de froment et 24 de seigle, et de recevoir ensuite le tiers du restant;

Ch. LIII. 3° En 1675, Henri du Pasquier, sacristain du noble prieuré, autorisé par le grand-prieur cloîtrier, annexa à la Chapelle des Planches les vignes et les champs situés à Saint-Jean-des-Treux, qu'on a vu avoir été vendus en 1791. Cette annexion fut faite pour rétribution de dix messes, aux trois jours de fêtes de saint Joseph, de sainte Anne, de N.-D. du Mont-Carmel, et aux sept jours de celles de la Vierge;

4° En 1679, les religieux de Gigny, réunis capitulairement au nombre de neuf, sous la présidence du prieur cloîtrier, et sans aucune mention d'Abr. de Thesut, acensèrent perpétuellement aux habitants de Charnay le pré des *Roseys*, situé au territoire de ce lieu et produisant environ 30 chars de foin. Cet acensement fut consenti contre une rente de 60 francs au capital de 1000 fr., et moyennant encore une cense annuelle de 10 fr., portant lods, vends, retenue et seigneurie;

5° En la même année, mais par un autre titre, ils acensèrent aussi aux mêmes habitants, leurs trois cantons de prés aux *Leschieres*, situés au territoire de Graye, à la condition d'une autre cense de 46 liv. 13 s., portant également lods, vends et retenue;

6° En 1688, un traité fut fait entre le curé de Montagna-le-Templier et les co-décimateurs de cette paroisse, par lequel il fut accordé au premier une somme annuelle de 60 fr., pour supplément de portion congrue, dont 47 fr. à la charge du prieur de Gigny, 11 fr. à celle du prieur des Creux, et 2 fr. à celle du prieur de Coligny. Mais ce traité ne fut pas exécuté par Abr. de Thesut, qui, par un acte de 1692, n'accorda que 23 liv. 10 s. pour sa part;

7° La cense affectée sur le moulin de Liconna et cédée

en 1689 aux religieux de Gigny, provenait d'un acensement qui avait été fait, en 1684, de ce moulin et d'un pré de huit poses, dit aux *Isles de Pouilla*, par Mathieu de Nance, seigneur de Nance, Liconna et Charnod, moyennant 85 liv., six chapons et la mouture et le battentage du seigneur;

8° En 1693, renouvellement du terrier de Champagna, Vaux, Arbuans et Balanod, devant Grignon, notaire;

9° Après 1696, mais avant 1701, la veuve dudit seigneur de Nance vendit un domaine situé à Montrevel, sur lequel le chapitre prieural avait le droit d'une cense de quatre mesures de froment, six rez d'avoine et treize blancs d'argent, et le sacristain la moitié en outre de cette même cense, c'est-à-dire deux mesures de froment, trois rez d'avoine et six gros deux blancs d'argent. Cette cense est relatée à la page 403 de l'Histoire, d'après une reconnaissance de 1701, et c'est probablement la même que celle qui est déjà mentionnée à la page 173;

10° Le 16 septembre 1700, à l'occasion de la visite générale que Claude de Saint-George, archevêque et comte de Lyon, primat de France, fit de son diocèse, M. Terrasson visita l'église paroissiale de Gigny;

11° En 1701, les deux prieurs de Gigny et de Bonlieu délimitèrent, comme il a été dit, les dîmes qui leur appartenaient à Montaigu, dans le canton du Treuil;

12° Enfin, on ajoutera ici avec satisfaction qu'en 1709, la famine qui amena une grande mortalité en plusieurs pays de la France, ne fut point désastreuse à Gigny même; car les décès y furent même moins nombreux en cette année qu'en 1708 et qu'en 1710. Or, ce résultat dépendit peut-être autant des abondantes aumônes de nos religieux que de la sobriété forcée des habitants.

1720

CHAPITRE XLVII.

Page 269, § 1.

1721   La duchesse d'Orléans, ayant réclamé à l'Électeur palatin, qui avait succédé à son frère mort sans enfants, le mobilier et les fiefs féminins relevant de l'Électorat, il s'éleva à ce sujet de graves difficultés. Or, les deux parties ayant nommé l'empereur et le roi de France pour en décider, ces deux hauts arbitres ne purent s'accorder. Les contendants en référèrent alors au pape, qui adopta l'avis de l'empereur Léopold, déclara mal fondées les prétentions de la duchesse d'Orléans et condamna toutefois l'Électeur à lui payer la somme de 300,000 écus romains. En conséquence, la cour de France prétendit que le pape avait outrepassé ses pouvoirs et chargea l'abbé de *Thesut* de protester d'une manière solennelle, au nom de la duchesse d'Orléans, contre cette sentence.

Page 270, § 2.

1724   Le 2 octobre 1724, le prieur Louis de Thesut, étant à Paris, approuva la cession que le Chambrier de Gigny avait faite au seigneur de Sainte-Croix, des droits féodaux qui lui appartenaient dans la paroisse de Fronteneau, cession dont il sera parlé ci-après plus en détail.

CHAPITRE XLIX.

Page 273.

1737   Dans le pouillé dressé en 1737, pour l'érection du diocèse de Saint-Claude, on trouve au nombre des bénéfices cédés par l'archevêque de Lyon : 1° *L'église de Saint-*

Martin de Veyriat, avec sa succursale de Saint-Thaurin de Gigny ; 1737

2° *La chapelle de la Vierge Marie à Gigny.*

CHAPITRE L.

Page 274, § 1.

La devise de la maison de La Fare, allégorique aux flambeaux de son blason, était : *Lux, nostris hostibus ignis.* 1744

L'abbé de La Fare, prieur de Gigny, était fils de Charles-Auguste de La Fare de Soustellos, dit le *Chevalier de La Fare*, créé maréchal-de-camp en 1718, année de sa mort, et de Jeanne-Marie de Montboissier, mariés en 1701. Il ne faut pas confondre ce chevalier ou ce maréchal-de-camp avec son homonyme, Charles-Auguste de La Fare de Langere, qui fut le poète épicurien. Ce dernier a seulement été le cousin germain du premier et le père d'Etienne-Joseph de La Fare, né en 1691, sacré évêque de Laon en 1724, et devenu à cause de cet évêché duc et pair de France. Ce haut dignitaire ecclésiastique était donc le cousin issu de germain de notre prieur, et il fut sans doute son puissant protecteur.

Page 276, § 5.

Dans les deux mois de septembre et octobre 1747, il y eut à Gigny, comme en beaucoup d'autres lieux, une mortalité extraordinaire. On trouve, en effet, qu'il y eut seize décès dans ces deux mois, au lieu qu'il n'y en eut que trois en 1746 et cinq en 1748. La mortalité fut encore plus grande dans la Bresse, car, à Saint-Etienne, elle monta à 43 décès dans ces deux seuls mois, et à 81 dans toute l'année, au lieu de 30, nombre annuel moyen. On 1751

1751 peut présumer que cette mortalité eut pour cause quelque épidémie meurtrière de dysenterie.

Page 277, § *cit.*

1753
Ch. LIII.
En la même année 1753, on démolit, comme il a déjà été dit, la chapelle de N.-D.-des-Planches, dont les matériaux servirent, l'année suivante, à construire la maison de charité ou le nouvel hôpital.

Page 278.

Le dernier prieur de Gigny n'est probablement pas *l'abbé de La Fare*, qu'on trouve : 1° vicaire-général de l'évêque de Dijon, doyen de la Sainte-Chapelle et académicien honoraire de cette ville, en 1780 ; ni l'auteur des *Essais sur les productions et le commerce de la province de Bourgogne*, publiés à Dijon en 1785.

CHAPITRE LI.

Page 280, § 2.

1756
Les religieux de Saint-Claude, qui avaient déjà demandé en vain leur sécularisation en 1691, 1709 et 1723, firent aussi valoir, pour l'obtenir, divers motifs plus ou moins futiles ; par exemple, que la grande route, nouvellement établie, traversait l'enceinte de leur cloître ; que le public allait puiser à leur fontaine, ce qui introduisait la dissipation parmi eux, etc...

Pages 281, 282.

Dans le dénombrement des prieurés du monastère de Gigny, donné par nos religieux en 1756, il n'est pas fait mention de ceux de la Chase-Dieu et de Cuisia, parce qu'ils avaient été supprimés et unis à la mense capitulaire... ; ni de ceux d'Albin, de Bellesvaux et de Châteaus-Salins, parce qu'ils avaient été aliénés... ; ni de ceux de Chazelles, Châtel, Maynal, Moux ou la Madeleine, parce qu'ils avaient été réunis aux offices claustraux..; ni enfin de celui de La Cluse Saint-Bernard, parce qu'il était tombé entre les mains des hérétiques. 1756

Page 292.

La distinction des canonicats en 1er, 2e, 3e, etc., fixait l'ordre de préséance des titulaires au chœur, au chapitre, aux processions, etc.

Ibid., note 151.

M. de Montbozon assista, au mois d'avril 1789, à l'assemblée bailliagère du clergé à Lons-le-Saulnier.

Page 293, *note*.

On lit que Catherine de Tenarre, veuve de Cl. Foquier, seigneur de Marigny, fut inhumée en 1581 au caveau de la chapelle du château de Sennecey en Chalonnais. C'était probablement la mère de l'assassin de Cl. de Balay.

CHAPITRE LII.

Page 295, § 1.

Au nombre des anciens membres de la maison de Faletans, on doit mettre *Guillaume de Phaletans*, sous-diacre de l'église de Saint-Paul de Besançon, où il s'était rendu, à laquelle il donna celle de Phaletans, y mourut et y fut inhumé en 1088. Un de ses parents, *Thiébaud de F.*, chevalier, ratifia en 1182 cette donation; en fit une autre vers cette même époque, de concert avec sa femme Laure, à l'abbaye de Lieu-Croissant; et en 1183 fonda la commanderie de Girefontaine à l'Étoile, succursale de celle de Dôle où *Gui de F.* son fils entra alors. 1760

Page 301, § 4.

Le curé *Morel*, triomphant après le jugement d'Orgelet, fit insérer par son vicaire, dans les actes de décès de 1762

1762 Gigny, que les corps des grandes personnes avaient été inhumés dans le cimetière de la paroisse sans leur présentation préalable à l'église du chapitre. Mais, après l'arrêt de Besançon, on vit le revers de la médaille, et on trouve la mention expresse dans ces actes, dès le 25 août 1763, de la remise des corps par le vicaire à M. de Balay, curé primitif et ancien sacristain, ou à son délégué, pour leur inhumation dans le cimetière du chapitre. Cette mention se trouve dans tous les actes de décès de 1764, 1765, 1766 et années suivantes. L'abbé *Cl. J. Rivot*, chantre en la collégiale, et peu après curé de Loysia, fut le premier prêtre délégué à cet effet pour les inhumations, puis plusieurs autres ecclésiastiques, tels que *G.-G. Perrin*, *B. Gaspard*, etc.

Ibid., § 5.

Le port d'une médaille honorifique fut accordé, en 1773, aux chanoines de Baume, à l'occasion de leur sécularisation, comme il l'avait été auparavant à ceux de Saint-Claude et de Gigny. Cette médaille était aussi en or, et offrait deux clefs en sautoir sur un champ d'azur... En la même année 1773, le roi accorda également aux chanoines de Saint-Pierre de Mâcon, déjà sécularisés depuis 1557, non-seulement le titre de comtes, mais encore le port d'une médaille pectorale.

Les chanoinesses de Château-Chalon portaient aussi pour marque distinctive une croix pectorale en or suspendue à un ruban violet... Quant aux religieux de Saint-Claude, ils obtinrent, dès l'année 1668, la distinction d'une pareille croix, attachée au cou par un ruban noir, et sur laquelle était gravée l'effigie de saint Claude. Cette croix leur fut accordée par le légat du pape en France, et fut convertie en une médaille, lors de la sécularisation et de l'érection de l'évêché en 1742.

CHAPITRE LII.

Page 305, note 155. 1768

L'administrateur des biens de la familiarité de Dôle portait aussi le nom de *Séchal*.

Page 309, § 8. 1771

Ce ne fut probablement qu'après l'homologation des statuts de la Collégiale en 1768, et surtout après la mort de M. de Balay, sacristain en 1771, et après la nomination de deux nouveaux chanoines en la même année, que le chapitre se trouva organisé. Dès-lors apparaissent les trois *chantres* qui, seuls, ont composé le bas chœur jusqu'à la fin, savoir : *Marin Violet*, prêtre, chantre et sacristain ; *Jean-Antoine Iteney* et *François-Xavier Arnoux* ; ces deux derniers, chantres laïcs.

Page 310, note 158.

La maison de Menthon a pris son nom du village de *Menthon*, situé sur la rive orientale du lac d'Annecy, et composé aujourd'hui de 700 habitants. Le château en est encore possédé par cette famille, dont un ancien quatrain disait :

  Terny, Viry, Compey
  Son le meillou maison de Genevey,
  Salenove et Menthon
  Ne le creignon pà d'on boton.

Saint Bernard de Menthon, fils de Richard, seigneur baron de Menthon, et de Bernicle de Duingt, filleul de Bernard de Beaufort, chevalier, son oncle, naquit en 923, au château de Menthon, fonda en 962 ou 970 les deux hospices qui ont porté son nom depuis le commencement du XIIe siècle. Il n'a été canonisé qu'en 1681. Cependant, il est à observer, au sujet de ce célèbre personnage, qu'un hospice existait déjà en 859 sur le Montjeu, *hospitale quod est in monte Jovis*, disent les annales de saint Bertin. On lit qu'en 1282, Jean de Chalon-Arlay fonda un hôpital à Jougne (Doubs), en l'*enour dou baron Monseigneur saint Bernard de Montjeu*.

Le noble chanoine de Gigny signait simplement *Menthon*.

Pages 310, 311, § 8.

On lit dans l'*Histoire* estimée *de l'Université du Comté de Bourgogne*, que Claude-François-Judith-Joseph-Xavier de *Sagey*, vicaire-général de l'évêque du Mans, puis

1771 évêque de Tulle en 1817, fils de Cl.-Mich.-Jud. de Sagey, seigneur de Naisey et de Pierrefontaine, a été chanoine du chapitre noble de Gigny. Mais l'auteur a certainement commis une méprise, continuée par le dernier historien du diocèse de Besançon; car aucun autre chanoine n'a été reçu à Gigny que ceux qui ont été désignés dans l'Histoire de ce lieu.

Page 310, *note* 162.

Oct-Ignace *d'Amédor de Molans* n'était pas de l'ancienne maison de Molans, car ce n'est qu'en 1619 que la terre de Molans fut achetée par François d'Amédor, chevalier, seigneur de Baudoncourt, qui ajouta à son nom celui de Molans. La maison d'Amédor portait: De gueules, à la croix d'or de Lorraine.

Page 311, *note* 163.

L'institution des *foires* est certainement due à la religion, et elles sont bien antérieures, quoi qu'on en ait dit, au règne de Charles-le-Chauve. Leur dénomination vient de *feria*, et non de *forum*, comme on le trouve écrit (*Nundinas quas* Ferias *vulgariter appellamus*, porte une charte de 1117); on les appelait *feires* en 1329, *fères* en 1462. Les quatre anciennes foires de Gigny étaient toutes désignées sous des noms religieux : celle de mai était nommée *foire de la Saint-Jean-Porte-Latine*; celle d'août, *foire de la Saint-Taurin*; celle d'octobre, *foire de la Saint-Denis*; et celle de décembre, *foire de la Saint-Thomas*. Le décret de l'an XII a fait disparaître ces noms significatifs. Il est cependant à observer que trois de ces foires seulement sont indiquées dans le terrier de 1542, avec omission de celle de Saint-Taurin. Le *marché* de Gigny est aussi indiqué pour le vendredi de chaque semaine, dans ce même titre.

CH. XLIV.

Page 312, § 10.

1772 M. de Faletans planta la vigne à Gigny bien avant 1772; car on trouve déjà, en 1761, la mention du *Vigneron de M. le Doyen*, surnom que cet homme a conservé toute sa vie.

Page 314, § 13.

1778 En 1364, *Jacques d'Arinthod* était curé de Loyon, et en 1655 les biens de *Claude Bertrand*, autre curé du même lieu, furent mis en décret. C'est aussi en cette dernière année que fut dressé un procès-verbal de visite des deux églises de Loyon et de Louvenne. Dans le pouillé des bénéfices-cures du futur diocèse de Saint-Claude, rédigé en 1737, on trouve citée l'église de l'Assomption de Louvenne, sans aucune mention de celle de Saint-Jean-Baptiste de Loyon, probablement à cause de l'union de cette dernière à celle de Louvenne, effectuée en 1670.

Page 315, note 165.

D'après d'anciens pouillés du diocèse de Lyon, et notamment d'après celui qu'a publié l'historien Lamure, il y aurait eu dans les XIIIe et XIVe siècles un prieuré à Louvenne (*Loüens* par erreur typographique) dépendant de celui de Nantua. Le titulaire avait le patronage de la cure du lieu, et devait un droit de responsion au monastère supérieur, et une rente de 20 livres à la chambre archiépiscopale de Lyon. Mais comment ce patronage passa-t-il depuis au prieuré de Gigny, avec les dîmes de la paroisse et la seigneurie du village? C'est ce qu'on ne connaît pas encore.

Page 316, note 165.

Le village de *La Pérouse* peut bien avoir pris son nom d'une route romaine ou chemin *pierré*, comme beaucoup d'autres localités homonymes. Pour exemple, on citera la route pavée en pierre, tendant de Verdun à Poligny et à Lons-le-Saulnier par Sermesse, Saint-Bonnet, La-Chapelle-Saint-Sauveur, Bellevèvre, etc..., laquelle a donné le nom de *Pérou* au château ou hameau de Toutenant-en-Bresse. Il y a aussi à Morges ou à Montrevel, près de La Pérouse, des localités nommées les *Péroux*, les champs de la *Ferrière*, etc...

La commune de La Pérouse, incorporée en 1821 à celle de Louvenne, comprenait seule, en 1790, 210 habitants, et en 1851, 159. Celle de Louvenne seule était composée de 18 feux en 1614, de 269 habitants en 1790, et de 234 en 1851. Après la réunion des deux communes, la population totale a été constatée: de 433 habitants en 1836, de 420 en 1841, de 405 en 1846, de 393 en 1851, et de 351 en 1856.

Page 317, note.

M. Monnier dérive le nom de Monnetay de *Viamoneata*, chemin pavé, à cause de la route romaine qui y passait. Une localité s'y appelle encore la *Ferriere*, nom significatif d'ancien chemin pavé.

Page 318, note.

Le curé de Monnetay était tenu de célébrer messe et vêpres dans la chapelle de Nancuise, les jours de fêtes de Saint-Laurent et de Saint-Sébastien, et encore dans les octaves de Pâques, Pentecôte

1778 et Noël... En 1692, il renonça aux dîmes et opta pour la portion congrue.

Il y avait, en 1614, 12 feux à Monnetay...; en 1790, 153 habitants...; en 1836, 150...; en 1841, 144...; en 1846, 139...; en 1851, 142...; en 1856, 137.

Page 319.

1780 Peu avant l'érection d'une paroisse à Morges, un décret de l'évêque de Saint-Claude statua, le 28 décembre 1780, que les habitants dudit lieu de Morges et du Petit-Lancette, dépendants de la paroisse de Loyon, feraient publier leurs mariages, seraient baptisés et feraient leurs pâques dans la chapelle de Morges ; et qu'ils seraient inhumés dans le cimetière contigu, leur laissant la liberté d'assister aux offices religieux où il leur plairait..... Les habitants du Petit-Lancette insistèrent pour que le presbytère et l'église fussent reconstruits sur la colline de Loyon. Mais, après une enquête, l'évêque décida qu'ils seraient établis à Morges... Il y avait déjà une chapelle et une cloche, en 1687, dans ce dernier lieu.

La commune de Morges a été réunie à celle de Montrevel en 1821. Sa population seule était de 167 habitants en 1790 et de 132 en 1851 ; celle de Montrevel fut constatée de 148 et de 121 à ces deux mêmes époques. Depuis la réunion des deux communes, on y a trouvé 315 habitants en 1836, 277 en 1841, 277 en 1846, 253 en 1851, et 240 en 1856... On comptait 15 feux à Morges en 1614, et 10 seulement à Montrevel. Ainsi la population de ces deux localités est tout-à-fait décroissante, comme celle de Louvenne et de La Pérouse, ainsi que de presque tous les villages de la basse-montagne. Cette décroissance y est, depuis 1790, d'un sixième ou même plutôt d'un cinquième.

Page 320, § 13.

1781 Un des derniers actes de M. de Faletans à Gigny fut, comme on l'a dit, la bénédiction de l'église paroissiale qu'il fit, le 17 juin 1781, comme délégué de l'évêque. Cet ancien religieux de notre monastère est ensuite connu pour avoir signé, le 4 juin 1788, à l'âge de 83 ans, la lettre de remontrance de la noblesse de Franche-Comté au roi Louis XVI.

1781

CHAPITRE LIII.

Page 325, *note* 167.

Les nobles chanoines de Gigny avaient déjà sollicité, en 1775, la translation de leur chapitre à Lons-le-Saulnier; mais l'évêque de Saint-Claude s'y était opposé, en donnant pour motif que cette ville n'étant pas de son diocèse, il perdrait sa juridiction sur eux. En 1784, ils demandèrent à ce prélat leur réunion à son chapitre cathédral, qui y consentit par sa délibération du 19 août; mais l'évêque leur observa qu'il fallait aussi obtenir l'agrément du roi.

1785

Ibid, § 5.

Mme A. J. de Mignot de Bussy, coadjutrice de l'abbesse de Lons-le-Saulnier, eut bien mauvaise grâce à médire des nobles chanoines de Gigny. En effet, après avoir scandalisé le public de Lons-le-Saulnier par sa conduite mondaine et irrégulière, après avoir donné à penser que ses faveurs accordées au cardinal de Loménie, comte de Brienne, premier ministre du roi, n'avaient pas peu contribué à lui faire obtenir l'union de l'antique et riche prieuré de Gigny à son abbaye de Sainte-Claire, cette séduisante chanoinesse, qui avait été inscrite en 1793 sur la liste des émigrés, se fit relever de ses vœux et séculariser par le pape, et se maria avec un comte italien. Elle ne mourut qu'en 1836.

C'est au sujet des intrigues de cette femme coquette que les ecclésiastiques assemblés à Vosbles, au nombre de 30, s'exprimèrent ainsi qu'il suit sur la réunion du no-

1785 ble chapitre, dans une déclaration du 30 avril **1790**, relative à la suppression de tous les monastères de France et à la vente des biens du clergé : « Ce qu'ont fait des rois, ce qu'ont fait des ministres prévaricateurs pour flatter les passions et les vices, la nation a pu le faire pour l'intérêt des mœurs, pour le salut de l'état. C'était lorsqu'on supprimait dans ce district (d'Orgelet) des établissements antiques, pour enrichir quelques filles oisives et inutiles; lorsqu'on réunissait 80,000 liv. de rente à deux chapitres de femmes; que des évêques menaient cette intrigue scandaleuse; que le parlement recevait des sommes exorbitantes pour approuver et consommer cette horrible prostitution; c'était alors que la religion, la justice et les mœurs étaient sacrifiées sans honte et sans pudeur!! »

Page 327, § 5.

M. Deleschaux, subdélégué de l'Intendant de Franche-Comté, chargé d'apposer les scellés et de séquestrer les biens du noble chapitre, écrivit, le 25 octobre **1785**, au maréchal de Ségur, ministre du roi : « Je suis à Gigny depuis le 21 du courant au soir. A mon arrivée, je fis visite à MM. les Doyen et Chanoines, pour les prévenir du sujet de ma mission. Cet événement fut pour eux un coup de foudre qui les déconcerta tous. Revenus de cette première impression, ils manifestèrent leur sensibilité par des plaintes très-ménagées de l'injustice qu'on leur faisait et sur le préjudice que l'on portait à la noblesse et au canton. »

Page 331, 14°

1787. Le vœu des habitants de Gigny a été enfin exaucé, après plus d'un demi-siècle, sous le règne du bon roi Louis-Philippe. Une route, ou chemin de grande communication, a été établie, en **1840-1845**, de Lons-le-Saulnier à Montfleur, puis au Pont-d'Ain, en passant par Gigny.

Fig. 1.

CHAPITRE LIV.

Page 335, note 169.

Les maisons des chanoines de Gigny ont été vendues, comme biens nationaux, ainsi qu'il suit :   1789

    Celle de M. de *Gonssans*, en 1791, moyennant . .   1,800 f.
    Celle de M. d'*Eternoz*, id.   1,300
    Les quatre *jardins* l. m. r. t., y compris une partie des maisons d'Eternoz et de Moyria, en la même année.   3,700
    Maison et jardin de M. de *Montbozon*, au prix de. .   4,025
    Celle des *Chantres*, en 1792.   1,725
    Celle de M. de *Montfaucon*.   7,650
    Celles de MM. de *Lascazes*, de *Menthon* et de *Moyria*, en 1794   33,750

Page 336.

MM. de *Gonssans* et de *Montbozon* ont été les seuls religieux de Gigny inhumés dans le nouveau cimetière et hors de l'église prieurale, et les seuls inscrits sur les registres de la paroisse. Leurs funérailles, plus simples que celles des épiciers de nos jours, se ressentirent des temps irréligieux et révolutionnaires où ils moururent. Ils ne furent accompagnés, dans leur dernière et plébéienne demeure, que du curé et du vicaire de la paroisse !!... Aucun mausolée, aucune tombe, aucune inscription n'a jamais indiqué où reposaient les restes de ces membres de deux nobles et illustres familles !!...

Page 338, § 3.

Le bourg de Gigny, devenu en 1790 chef-lieu de canton   1790
judiciaire, devint aussi, par la constitution de l'an III ou de 1795, chef-lieu de canton administratif, c'est-à-dire de *municipalité cantonale*, pendant le règne du Directoire. Le sceau de cette municipalité, dont l'effigie est ci-jointe,   Fig. 1.
était de forme ovale, offrant au centre un faisceau d'armes surmonté du bonnet de la Liberté, le long duquel fais-

1790 ceau était inscrit d'un côté le mot LIBERTÉ et de l'autre le mot ÉGALITÉ. Au-dessous et en bas de ce faisceau, on lisait : DÉPARTEMENT DU JURA, et autour du sceau : MUNICIPALITÉ DE GIGNY, CHEF-LIEU DE CANTON. On lit encore sur les murs de la salle de mairie actuelle de Gigny, les noms de toutes les communes de cette municipalité cantonnale inscrits au-dessus des places qu'occupaient les *agents* ou maires de celles-ci, lors de leurs réunions.

On ajoutera, à cette occasion, que la commune de Marigna a été réunie en 1801 au canton d'Arinthod, de sorte que celles qui composaient celui de Gigny ont été réparties entre cinq cantons voisins.

Page 339.

1793 En 1793 l'église collégiale de Gigny fut convertie, comme celle d'Avignon, en atelier de forge, où l'on fabriqua des piques ou armes destinées à la défense de la patrie.

Le 4 octobre de la même année, deux des huit administrateurs du département du Jura, ayant *mission de régénérer le pouvoir dans les deux districts d'Orgelet et de Saint-Claude*, vinrent à Gigny. Ces deux monstres (16), que

---

(16) Ces deux satellites de la Convention nationale étaient Pierre-Alexandre *Lémare* et Joseph-François *Genisset*.

Le premier, né en 1766 à la Grande-Rivière, commune du canton de Saint-Laurent-en-Grandvaux, et mort à Paris le 18 décembre 1835, fut successivement prêtre, pédagogue, journaliste, vicaire à Saint-Amour, curé constitutionnel à Epy, administrateur du département du Jura, professeur de langue latine à Paris, conspirateur sous l'empire, chirurgien d'armée sous un faux nom, commissaire du roi dans les cent jours, docteur en médecine, marchand de latin une seconde fois, grammairien, physicien, économiste, écrivassier, traducteur de romans, etc... Ce misérable, qui proclama le 6 octobre 1793, à la société populaire d'Orgelet, qu'il était athée et s'en faisait honneur, a prétendu n'être entré dans l'état ecclésiastique qu'il détestait, disait-il, que pour plaire à ses parents et parce que les patriotes lui auraient fait comprendre qu'étant prêtre.

l'honorable M. Monnier n'aurait probablement pas inscrits au nombre des *Jurassiens recommandables*, si dans le temps il les eût connus sous tous leurs rapports, se glorifiaient de promener la *Terreur* dans le pays. Après

il se trouverait mieux placé pour détruire et anéantir cette classe sociale. En effet, on le voit déjà, en 1790, ouvrir un club à Saint-Claude et y prononcer des discours virulents contre le clergé. On l'y trouve encore, en avril 1791, faisant le métier de journaliste, et déblatérant dans son *Journal politique du Jura* contre la religion et ses ministres. Cependant, en octobre de la même année, il était devenu vicaire à Saint-Amour, d'où il adressait au directoire du département le *Tableau des bienfaits de la Révolution française*. Plus tard, ayant été transformé en curé constitutionnel d'Epy, il s'y fit installer le 28 mai 1792 par la force armée, à cause du mauvais accueil que lui firent les habitants. Au mois d'août suivant, il faisait de la propagande et offrait, en généreux républicain, la grosse somme de 3 fr. à chacun de ses paroissiens qui voudrait s'enrôler dans les armées. Un an environ ensuite, le 14 juillet 1793, ce pasteur brouillon, ayant excité du tumulte à l'assemblée primaire de Saint-Amour, s'y fit arrêter et fut condamné correctionnellement à une légère amende. Enfin, cet *habitant d'Epy*, nommé le 12 septembre 1793, par les deux représentants du peuple, huitième membre de la commission administrative du département, déclara, à la séance du 23 octobre : « Qu'ayant eu le malheur d'être prêtre un moment de nom, il n'en a jamais eu l'esprit; qu'il n'a jamais prêché que la morale de la nature; qu'il a été le plus terrible fléau des prêtres auxquels il n'a pu être assimilé ; que voulant donner un bon exemple et une nouvelle preuve de philosophie, il renonce à ses fonctions et traitement de curé ; qu'il abjure son état de prêtre et en demande acte, qui lui est accordé. » Deux mois ensuite, le 24 décembre, il déclare encore à la même commission : « Qu'ayant abjuré un état odieux et qui répugnait à son cœur, il craint qu'il n'en existe encore des vestiges dans ses papiers, et demande un congé pour se rendre à sa dernière habitation, qu'il a laissée sous la sauvegarde du peuple à Epy. » Ce renégat, *de la religion soldat déshonoré*, ne songeait pas alors, dans l'horreur de son état ecclésiastique, que, par la suite, il devrait son pain à cet état seul pendant de longues années. Ce fut, en effet, à cause de la faible instruction qu'il avait reçue au séminaire qu'il put se livrer, pendant près de 30 ans, à l'enseignement de la langue latine, lequel devint sa seule ressource.

L'histoire de L'mare n'est pas plus belle comme administrateur

1793 avoir fait jeter en prison les honnêtes gens de Saint-Amour et avoir vu à leurs genoux les nobles dames de cette ville, humiliées en suppliantes, après avoir fait arrêter et expulser les pauvres sœurs de charité de Saint-Julien, ils

que comme ecclésiastique. Que penser, en effet, d'un haut fonctionnaire qui proclamait à haute voix ou par écrit : « Qu'il ne voulait point de maire honnête homme ; — que la calomnie était une vertu en temps de révolution ; — que le vol n'était rien pour des républicains ; — qu'un patriote ne pouvait être coupable, et qu'étant accusé de quelque crime, on devait fermer les yeux et jeter au feu les pièces de la procédure ; — que lui-même ne suivait point de lois, mais seulement sa tête ; — que ceux qui manquaient de linge et de vêtements avaient droit d'entrer chez leurs voisins, et de s'en faire délivrer par ceux qui en avaient au-delà du nécessaire ?... » Que penser de l'administrateur, sur le traitement duquel on faisait des retenues forcées pour payer des choses qu'il avait empruntées et qu'il ne rendait pas ?... Que penser de celui qui recommandait d'inscrire sur les listes de proscription : « non pas des sans-culottes, mais tous les hommes instruits ou fortunés, les aristocrates bourgeois qui voulaient, à la place de l'égalité, le règne des talents et de la richesse ?... » De celui qui ne voulait : « pour l'armée révolutionnaire, ni riches cultivateurs, ni bourgeois, ni marchands, ni prêtres, ni hommes vénaux, mais des sans-culottes désintéressés, intrépides, vertueux, et, s'il se peut, éclairés ?... » De celui qui prescrivait à ses subordonnés : « de n'accorder aucune grâce aux gens mis hors la loi, mais de les livrer à la Convention et au tribunal révolutionnaire pour être jugés ?... » De celui qui annonçait que : « le sang des fédéralistes et des muscadins conspirateurs coulerait, et que les sans-culottes triompheraient partout dans le département ?... »

Cet énergumène, cet homme de sang, qui, après avoir pesé sur le pays pendant sept ans, présidait encore le département du Jura en 1799, fit déclarer traître à la patrie le général Bonaparte, auteur du coup d'État du 18 brumaire, et fut nommé par l'administration centrale chef de la force armée pour marcher contre lui. Mais bientôt le nouveau consul fit mettre en jugement le curé renégat, qui fut condamné par le tribunal criminel à dix ans de fers. Cependant, ce contumace hardi, étant allé à Chalon-s.-S. se constituer prisonnier, vit casser son acte de condamnation, et vint en afficher lui-même le jugement réformateur.

Dès ce moment, P.-A. Lemare, à bout de sa carrière publique, recourut à son premier métier de pédagogue, et enseigna pendant

arrivèrent à Gigny. L'un d'eux raconte ainsi cette visite: « De Saint-Julien nous nous sommes transportés à Gigny. Honneur à Gigny!!... A part un maire fédéraliste que nous avons destitué, un membre du comité de salut public et

1793

huit ans ce que le séminaire lui avait appris. C'est alors qu'il publia une foule d'ouvrages grammaticaux nouveaux, curieux au moins par des titres qui indiquent une certaine fêlure de la tête de leur auteur. On vit donc paraître le *Panorama latin*, le *Panorama français*, l'*Ampliateur*, l'*Abréviateur*, le *Novitius*, la *Méthode prénotionelle*, le *Pantographe*, les *Racines mnémosynées*, le *De viris prototypé*, etc.
Cependant ces occupations grammaticales n'empêchaient pas cet esprit ardent de travailler encore en politique. Il songeait toujours à la vengeance, il méditait sur les moyens de renverser le nouvel empereur, et, dans ce but, il faisait partie du *Comité central libérateur* et conspirait avec le général Mallet, son compatriote. Or, cette conspiration ayant été découverte en mai 1808, Lémare quitta la France et voyagea quelque temps en Europe sous différents noms. Arrêté ensuite en Autriche et reconduit à la frontière, il rentra incognito en France, suivit quelques cours à l'Ecole de Médecine de Montpellier, parvint à se faire commissionner chirurgien d'armée sous le faux nom de *Jacquet*, et fit, en cette qualité, la campagne de Moscou, où il obtint même le grade de chirurgien-major. Cependant, qui le croirait!... le républicain forcené de 1793, de 1799 et de 1808 fut l'un des premiers à crier Vive le roi! en 1814, lors de la première entrée des armées alliées à Paris, et à couvrir les murs de cette ville d'une affiche injurieuse contre le souverain déchu, avec émission d'un vote pour une monarchie libérale et constitutionnelle. Bien plus, dans les cent jours de 1815, ce nouveau royaliste fut l'un des commissaires ou agents actifs de Louis XVIII dans les départements de l'Est. Il fit arborer, le 12 juin, le drapeau blanc dans plusieurs communes de celui du Doubs, et osa même se présenter seul au fort de Joux, où il le fit flotter sur les tours et y fit tirer 21 coups de canon. Rentré à Paris, il fut présenté au roi, revenu de Gand, qui ne le récompensa pas de ses services, parce que sans doute il était édifié sur les antécédents du personnage. Dès-lors, force fut à ce protée de retourner à sa pédagogie et de rouvrir sa boutique de latin, ce qu'il a continué de faire jusqu'à sa mort, en y ajoutant un magasin de *marmites autoclaves*, de *caléfacteurs*, de *réchauds-vases*, de *cafetières à esprit de vin*, de *filtres à pression*, de *couvoirs pour l'incubation artificielle*, etc...
Il avait un frère, serrurier, qui établit l'atelier de forgeron dans

sa sœur béguine que nous avons fait incarcérer (**17**), tout y est patriote et révolutionnaire. Nous sommes instruits que, près de Gigny, les communes de Graye et Charnay sont depuis longtemps en état de contre-révolution et que l'église de Gigny, et y forgea quelque temps des armes, probablement à l'instigation du satellite de la Convention...

Joseph-François *Genisset*, né en 1769 à Mont-sous-Vaudrey, quoique moins violent que Lémare, n'en fut pas moins son digne complice. Destiné d'abord au sacerdoce, il devint en 1792 professeur d'humanités au collège de Dôle, se montrant alors plat valet et vil adulateur de la noblesse encore puissante. Mais ayant été nommé, le 12 septembre 1793, administrateur du département, on le voit, huit jours après, dans une orgie à Lons-le-Saulnier, avec cent autres convives : « Peu contents de leurs saints patrons, les renvoyer au ciel et se mettre sous la protection immédiate de Marat, dont l'ombre planait sur la table. Nous n'aurons désormais, ajoute-t-il, pour prénom que celui de ce martyr de la liberté. » Signés : *Genisset-Marat*, *Gindre-Marat*, etc... » (100 signatures accompagnées du surnom *Marat*.)

Au mois d'octobre suivant, il chargea, à Orgelet, l'abbé Jannet, ex-curé de Loysia, procureur-syndic de sa fabrique, d'enlever pour son compte du magasin national plusieurs paires de draps de lit en superbe toile de Hollande provenant du château de Pymorin, et d'y échanger une pièce de mauvais drap contre une autre pièce de bon drap fin. Il donna son adhésion la plus complète aux proscriptions du 31 mai 1793 ; invoqua la foudre vengeresse à frapper les proscrits et à verser leur sang impur : ordonna avec ses collègues d'abattre toutes les croix ; fit, en 1794, une liste de soixante patriotes à envoyer aux galères ; fit forger des fers du poids de dix-huit livres pour en charger d'honorables et anciennes victimes du fédéralisme ; quitta furtivement le secrétariat de la commission départementale sans avoir rendu ses comptes, etc., etc...

Au reste, après la tourmente révolutionnaire, ce républicain dantoniste et maratiste eut une vie moins agitée que Lémare, continua à se livrer à l'enseignement, devint professeur d'éloquence et de belles-lettres à Besançon, secrétaire de l'Académie et doyen de la Faculté des lettres de cette ville, où il est mort en 1836. Il fut même nommé en cette année membre de la Légion-d'Honneur !... Pauvre honneur, où est-on allé te trouver !...

(17) La mémoire des deux proconsuls qui ont écrit ces belles lignes assez longtemps après l'événement, ne les a pas servis avec fidélité. Ils ne destituèrent pas le maire de Gigny et ne firent point

les réquisitions du Représentant du peuple y restaient sans effet. Cinquante hommes de la garde nationale de Gigny se détachent et nous suivent; nous paraissons à Charnay et à Graye. Oh! maudit soit le fanatisme!... Oh! prêtres refractaires!... soyez à jamais en exécration!... Nous trouvons un peuple hébété, sans sentiments, sans âme, à l'œil fixe, au regard stupéfait; il nous paraît au-dessous de la brute. »

1793

Page 340, § 4.

Jean-François Guillaumot, né à Cropet, vicaire à Gigny de 1784 à 1791, curé constitutionnel à Orgelet dès cette dernière année, devint curé de Belley en 1811, où il est mort en 1829, pasteur selon le cœur de Dieu! dit l'historien ecclésiastique de la Bresse.

1794

Page 341.

La population de Gigny continue à être décroissante, comme celle de toutes les communes de la basse-mon-

1842

incarcérer de membres du comité de salut public. C'est du père et de la tante de l'auteur de cette histoire qu'ils ont voulu parler, lesquels furent victimes des renseignements demandés à de misérables sans-culottes. En conséquence, la fille pieuse subit deux mois de prison à Orgelet, et son frère, qui exerçait honorablement les fonctions de notaire depuis 30 ans et celles de juge de paix depuis l'institution, fut destitué de ces dernières. Un mandat d'arrêt fut décerné contre lui, les scellés furent apposés sur ses papiers et sur les minutes de son office notarial, et il fut inscrit sur la liste des émigrés, à cause de la vie cachée qu'il mena quelque temps pour se soustraire à l'incarcération. Ce ne fut que le 18 thermidor (8 août 1794), neuf jours après la chute de Robespierre, qu'il put respirer librement en public et rentrer sans crainte dans son domicile dont des brigands sans mission avaient enfoncé les portes à coups de massue au milieu d'une certaine nuit. Quelques mois plus tard, en mars 1795, les habitants de tout le canton lui témoignèrent la part qu'ils avaient prise à ses peines en le renommant pour la troisième fois et malgré lui à la magistrature dont Lémare et Génisset l'avaient révoqué; magistrature qu'il ne consentit à accepter que pour l'exercer par *intérim* jusqu'à son remplacement qui eut enfin lieu en novembre 1795.

tagne. De 1020 habitants qu'elle comprenait en 1837, elle est descendue à 940 en 1841...; à 889 en 1846...; à 925 en 1851, et 797 en 1856. De 1787 à 1790 elle avait déjà diminué sensiblement, car elle y était tombée de 1186 habitants à 1131, dont 888 à Gigny seul, 166 à Croupet, 77 au Villars.

Cette population était répartie, en 1614, entre 118 feux, dont 16 à Croupet et 102 à Gigny et au Villars, tandis qu'en 1851 on en a constaté 244. Cependant, ce dernier chiffre ne prouve pas que la population y ait doublé en 237 ans; car il est certain qu'à Gigny, comme ailleurs, chaque feu chauffait autrefois une plus nombreuse famille qu'à présent. Divers recensements ont prouvé à l'auteur de ces lignes qu'en 1740, par exemple, une famille se composait de sept à huit membres; qu'en 1790 elle en avait encore six à sept; qu'en 1810 elle était toujours de six à Gigny; tandis que de nos jours elle n'est généralement partout, en terme moyen, que de quatre au plus. Les mœurs patriarchales sont remplacées par d'autres, la main-morte n'existe plus avec sa cheminée au large, les liens de famille sont relâchés, et chacun veut avoir un ménage à administrer sans contrôle.

En l'année 1614 précitée, le ressort d'Orgelet au bailliage d'Aval (composé des cantons actuels de Saint-Amour, Arinthod, Saint-Julien et Orgelet), ayant été taxé à fournir au roi d'Espagne une compagnie de 100 arquebusiers à pied, 5 arquebusiers à cheval, 5 chevau-légers, 50 piques, 10 hallebardes et 40 mousquets, Gigny fut compris dans la répartition, à raison de ses 118 feux, pour un arquebusier à cheval, deux arquebusiers à pied, deux piques et une hallebarde.

CHAPITRE LV.

Page 342.

Avant l'introduction de la règle de saint Benoît dans les Gaules, il y avait déjà, dans notre voisinage, un assez grand nombre de monastères, comme à l'Isle-Barbe de la Saône, à Aisnay près Lyon, à Saint-Symphorien d'Autun, à Saint-Cosme d'Auxerre, à Condat ou Saint-Claude, à Réomaüs ou Mouthier-Saint-Jean, à Silèze ou Saint-Lauthein, à Saint-Bénigne de Dijon, à Saint-Maurice d'Agaune en Valais, à Baume, à Saint-Seine, à Saint-Marcel près Chalon, à Saint-Valérien de Tournus, à Luxeul, à Saint-Martin d'Autun, à Saulieu, à Lure, à Bèze, etc... Or, dans tous ces établissements religieux, on suivit d'abord les statuts des moines de l'Orient, autrement les règles de saint Pacôme, de saint Basile, de saint Machaire, recueillies et combinées par Jean Cassien et saint Martin. Mais, dès le commencement du VIIe siècle, la règle de saint Colomban leur fut substituée généralement, surtout en Franche-Comté, et elle y fut suivie pendant plus de deux siècles, jusqu'à l'introduction de celle de saint Benoît. Celle-ci même, quoique prescrite par le concile d'Autun en 665, et par celui d'Aix-la-Chapelle en 817, ne fut généralement adoptée en France qu'à la fin du IXe siècle.

Page 343, *art*. 1.

Il y avait déjà des *Oblats* chez les anciens, c'est-à-dire des enfants que les pères vouaient à Dieu, comme Samuel en est un antique exemple dans l'histoire des Hébreux. On lit aussi que, chez les Grecs, on les vouait à Apollon, à Hercule, à Vesta ou autre divinité, sur les autels de qui on déposait leur chevelure. On peut donc présumer que ceux des monastères chrétiens ont continué ou renouvelé ceux de l'antiquité. L'auteur de cette histoire a lu des chartes relatives à des *Oblats*, *Donnés* ou *Rendus* en l'abbaye du Miroir, non-seulement en l'an 1160, mais encore en 1481, 1482, 1496, etc... On en trouve aussi des exemples déjà en 846, 990, etc... et c'est par inadvertance que l'historien de l'abbaye de Maillezais a écrit que l'usage des Oblats ne datait que du XIe siècle. *(V. ci-dev. l'addit. à la Note 7.)*

Page 348, art. 4.

Les abbayes destinées à la noblesse sont presque aussi anciennes que celle-ci; car on voit par les légendes contemporaines de Saint-Colomban de Luxeul et de Saint-Léger d'Autun, qu'il en existait déjà au VIe et au VIIe siècle. Bien longtemps avant le XIIIe, époque où fut fondée l'abbaye des Dames de Lons-le-Saunier, on en avait déjà établi en Flandre, dit *Dunod*, pour les Demoiselles. Quant aux degrés qu'on exigeait pour y entrer, ils ont sans doute été les mêmes dès l'origine que dans les autres établissements de noblesse. On a vu que les chanoines, devenus comtes de Lyon, avaient dressé, en 1268, un Statut confirmé par le roi en 1307, portant que nul ne serait admis dans leur chapitre, à moins de prouver quatre quartiers de chaque côté paternel et maternel. D'autre part, le célèbre jurisconsulte Barthole, mort en 1355, a laissé par écrit que le sang n'était purgé de rusticité et n'acquérait la véritable noblesse qu'au quatrième degré inclusivement. A la même époque environ, *Gasse de la Bigne*, auteur d'un poème sur la chasse, composé en 1359, parle avantageusement de la noblesse à quatre quartiers dans les vers suivants :

> Le prêtre est né de Normandie,
> De quatre côtés de lignie
> Qui moult ont amé les oiseaux.
> De ceux de La Bigne et d'Aigneaux,
> Et de Clinchant et de Buron,
> Issit le prêtre dont parlon.

On sait aussi que ces quatre quartiers étaient exigés pour être reçu chevalier Banneret (à bannière, cri de guerre et compagnie d'au moins 50 hommes), tandis qu'un simple chevalier ou bachelier n'était astreint à en prouver que trois. On n'était admis non plus dans la plupart des ordres de chevalerie qu'en établissant ces quatre quartiers, notamment dans ceux du Porc-Épic dès 1393, de la Toison-d'Or dès 1430, du Croissant dès 1448, etc. Ce fut encore un article des statuts du tournoi d'Auxonne en 1443, et une condition imposée à ceux qui demandaient à faire partie de la chambre de la noblesse aux États de Bourgogne et de Franche-Comté, comme aux Demoiselles qu'on recevait à Saint-Cyr pour leur éducation. Les anoblissements se trouvant très-multipliés à la fin du XVIe siècle, un grand nombre d'établissements destinés à la noblesse ne s'ouvrirent plus qu'à huit quartiers de chaque côté paternel et maternel. Tels furent l'Ordre Teutonique, celui de Malte, etc..., ainsi que les abbayes, prieurés, ou chapitres de Saint-Claude, Baume-les-Messieurs, Gigny, Baume-les-Dames, Château-Chalon, Migette, Lons-le-Saulnier, Cologne, Liége, Saltzbourg, etc... On lit même que les chanoinesses de Maubeuge devaient prouver seize quartiers de chaque côté.

Une note du commencement du XVIe siècle mentionne qu'on faisait prêter à l'abbé de Baume, lors de sa prise de possession, le serment de ne donner les places de l'abbaye qu'à des gentilshommes.

Page 349, *Note* 178.

La qualification de *Dom*, prise par les religieux de Gigny, est constatée par des titres de 1582 à 1680, et on ne la trouve ni avant la première, ni après la seconde de ces dates. Cette qualification était donnée, à cette époque, non-seulement aux bénédictins de Saint-Maur, mais encore à ceux de l'ordre de Cîteaux, comme elle l'est de nos jours à ceux de Solesme.

Page 352, *art.* 5.

Le *froc* ou la coule constituait tellement l'habit monacal, que les moines étaient désignés quelquefois par le seul nom de *froqués* ou *capuchonnés (cucullati).*

Page 353, 354, *art.* 5.

Il était ordonné aux moines de Gigny, par leurs statuts, d'user du droguet ou étoffe en laine du pays, qu'on fabriquait à Orgelet.

Le froc blanc, qui fut substitué au noir par Albéric, deuxième abbé de Cîteaux, mort en 1109, rappelle à la mémoire que les Esséniens, qui étaient des espèces de moines chez les Juifs, portaient aussi des vêtements tout blancs.

Les moines d'Égypte du IVe siècle se rasaient déjà la tête, comme ceux du moyen-âge. Au reste, la section des cheveux usités chez les princes Francs surnommés *Chevelus (Criniti)*, en signe de renonciation au trône et de réclusion dans un monastère, n'avait pas de rapport à la tonsure proprement dite des Ecclésiastiques. Elle dérivait peut-être plutôt de l'usage observé chez les anciens Grecs, de couper les cheveux des enfants que l'on consacrait à une divinité, comme il a été dit ci-devant.

Page 355, *art.* 5.

Le *capuchon* était encore usité vulgairement, en 1430 et 1436, dans la Bresse et dans le Bugey.

Page 363, *art.* 8.

La règle de saint Benoît, quoi qu'on en ait dit, n'est point observée, sous le rapport des aliments, par les Trappistes de nos jours. A la vérité, ces bénédictins n'usent pas de viande, de poissons, d'œufs, de beurre, de graisse, ni de vin. Mais, au lieu de douze onces de pain seulement, ils en mangent à discrétion au repas principal; ils vivent en outre de racines potagères et de légumes préparés au lait, de fromage, de fruits, de salades à l'huile, etc.....

Ainsi, leur régime alimentaire est au moins aussi bon et aussi substantiel que celui des pauvres cultivateurs et des ouvriers des campagnes. Il n'est donc pas surprenant que la santé de ces religieux n'en souffre pas, et qu'ils parviennent à un âge au moins aussi avancé que les autres hommes. C'est certainement d'après des observations inexactes ou des renseignements erronés que *Buffon*, autrefois, et M. *de Gasparin*, de nos jours, ont représenté les Trappistes ou autres enfants de saint Benoît comme des squelettes vivants, des hommes au teint pâle, à la face mortifiée, aux yeux éteints, à la démarche lente, etc. . Au reste il ne faut pas croire non plus tout ce qu'on a écrit sur la nourriture de certains religieux, uniquement avec des herbes ou des feuilles. L'expérience qu'en firent les Feuillants réformés sur la fin du XVIe siècle, et les tristes résultats obtenus de cette alimentation dans la famine de 1817, ont prouvé surabondamment que la vie de l'homme ne peut pas être entretenue par ces substances seules, comme nous l'avons publié ailleurs (18).

Page 366, *art.* 10.

Dans l'Ordre de Cîteaux, d'après la règle de 1119, on saignait les moines quatre fois par an, en février, avril, juin et septembre. L'abbé désignait, en chapitre, ceux auxquels le moine chirurgien (*Minutor*) devait tirer du sang. Dans l'abbaye de St-Martin d'Autun, on pratiquait encore des saignées aux religieux dans le milieu du XVe siècle; et, ce jour-là, on leur donnait une pinte de vin et un supplément de pain, pour les restaurer. Les Chartreux, d'après leur constitution du commencement du XIIe siècle, devaient aussi être saignés cinq fois par an.

Page 367, *art.* 11.

La sobriété des religieux ayant été fortement contestée

---

(18) *Magendie.* Journ. de Physiol. expér. I, *page* 237 (Ann. 1821).

et même déniée, on a prétendu que, par cette cause, la goutte était une maladie commune dans les monastères, ainsi que la fièvre inflammatoire, nommée même pour ce motif *fièvre des moines et des évêques.*

Quoi qu'il en soit de cette allégation, la médecine n'était pas pratiquée, du moins dans le principe, dans les abbayes de l'Ordre de Cîteaux. Saint Bernard l'en avait proscrite, en disant: « Qu'il suffisait d'user dans les maladies de la décoction de quelques racines sauvages; mais, qu'appeler des médecins, acheter des spécifiques, prendre des potions pharmaceutiques, c'était une grande inconvenance pour un Ordre d'une pureté évangélique; qu'aux hommes spirituels il fallait des remèdes spirituels. » Cependant, malgré cette diatribe contre la médecine, les bénédictins de l'Ordre de Cîteaux pratiquaient la saignée comme moyen hygiénique, ainsi qu'on l'a vu.

Page 368, *art.* 12.

Saint Benoît, en astreignant les religieux au travail, est non-seulement plus louable que saint Basile, qui les a livrés à la vie contemplative ou à la psalmodie perpétuelle, mais encore que saint Augustin et saint François, qui en ont fait des mendiants.

Page 377, *art.* 17.

Le prieur titulaire de Gigny, et en son absence le prieur cloîtrier, avait toute juridiction sur les religieux de son monastère; et on a déjà vu qu'en 1470 il leur avait signifié ce droit. Mais ceux qui étaient condamnés pouvaient en appeler par-devant l'abbé de Cluny, dont relevait celui de Gigny. On connaît des appels de cette espèce en 1497, 1560, 1567, etc... C'était aussi devant ce supérieur que toutes les plaintes étaient portées et toutes les actions intentées contre le prieur de Gigny.

Page 381, *art.* 20.

Outre les délibérations capitulaires mentionnées, on

en connaît d'autres qui ont autorisé les prieurs de Gigny : 1° En 1235, à acenser la dîme de quelques vignes à Cuiseaux... 2° En 1428, à ratifier l'acensement du treuil banal de Château-s.-Salins, prieuré membre de celui de Gigny... 3° En 1435, à doter l'hospice de Gigny et à l'unir à l'office d'aumônier... 4° En 1462 et 1471, à ratifier l'abergeage fait par le chambrier de son tènement du prieuré de Châtel, autre membre de Gigny... 5° En 1481, à ratifier la nomination d'un sacristain audit prieuré de Château-s.S... 6° En 1679, à acenser des prés situés à Charnay... 7° En 1724, à ratifier la cession faite, moyennant rente par le chambrier, de ses droits seigneuriaux à Fronteneau...

Ch. xi.

Ch. xxxiv.

Ch. xxxiii.

Le titre de 1235 porte : *Consensu et voluntate capituli nostri... fratribus laudantibus hoc,* ce qui semble indiquer plus qu'un simple avis. Au reste, les délibérations capitulaires sont fort anciennes, car on les trouve déjà citées en 830 dans l'abbaye de Fontenelle en Normandie.

Page 384, art. 21.

Le nombre des religieux à Gigny est encore constaté de 11 en 1435, de 20 en 1481, de 9 en 1679.

Ch. xxxiv.

CHAPITRE LVI.

OFFICIERS CLAUSTRAUX.

Page 385.

Il n'y avait point de *bas-officiers* claustraux à Gigny, mais beaucoup à Baume, à Saint-Claude, à Tournus, à Saint-Martin d'Autun, à Saint-Seine, etc... On peut ajouter les suivants à ceux qui ont déjà été indiqués : le *Bannerier,* ayant soin des bannières...; le *Bibliothécaire* (Armarius)..., le *Boucher*..., le *Boutefeu*..., le *Varlet-Cellerier*..., le *Chirurgien*..., le *Convers de l'aumônier*..., le *Corrier* ou *Hôtelier* chargé de donner l'hospitalité aux voyageurs..., le *Varlet-Corrier*..., le *Varlet-Cuisinier* ou *Piquagruel* à Baume..., le *Dépensier*, chargé d'acheter les menues provisions alimentaires..., le *Fenetier* ayant soin des foins..., le *Fornier*, chargé du four..., le *Forestier*, administrateur du bois..., le *Geôlier*..., le *Grainetier*, surveillant des grains..., le *Varlet-Infirmier*..., le *Maréchal de l'Église*..., le *Maréchal de l'abbé*, ferrant ses chevaux..., le *Marillier* ou Sonneur..., le *Pannetier*..., le *Portier*..., le *Varlet-Réfecturier*..., le *Sépulturier*, ou ensevelisseur et enterreur..., le *Sergent-général* ou messager et porteur des lettres de l'abbé..., le *Tournebroche*..., etc...

Ce n'est que depuis 1308 que les officiers claustraux ont été dotés dans l'Ordre de Cluny, et dès-lors à Gigny. En effet, ils n'ont pas pu l'être en ce dernier monastère avant l'année 1294, puisque les prés de l'*Aumônerie*, de la *Chamballerie* et autres, qui ont servi à les doter, n'ont appartenu au prieuré qu'après l'échange fait avec Guillaume de Graye. D'un autre côté, on voit que notre Infirmier avait déjà en 1308 quelques revenus à Loysia ; que le Chambrier jouissait déjà vers 1316 du prieuré de Châtel ; qu'en 1336 l'Aumônier était prieur de Maynal, etc... Mais on a la preuve que, dans quelques monastères indépendants de l'Ordre de Cluny, cette dotation avait déjà été effectuée avant le XIVe siècle ; car l'abbé de Saint-Claude, par exemple, avait déjà doté en 1213 son office d'aumônier de la terre et seigneurie de Chaumont, dotation qui fut confirmée en 1252. Cependant l'abbé de l'Isle-Barbe, quoique indépendant de Cluny, ne dota aussi ses offices qu'en 1309.

Une bulle apostolique, approuvée par le roi, disposa d'une manière générale, en 1772, que les Offices claustraux de tous les monastères bénédictins de France seraient éteints et supprimés à mesure qu'ils viendraient à vaquer, et que leurs revenus seraient réunis de plein droit aux menses conventuelles des établissements dont ils dépendaient. Or, la bulle de sécularisation de 1760 en avait déjà disposé ainsi à l'égard de Gigny, comme on a vu.

Art. I. *De l'Abbé* ou *Prieur*.

Page 391.

Les prieurs prenaient rang dans la Chambre ecclésiastique des États de Franche-Comté soit avant les députés des Chapitres, soit avant les recteurs des hôpitaux de Besançon, Pesmes, Salins et Sechin. Les prieurs Augustins avaient le premier rang, les prieurs Bénédictins le second, les prieurs Bernardins le troisième, et les prieurs Prémontrés le quatrième. Dans chaque Ordre religieux le rang était observé d'après l'ancienneté des monastères.

Art. II. *Du Grand-Prieur Cloîtrier.*

Page 392.

Additions et modifications à la liste des prieurs-cloîtriers:

Étienne d'ORGELET, en 1435	Ch. xxxiv.
Alexandre d'ORNANS, déjà en 1471.	Ch. xxxiii.
Claude de CHARNOZ, déjà en 1481.	
Henri de BALAY, encore en 1721, 1723, 1724.	

Art. III. *Du Grand-Chambrier.*

Page 392.

Au milieu du IVe siècle, l'empereur Constance, le César Gallus, et autres princes, avaient déjà chacun un chambrier ou chambellan.

Page 394.

Le chambrier de Gigny se qualifiait, dès les premières années du XVe siècle jusqu'à la fin, *Prieur de Châtel-Che-*

vrel et de la Magdeleine proche Cuzeau, co-seigneur de Frontenay, *la Frenaise*, *le Veny et Saffre*.

Pages 396, 397.

Additions et modifications à la liste des chambriers:

Ch. xix.xx. JEAN, en 1316 et 1321 environ.

Ch. xxiv.xxv. Henri de SARCEY, prieur de Gigny en 1391, 1393.

Ch. xxvi. xxvii. xxviii.xxxi. xxxii.xxxiii. xxxiv. Guy de LESTZOT, ou LESTZON, ou LESSOT, ou LESSON, en 1400, 1401, 1403, 1404, 1406, 1416, 1420, 1421, 1423, 1428, 1429, 1431, 1435, 1438, 1443.

Ch. xxxiii. Jean de GRANDCHAMP I (oncle), vic.-gén. en 1452, 1461.

Ch. xxxiii. Jean de GRANDCHAMP II (neveu), en 1471, 1480, 1482, 1485, 1488, 1492, 1494.

Antoine de COLLAOU, encore en 1500.

Hugues de CORLAOU, en 1521.

Girard de HARACOURT, en 1522, et abbé du Miroir en 1542.

Philibert de CHAVIREY, en 1567.

Guibert de CHAVIREY, aussi en 1600, 1603.

Jean de CHAVIREY, en 1626.

Louis de RONCHAUX, encore en 1636, année de sa mort.

Claude-Louis de CHAVIREY, dès 1650, après litige avec N... de *Sappel*.

Jean-Thomas de LALLEMAND *de Lavigny*, déjà coadjuteur en 1697.

Art. IV. *Du Grand-Aumônier*.

Page 398, § 2.

On peut présumer que la *Chevance du Saix* à Gigny a fait partie des biens partagés en 1675 entre les frères Bachod, d'où les maisons, tour, jardins et vergers seraient passés, il y a environ un siècle, dans la famille Martin et dans celle de l'auteur de cette histoire.

Page 399.

Le mot *Conroy*, en latin *Correyum*, signifiait route ou chemin dans les XIVe et XVe siècles, et par extension on s'en est servi pour désigner ce qui a rapport aux voyageurs et aux étrangers, tels que le gîte, l'hospitalité et le repas qu'on leur donnait dans les monastères. La *Correrie*, chez les Chartreux, était le bâtiment où ces voyageurs étaient reçus, logés et traités; et le religieux chargé de les recevoir s'appelait *Corrier, Courrier*, en latin *Cursor*.

Page 400, § 4.

Additions et modifications à la liste des aumôniers :
Pierre d'ORGELET, déjà en 1401.
Guy de BEAUFORT, en 1435.   Ch. XXXIV.
Jean DAGAY, déjà en 1476, encore en 1503.
Jean-Simon de GRANDMONT, déjà en 1542.   Ch. XLIV.
Philippe-Eléonore de BELOT *de Vilette*, déjà en 1679, 1691.

Art. V. *Du Grand-Trésorier ou Sacristain.*

Page 401, § 2.

Parmi les cens dus au Sacristain de Gigny, à Marie, près Cuiseaux et Champagna, se trouvait sans doute celui de 20 mesures de froment, 30 rez d'avoine, deux gelines et deux corvées, dû par les meix Pernin et Jacquillot, selon le terrier de Champagna de 1596.

La vigne appartenant à cet officier claustral à Saint-Jean-des-Treux, contenait 18 ouvrées, s'appelait la *Sacristaine*, et était louée avec le Clos-Saint-Jean, depuis la mort du dernier sacristain. Elle a été vendue, en 1791, moyennant la somme de 2425 fr.

Page 403, § 3.

Additions et modifications à la liste des sacristains :
HUGUES, en 1195.   Ch. VI.
Henri de BALAY, déjà en 1679, 1680.

Art. VI. *Du Grand-Ouvrier.*

Page 405, § 1.

Ch. xliv. Le terrier de 1542 porte qu'il est dû deux mesures de blé par an au prieur de Gigny, pour l'élection du Blief de la châtellenie de Cropet.

Le gage du blayer nommé en 1691 par le grand-ouvrier, fut fixé à cinq mesures de froment, avec réserve qu'il aiderait à recueillir et à battre les gerbes de la blérie.

Le 23 février 1791, on a vendu comme biens nationaux provenant de l'Office de l'ouvrier de Gigny : Une maison composée d'une cuisine, d'une chambre, d'une cave et d'un pressoir, avec sept mesures de terre et trente-neuf ouvrées de vigne, moyennant 5450 fr., le tout situé à Chazelles. Cette maison existe encore dans le village, appartenant à des étrangers, occupée par des locataires, mais ne portant aucun nom particulier. Elle est d'un style de construction du XVIe siècle, plus grandiose que celui des maisons voisines, dont l'une porte le millésime de 1584. Elle se compose, en effet, d'une cuisine et d'une chambre derrière celle-ci, d'une belle cave voûtée au-dessous, et d'une grange où était autrefois un pressoir. La façade orientale de cette maison élevée est soutenue par deux contreforts adossés au mur, avec galerie en bois très-haute et toit avancé. Une belle chambre de four en ruines se voit à soir de cette maison.

D'après ce qui précède, les auteurs du Dictionnaire historique du Jura, ordinairement si bien informés, ont cru à tort que l'historien de Gigny avait commis une erreur, en parlant d'un prieuré à Chazelles, où il n'y aurait jamais eu de bâtiments; que ce prieuré, au contraire, aurait existé à Saint-Jean-des-Treux. En cela il y a certainement inadvertance de leur part; car, d'un côté, on ne peut mettre en doute une maison prieurale à Chazelles, vendue en

1791, tandis qu'à Saint-Jean on n'a vendu, à la même époque, que des bâtiments servant de cuverie et de cellier. D'un autre côté, il est certain que l'ouvrier se qualifiait, notamment en 1682, *Prieur de Chazelles*. D'ailleurs le Clos-Saint-Jean, ni les autres immeubles de ce lieu n'ont jamais appartenu à l'office d'ouvrier. Cependant, il faut dire aussi qu'aucun fonds de Chazelles ne porte de nom rappelant un prieuré; qu'il n'y a dans la commune aucune tradition, aucun vestige, aucun indice d'une église ou d'une chapelle; qu'on y célèbre, comme à Saint-Jean-des-Treux, la fête patronale de saint Jean-Baptiste, le 24 juin, et un peu celle de saint Jean l'évangéliste, le 27 décembre, et non celle d'un autre patron...

Il est déjà question du droit de Marguillerie, en la commune de Saint-Cyr-sur-Menthon (Ain), dans une charte de 1120 de l'église de Saint-Vincent de Mâcon... Le prieur de Cesancey percevait aussi, pour ce droit, de chaque chef de maison, une gerbe de froment et une gerbe d'avoine. Dans l'abbaye de Saint-Claude, la *Mareigle*, ou gerbe de marguillier, appartenait à plusieurs officiers claustraux, savoir: au grand-prieur qui la percevait à Lezat, à Marigna près Chassal; au grand-cellerier, à Coyrière; à l'infirmier, à Avignon; au grand-chantre, à Chavannes; au chambrier, à Lect et à Vouglans, etc... La Cour du parlement de Franche-Comté décida, en 1698 et 1706, que cette gerbe devait avoir cinq pieds de tour...

Les habitants de Nancuise voulurent, en 1768, se soustraire à la dîme du Chanvre que levaient par moitié l'ouvrier de Gigny et le curé de Marigna, en prétendant que cette dîme n'était pas obligatoire, mais purement volontaire comme une oblation. Cependant, après une longue instance au bailliage d'Orgelet, ils reconnurent la devoir, à la dix-septième masse prise aux champs, et consentirent en outre une rente annuelle de 10 fr., tant pour les prises et levées que pour partie des frais.

Page 407, § 2.

En 1764, l'ouvrier s'engagea à payer par an 24 fr. à un maçon, pour la main-d'œuvre nécessaire à l'entretien de la fontaine du Chapitre, s'obligeant en outre à lui fournir tous les matériaux utiles et nécessaires.

Page 407, § 3.

Additions et modifications à la liste des ouvriers:

Ch. XXVI. XXIX.

Jean de FRONTENAY, déjà en 1400, encore en 1420.

N... BUSEAU-BOUVARD, dès 1473, encore en 1481, 1503.

Philibert LALLEMAND, prétendant à l'office en 1474, 1489.

Phil. Louis de BALAY-*Marigna*, déjà en 1679, 1682.

Art. VII. *De l'Infirmier.*

Page 409, § 2.

L'historien *Dunod* a écrit en 1750, probablement par erreur, que la cure de Cressia était à la nomination des curés et familiers de Saint-Julien.

Page 411, § 3.

Additions et modifications à la liste des infirmiers:

Humbert de VERGEY, en 1481.

Claude-Gaspard de MARNIX, prieur de Saint-Laurent, encore en 1674.

Cleriadus du PIN, déjà en 1682.

Art. VIII. *Du Doyen.*

Page 413, § 3.

Additions et modifications à la liste des Doyens:

Ch. XXXIV.

Étienne de GAYARD ou GAILLARD, encore en 1435.

Amblard de CHATARD, déjà en 1481.

Désiré de CHAVIREY, dit *de Rosay*, aussi en 1676.

Art. IX. *Du Chantre.*

Page 414, § 1.

Aux fêtes solennelles, le chantre portait un bâton argenté, et *Rabelais*, qui écrivait au XVIe siècle, les appelle par ce motif *Fêtes à bâton*, *Fêtes à double bâton*. A Saulieu, le bâton cantoral était surmonté de la tête de Saint-Andoche, patron de la Collégiale, et le titulaire, qui recevait ce bâton en signe d'installation, payait un droit de 100 francs au Chapitre. Dans l'église cathédrale d'Auxerre, le bâton était surmonté d'un oiseau, et le chantre le portait avec des gants et l'anneau au doigt. Cependant, un chantre de ce dernier chapitre, mort en 1353, est représenté avec un bâton terminé en T, destiné à être mis sous l'aisselle, pour soulager celui qui le portait dans les longs offices célébrés debout.

Ibid., § 2.

Additions et modifications à la liste des chantres :
Jean de GRANDCHAMP, en 1435.   Ch. xxxiv.
Jacques GUIGAT, déjà en 1542.   Ch. xliv.
Charles de RECULOT, déjà en 1676.
Louis de SAINT-GERMAIN, déjà en 1736, 1738.

Art. X. *Du Réfecturier.*

Page 416, § 2.

Additions à la liste des réfecturiers :
Aimon de CHOYE, en 1435.   Ch. xxxiv.
Laurent de BADEL, en 1481.
Pierre d'UGNA, prieur de l'Étoile, en 1570.

Art. XI. *Du Pidancier.*

Page 416, § 1.

De l'office de pidancier (appelé aussi *Aygagerie* ou *Esgagerie* à Maillezais) dépendait le quartier de muire à   Ch. xxx.

recevoir à Salins, dont il a été parlé précédemment dans l'addition à la page 241.

Page 417, § 1.

On trouve aussi, à la date de 1551, des reconnaissances faites par plusieurs habitants de Joudes, et notamment par Jean Borge, prêtre, de divers fonds en condition mainmortable, situés tant à Joudes qu'à Balanod, au profit du pidancier de Gigny, représenté peu après par le seigneur du lieu.

Ibid., § 2.

Additions et modifications à la liste des pidanciers :

Ch. xxx. — Jean de CHAMBOURNAY, en 1423.
Ch. xxxiv. — Jean de DORTANS, en 1435.
Humbert de BARCHOD, en 1481.
Claude de CHARNOZ, en 1481.
Louis de TARLET, mort avant 1548.

Art. XII. *Du Cellerier.*

Page 418, § 2.

Le terrier de 1554, ici mentionné, fut renouvelé au profit du cellerier Jean de Grandchamp, par les habitants du Villars, de Louvenne et de Montrevel.

Des prés au Vernois de Graye dépendaient aussi de la Directe de cet officier claustral.

Page 419, § 3.

Additions et modifications à la liste des celleriers :
Hannon de CHILLY, en 1164.
Guy de BEAUFORT, déjà en 1423.

CHAPITRE LVII.

DES PRIEURÉS DÉPENDANTS DE GIGNY.

Page 420.

Le concile de Mâcon, tenu en 1286, statua, mais en

vain, que la même personne ne pourrait pas posséder plusieurs prieurés ruraux, sous peine d'excommunication. Il statua aussi, sous la même peine, que ces prieurés ne pourraient pas être conférés à des mineurs de moins de 18 ans, et que les majeurs, devenus titulaires, devraient être ordonnés prêtres dans l'année.

Les prieurs ruraux, aussi bien que les prieurs conventuels, étaient admis aux assemblées du clergé des États de Franche-Comté. Ainsi, non-seulement ceux de Gigny et de Château-s-Salins, mais encore ceux de Chambornay, Chatonnay, Clairvaux, Saint-Laurent et Poitte en faisaient partie. Quant à ceux de Châtel et de Maynal, unis à des offices claustraux, ils y étaient représentés par le prieur de Gigny même.

Page 421.

Outre les prieurés mentionnés dans ce chapitre, l'historien *Dunod* et, après lui, M. *Monnier* ont écrit que celui de Sirod, commune du canton de Champagnole, dépendait aussi de Gigny. Mais c'était un membre de l'abbaye de Saint-Claude en 855, 1151, 1184 et 1245, comme en 1741. Cette inadvertance a échappé à ces deux historiens qui, ailleurs, inscrivent aussi ce prieuré parmi les possessions de cette dernière abbaye.

Art. II. *Prieuré de* Bellesvaux.

Page 422, § 1.

Le canton des *Bauges*, en Savoie, était un pays désert ou inculte (*Eremus* ou *Saltus Bogarum*) dans le IXe et le Xe siècle.

Art. III. *Prieuré de* Chambornay-lez-Pin.

Page 423, § 1.

C'est à Chambornay-lez-Bellevaux et non à Chambornay-lez-Pin que Jean de Vienne, depuis amiral de France, battit, en 1366, les Routiers ou Malandrins. Mais c'est par inadvertance qu'il a été qualifié défenseur de Calais dans l'histoire de Gigny. Car Jean de Vienne, si célèbre par la défense de cette ville en 1347, mort en 1351, était oncle du vainqueur de Chambornay. On pardonnera peut-être à l'auteur cette méprise, causée par l'identité des noms et prénoms presque à la même époque, quand on saura que *Guichenon* l'a aussi commise.

Ibid., § 2.

Les Jésuites avaient obtenu, en 1604 environ, du pape Clément VIII, l'union du prieuré de Chambornay à leur collège de Besançon; mais, sur les réclamations qui furent faites, cette union ne fut pas effectuée, comme étant attentatoire aux privilèges de l'Ordre de Cluny.

Page 424, § 4.

Le 8 mars 1791, on a vendu comme biens nationaux provenant du prieuré de Chambornay, et moyennant 30,000 fr., un domaine consistant en maison, tour, colombier, jardin, verger, aisances ou dépendances, 43 journaux et deux tiers de terre labourable, 9 faulx de pré, 36 ouvrées de vigne, la pêche dans la rivière de l'Oignon, un cens de 25 mesures de blé et 5 mesures d'avoine, et le sixième des fruits sur environ 36 ouvrées de vigne. On n'a rien vendu à Bresilley, Brucey, ni Sauvigney.

Page 425, § 4.

Le curé de Chambornay fut confirmé, par un arrêt de 1739, dans le droit de percevoir, chaque année, pour sa moisson ou ses quarterons, deux mesures de froment par feu.

Il y a des ruines romaines à Bresilley.

Art. IV. *Prieuré* de la Chase-Dieu.

Page 426.

Dans son excellent Dictionnaire historique du Jura,

M. *Rousset* dit que le prieur de Gigny prélevait cent mesures de blé sur la dîme de Cesancey, avant tout partage entre les co-décimateurs, à cause du prieuré de la Châse-Dieu qui avait été annexé à celui de Gigny, ce qui indique peut-être que ce prieuré existait à Cesancey. Au reste, ce grain était exigible à la mesure de Lons-le-Saulnier, et il était déjà perçu en 1565 par les religieux de Gigny, d'où on peut induire que l'union de ce prieuré est antérieure au XVIe siècle.

Art. VI. *Prieuré de* Chateau-s-Salins.

Page 426, § 1.

Le pays des *Hériens* de la légende de Saint-Oyen doit s'entendre des environs de Salins, où est la commune de *Pont-d'Héri*, plutôt que du voisinage de Moyrans où se trouvent le Villars et le ruisseau d'*Héria*, comme l'a pensé M. *Roget de Belloguet*. Sur le plateau où existait le prieuré de Château-s-S., M. *Monnier* a rencontré beaucoup de tuileaux romains.

Page 427, § 1.

L'opinion que le prieuré de Château-s-S. aurait été établi sur les ruines d'un *château* de Gérard de Roussillon, reçoit de la vraisemblance de ce que le signe patibulaire de ce prieuré était placé sur la *montagne* ou les *Toppes de Roussillon*. Elle en reçoit encore de ce que ce célèbre guerrier du IXe siècle était comte en Bourgogne...; de ce qu'il a fait bâtir le château de Grimont à Poligny...; de ce qu'il a défendu longtemps en Franche-Comté, les armes à la main, les droits de l'empereur Lothaire et de ses enfants contre le roi Charles-le-Chauve...; de ce que le prieuré de Château avait la haute-justice et le double degré de juridiction...; de ce que le village de Chissey, dont l'église dépendait de ce prieuré, a été du domaine des souverains de Bourgogne et les a eus pour seigneurs jusqu'à la fin du XIII° siècle...; de ce que ces mêmes comtes palatins ont toujours eu la garde de ce monastère, etc... D'un autre côté, il est probable, comme l'a pensé *Dunod*, qu'avant le *Château* de Gérard de Roussillon, il en ait déjà été construit un, soit par les Romains, soit par leurs successeurs, pour la protection des salines.

Cet établissement religieux eut déjà, en 1160, des différends avec celui de Bellefontaine près l'Oignon (H^te Saône).

Page 429, § 3.

Ch. xi bis.
2° *bis*. En 1257, Isabeau de Courtenay, seconde femme de Jean de Chalon, comte de Bourgogne, légua par son testament une somme de cent sols à *Chastel-sur-Salins*, et une pareille à *Gigney* et à beaucoup d'autres établissements religieux du voisinage.

En 1260, ledit Jean de Chalon donna lui-même, en perpétuelle aumône, pour le remède de son âme, à l'église de Château-s-S. et aux moines qui y servaient Dieu, cinq charges de grand sel à prendre au puits de Salins, pour un anniversaire en cette église; laquelle donation on trouve rappelée dans des titres de 1432, 1458, 1548, 1660, 1712, etc...

En 1296, le prieuré rural du Petit-Seligney, en la commune actuelle de Villers-les-Bois, fut cédé à celui de Château-s-S., par le prieur cloîtrier de l'abbaye de Saint-Paul de Besançon, moyennant une rente annuelle de 20 sols. Aussi, selon un titre de 1330, le prieur de Château avait le patronage de l'église prieurale de ce lieu, dédiée à N. D.-la-Blanche, et qualifiée alors de cure. Les bâtiments de ce petit prieuré et les terres environnantes furent converties en simple grange dans le XI° siècle. D'après un terrier de 1700, le seigneur de Villers-les-Bois avait toute justice et seigneurie sur cette grange du prieuré de Château-s-S., et il pouvait y aller une fois par an, quand il lui plaisait, et y demeurer un jour entier. On était tenu de lui fournir alors convenablement des vivres, selon son état, ainsi qu'à ses chevaux, ses chiens et ses oiseaux.

L'acte de fondation de l'anniversaire de Hugues de Vaugrenans, en 1312, se trouve au nombre de nos nouvelles pièces justificatives.

Page 430, § 3.

11º bis. En 1366, Marguerite de France, comtesse de Bourgogne, céda aux religieux de Château-s-S. le grand pré de *Lotton*, situé à Bracon, à charge « de donner par aumosne à toutes les femmes gesantes d'enfants en la seigneurie et justice du prieuré, pendant leur gésine, de deux jours l'un alternativement, une pinte de vin et une michotte de pain, tels que le boivent et le mangent lesdits religieux. » A l'occasion de cette donation, on contait vulgairement que le prieur de Château jouissait du privilège de conduire à l'église les nouvelles mariées, de s'asseoir à leur droite aux festins des noces, d'exercer sur elles le droit de prélibation, d'offrir du pain et du vin à la naissance de chaque premier-né, etc...

Ibid., § 4.

Aux lieux cités où les religieux de Château-s-S. possédaient des dîmes, cens, chevances ou immeubles, on peut ajouter ceux qui suivent : Arbois, Bracon, les Bruyères, Buffard, Chamblay, Champagne, Chay, Clucy, Cramans, Fontenoy, Grozon, Ivory, Ivrey, Mesnay, Santans, Seligney, S. Thiébaud, Vauxelles et Villers-Farlay.

En ce qui concerne le montant ou total des revenus de ce prieuré, on lit que, dans un dénombrement donné en 1282 au roi de France, par Othon, comte de Bourgogne, « Le prioré de Châtel-sur-Salon est évalué 800 livres de terre, » et (par comparaison ceux d'Arbois 900, de Vaux-s-Poligny 900, de Jouhe 500, de Moutier-en-Bresse 300, de S. Désiré de Lons-le-Saulnier 300, de la Loye 200, de S.-Vivant 200, de Dôle 100; les abbayes de Baume 2000, de Balerne 700, de Château-Chalon 500, etc..., etc...

Cinq siècles plus tard, on trouve que la recette de cet établissement religieux s'éleva à 10,826 fr., depuis le 11 novembre 1789 au 31 décembre 1790, dont 3,179 fr. furent reçus dans les deux mois de 1789, et 7,647 fr. dans toute l'année 1790. Mais il faut se hâter de remarquer que cette recette a eu lieu après la suppression des dîmes et des droits féodaux. Ainsi, sous ce rapport comme sous bien d'autres, le vieil historien de la Franche-Comté n'aurait pas dû qualifier si dédaigneusement ce monastère de *petit prieuré de Nostre-Dame de Chasteau*.

Les *Dîmes* composaient une bonne partie des revenus de ce prieuré, et elles étaient perçues non-seulement dans les paroisses de son patronage, mais encore dans d'autres, comme à Port-Lesney dont le seigneur était patron, et où cependant le prieur de Château percevait les deux tiers des dîmes et laissait l'autre tiers au curé pour sa portion congrue. Ces deux tiers étaient évalués moyennement, par an, à trois muids de vin et à sept bichets de froment et d'avoine. En 1643, les habitants de Souvans et de Villers-Robert furent condamnés par le parlement à supporter la dîme du maïs ou blé de Turquie qu'on n'avait pas encore levée, parce que la culture n'en avait été introduite que depuis peu d'années.

Les Échûtes de *main-morte* étaient une autre branche de revenus, et, selon un rentier de 1432 et autres titres, tous les habitants d'Aillepierre, Couvetaine, Marnol, S. Michel et Prétin étaient taillables et main-mortables. Le prieur de Château affranchit en 1380 quelques habitants de Prétin, moyennant 200 francs d'or une fois payés, et encore à la charge d'une cense annuelle de 108 sols estevenants. Un autre prieur, en 1423, en affranchit d'autres, au prix de 100 écus d'or une fois payés et employés à réparer la maison prieurale qui avait été incendiée, et en outre moyennant la rente annuelle et perpétuelle de cinq florins d'or et de cinq sols estevenants.

Selon le même rentier, chaque feu des cinq villages susdits devait au prieuré une *geline* (poule) à Carêmentrant, bonne, valable, évaluée en 1710 à 6 s. 8 d. En 1398, trois habitants s'étant refusés, furent condamnés à la livrer chaque année.

D'après le même titre, comme aussi d'après une sentence arbitrale prononcée en 1393 par le prieur de Gigny, les mêmes habitants étaient *corvéables* des religieux de Château, à l'exception des femmes en couches (qui *gisaient d'enfant*), lesquelles en étaient exemptes, le tout de la manière réglée par la sentence. Il fut disposé par celle-ci qu'il était dû un fer garni de cloux par chaque bête de somme ou mulet portant bât, employé à la corvée, usage qui continuait encore en 1712 (19)

Les mêmes habitants étaient aussi obligés anciennemen

CH. XXV.

---

(19) Le silence d'*Homère*, d'*Aristote*, de *Pline*, de *Pallade*, de *Végèce* et autres auteurs anciens sur la ferrure des chevaux, a donné lieu de penser qu'elle n'était pas usitée autrefois. Cependant *Catulle* dit positivement que les mules laissent quelquefois leurs fers dans une boue tenace, et *Suétone* rapporte que celles de Néron étaient ferrées d'argent. Ces deux auteurs se servent du mot *solea*... D'un autre côté, on a trouvé, dans les ruines romaines de Château-Renaud près Louhans, un petit taureau en bronze à trois cornes, ferré aussi d'argent... On a rencontré aussi, dans le tombeau du roi Childéric, mort en 481, non-seulement les ossements, mais encore les fers de son cheval, comme aussi dans plusieurs autres sépultures antiques, et notamment dans la motte tumulaire ou castrale de Montret... On en a découvert récemment à Saint-Florentin, sur le champ de la bataille livrée en 888 contre les Normands... De plus, les actes du concile de Verdun distinguent, en 1031, les juments ferrées de celles qui ne le sont pas, distinction qu'on trouve également dans le Tarif du péage de la Saône, en 1280, à Mâcon... On conserve à Payerne un fer du cheval de la reine Ber-

de pressurer le raisin au *treuil banal* du prieuré. Mais, en 1428, le prieur Guy d'Usier, du consentement du sacristain et des religieux de son monastère, acensa à la communauté des manants et habitants de Prétin la maison et le treuil banal étant en ce lieu et dépendant du prieuré, moyennant la cense annuelle de 20 sols estevenants, portant lods, loys, amende et seigneurie, comme encore à la condition de bien entretenir ledit treuil, d'y pressurer tous leurs vins et vendanges, à peine d'amende, et de n'établir aucun treuil rière Prétin. Cet acensement fut ratifié la même année par Humbert de Chatard, prieur de Gigny, et par son chapitre.

the, qui y fonda en 961 une abbaye... Au milieu du XIe siècle, l'archevêque de Besançon, prince de l'empire, avait au nombre de ses officiers un *maréchal* chargé de faire ferrer d'argent le cheval sur lequel l'empereur ou le roi des Romains faisait son entrée à Besançon, et ce cheval appartenait à cet officier, auquel les maréchaux, selliers et autres ouvriers concernant les chevaux, payaient un tribut annuel... Il est aussi question de cette ferrure dans un grand nombre de titres du moyen-âge, comme en 1156, 1224, 1231, 1265, 1267, 1270, 1360, etc... Comme surcroît de preuves, on ajoutera : Que, dans le XIIIe siècle, quelques vitraux d'églises représentaient des chevaux qu'on ferrait...; qu'en 1156, les moines du Miroir crurent faire un don de prix à Guerric de Coligny en lui remettant un cheval ferré...; qu'en 1231, les sires de Châtillon-de-Michaille renoncèrent à leur droit de garde du prieuré de Culure ou des Bouchoux en faveur de l'abbaye de Saint-Claude, à charge par le prieur de leur livrer annuellement treize fers pour leurs chevaux...; qu'en 1267, l'abbé de Bèze acheta le privilège de ferrage des chevaux, *ferrantiam quæ vocatur marescallia*...; qu'en 1270, saint Louis disposa qu'un Roncin de service devait être ferré des quatre pieds, pour être recevable, etc... Ces différentes citations mettent hors de doute la ferrure des chevaux depuis plus de 2000 ans. Mais elles prouvent aussi que l'usage n'en était pas général et qu'un haut prix y était attaché. Dans le moyen-âge et jusqu'au XVIIIe siècle, le fer était rare, cher et si peu usité qu'il n'entrait pas, il y a seulement 150 ans, un clou dans les portes et les fenêtres des maisons ordinaires, et que les chars communs n'avaient d'autre pièce en fer que la cheville ouvrière. Avant le XIIe siècle il n'existait pas de forges en Franche-Comté, où elles sont si multipliées de nos jours

Le *four banal* de Château-s-S. fut aussi acensé, en 1547, aux habitants de Prétin, par Christophe Coquille, grand-prieur de Cluny, et le chapitre de Saint-Jérôme de Dôle, subrogés aux droits des religieux de Gigny, moyennant la cense annuelle de six francs d'ancienne monnaie comtoise, portant lods, loys, amende, retenue et seigneurie, et à charge de maintenir ce four en bon état, même de le rétablir en cas de ruine, et de cuire gratuitement le pain des religieux, mais au reste avec permission de construire des fours dans les maisons particulières.

Outre des droits d'usage dans les forêts de Chamblay et de Vadans, et des droits de sel à Salins, beaucoup de biens *immeubles* appartenaient au prieuré de Château. En effet, on trouve que Pierre de Rochefort, titulaire de cet établissement, acensa déjà en 1380 une vigne située au territoire de Salins, lieu dit *En-Rousset*, ou *Clos de Château*, de la contenance de 46 ouvrées, moyennant la rente annuelle de six florins d'or valant 90 sols estevenants, acensement ratifié dans la même année par le prieur et le chapitre de Gigny. Cet acensement donna lieu, en 1384, à une information faite par le légat du pape sur son utilité pour l'établissement. Or, l'abbé de Goailles, commis à cet effet, constata cette utilité, et, en 1712, la cense continuait à être payée.

Plusieurs autres biens ont été probablement aliénés ainsi, dans le laps des siècles. Cependant il en resta encore beaucoup à vendre en 1791 et années suivantes, comme la liste ci-après le montrera. Ces immeubles étaient situés aux territoires de Château, de Bracon, de Salins, de Prétin, de Mouchard, de Marnoz, de Cramans et d'Aiglepierre, savoir :

A CHATEAU, un enclos de 22 journaux et demi, où se trouvaient l'église, la maison prieurale, cours, jardins, champs et prés, sur le replat de la montagne et sur *Rous-*

sillon, vendu en 1791 et 1794, moyennant. . . 64,125 f.

A BRACON, pré de 12 soitures, vendu en 1791. 12,200

A CRAMANS, terre dite *Pré-Prieur,* de sept journaux, vendue en 1791. 5,650

A MARNOZ, vignes de 148 ouvrées, dont l'une de 45 ouvrées, dite la *Sacristaine,* vendue en 1791. 23,765

A AIGLEPIERRE, pré de 2 soitures, vendu en 1791. 2,575

Au même lieu, *vigne au Curé,* de 20 ouvrées. . 2,525

A PRÉTIN, champ de 6 journaux, en 1791 . 7,025

Au même lieu, trois vignes de 20 ouvrées, vendues. 2,710

A SALINS, vignes de 42 ouvrées; vendues en 1791. 2,025

Au même lieu, 98 arpents de bois, en 1791 et 1796. 10,945

A MOUCHARD, 24 arpents de bois, dits *la Corne aux Moines,* vendus en 1796. 3,850

Au même lieu, 1° 24 soitures de prés, dont l'un dit *Pré aux Dames*... 2° 17 journaux de terre, dont un *grand Champ aux Frères*..... 3° 6 journaux de vignes, dont l'une dite *Vigne aux Moines;* le tout vendu en 1791..... 47,445

Total des ventes. 184,840

RÉCAPITULATION DES SUPERFICIES :

Bois. . . . . 122 arpents.
Prés. . . . . 38 soitures.
Terres. . . . . 52 journaux.
Vignes. . . . . 270 ouvrées.

On vendit aussi, en 1794 et 1796, plusieurs petites *rentes,* à moitié prix environ du capital.

Page 431.

Le prieur de Château-s-S. avait, depuis un temps immémorial, la *haute, moyenne et basse justice* dans toute l'étendue des territoires de Château, de Prétin et de Couvetaine, dépendants de sa seigneurie, même dans les bois et chaumes de la communauté de Prétin, quoique de franche condition ; comme encore au moulin de Couvetaine, aux vignes des *Graviers blancs* et autres héritages de ce dernier lieu, quoique possédés par le seigneur de Marnoz ou autres personnes libres. Cette haute-justice fut confirmée au prieur, au commencement du XIVe siècle, par la comtesse Mahaut d'Artois, qui prit sous sa garde les habitants de Prétin, moyennant 20 liv. de cire livrables ou payables par chacun d'eux en sa résidence de la Châtelaine. Le procureur-général du duc et comte de Bourgogne la contesta en 1462, prétendant que la haute-justice appartenait au bailli d'Aval, et que le prieur n'avait que la moyenne et basse. Mais une sentence de 1472 reconnut, après vérification des titres, que celui-ci était seigneur haut-justicier. Il l'était aussi anciennement à Mouchard et à Aiglepierre ; mais, selon M. *Rousset*, les sires de Vaugrenans, étant devenus gardiens ou avoués du prieuré, s'emparèrent de presque toute la première de ces deux communes, et les religieux n'y conservèrent la justice que sur les biens qui leur appartenaient en propre, comme le bois de la *Corne*, le *Champ aux Pères*, la *Vigne aux Moines*, etc..... Quant à Aiglepierre, ils l'inféodèrent sur la fin du XVe siècle à Jean de Gilley, trisaïeul de Marguerite-Alexandrine de Gilley, qui porta cette seigneurie en dot, vers 1580, à François de Chastenay, baron de Saint-Vincent-en-Bresse, gentilhomme de la chambre du roi en 1620 et 1622, mort avant 1631. Ils furent auteurs de Jean-Claude de Chastenay, 1er comte de Saint-Vincent et seigneur d'Aiglepierre de 1631 à 1661, année de sa mort. Il vendit, probablement vers 1660, cette seigneurie d'Aiglepierre à Désiré Portier, dont les descendants possèdent encore le château et le domaine utile.

La *justice* était *exercée* à Château-s-S., en 1re instance, par un juge *châtelain*, un *procureur d'office*, un *greffier* et un *sergent*, qui était le maire de Prétin. En appel ou 2me instance, elle l'était par un *bailli*, avec les mêmes officiers.

Le *siège* de cette justice était autrefois au-devant du prieuré, ou sous le tabernacle, ou sous la tour carrée existant jadis à la porte d'entrée de la cour, quelquefois au village même de Prétin. Les habitants de ce dernier lieu prétendant qu'on devait toujours l'y rendre, il fut reconnu en 1673 que les religieux la feraient tenir où ils voudraient. On la rendait, en 1712, devant la grande porte de la cour d'entrée, et, en cas de mauvais temps, dans une chambre à droite, les portes et les fenêtres étant ouvertes.

La *tenue des jours* de justice avait lieu, chaque année, le 7 de septembre, veille de la Nativité de Notre-Dame; et, le matin, on envoyait de bonne heure un cheval au juge, pour monter au prieuré. Les sujets main-mortables devaient y comparaître en personne, à peine de l'amende de 60 sols; et le seigneur-prieur choisissait six d'entre eux pour *garder* la foire. Les gardes-forestiers et les messiers ou gardes-champêtres devaient aussi s'y rencontrer. Après la tenue, on donnait à dîner, en chambre d'hôte, aux châtelain, procureur d'office et greffier; puis, après dîner, on délivrait à chacun d'eux cinq francs estevenants de monnaie comtoise pour leurs honoraires de toute l'année. Le même jour, on donnait aussi à dîner, mais sur le dressoir de la cuisine, aux *mains de la justice*, c'est-à-dire aux messiers et aux gardes des bois qui avaient bien fait leur devoir. Enfin, on faisait de même dîner le bailli et ses officiers, quand il siégeait, et il recevait six francs pour ses honoraires.

Voici les noms de *quelques baillis :*

Poly CHAULDET, bachelier en décrets, licencié en lois, en 1462;

Jean de CHAVIREY, en 1476;

Jean VERNET, de Salins, doct. ès droits, en 1567;

Philippe PATORNAY, de Salins, écuyer, doct. en droits, en 1572;

Jean MARCHAND, en 1645;

Pierre JACQUET, de Salins, doct. ès droits, en 1712.

En fait de juges *châtelains*, Cl.-Philib. *Martin* l'était en 1712.

Pour l'exécution des sentences de la justice, le prieur avait toujours eu et avait encore en 1712 une *prison*, un *ceps* en fer ou carcan au prieuré, et des *fourches patibulaires* érigées en haut de la montagne de Roussillon, sur les teppes devers Marnoz, où on les voyait toujours en 1712. Ce signe consistait en deux gros piliers de pierre sur lesquels était posée une pièce de bois en chêne, que tous les sujets de la seigneurie étaient obligés, à peine d'amende, de rétablir en cas de besoin. Armés et munis d'outils ou d'instruments convenables, ils le redressèrent en 1515, 1572, 1645.

Les mêmes sujets main-mortables étaient aussi tenus, sur réquisition, de faire *guet* et *garde* suffisante, à leurs risques et périls, devant les prisons, quand quelque malfaiteur s'y trouvait détenu. Ils n'avaient aucun salaire, mais ils étaient nourris durant cette garde.

Enfin, en cas de condamnation à mort ou au fouet, les mêmes main-mortables devaient, sous peine de l'amende de 60 sols, comparaître et *assister à l'exécution* de la sentence, à raison d'un homme par meix ou maison. Ils devaient s'y trouver embâtonnés, ou munis de bâtons massifs invasifs et défensifs, ou armés de piques, hallebardes, épées ou arquebuses; escorter le criminel, former le cercle autour de l'échafaud et adosser l'échelle au gibet. Ils parurent ainsi à l'exécution de Jean Thiébaud, de Salins, et d'André Salomon, de Clairvaux-les-Vaux d'Ain. Ce dernier ayant été condamné à mort, en 1567, par le bailli de Château-s-S., puis en appel par le bailli d'Aval à Salins, et enfin par le parlement de Dôle, fut exécuté avec accompagnement de tous les sujets armés, d'abord depuis les prisons du prieuré en celles de Salins, puis de celles-ci aux Toppes de Roussillon. Ceux qui ne comparurent pas furent condamnés à l'amende.

Page 432, § 4.

En 1712, le curé de l'église de Mouchard, placée sous le vocable de la Ste-Trinité, devait annuellement deux florins ou 20 gros, pour droit de patronage, au prieur de Château-s-Salins. Celui de l'église de l'Assomption de Valempoulières en devait autant, ce qui équivalait à peu près à 22 sols 9 deniers de France. Celui des églises réunies de Paroy et de By, sous le vocable de saint Michel, devait 3 francs comtois ou 2 francs de France. Ces droits résultaient de titres de 1432, 1458, 1469, 1472, etc...

Ibid., § 5. 1er alin.

Le droit de garde du prieuré de Château-s-S., appartenant aux souverains du comté de Bourgogne, est encore confirmé par une nouvelle charte de 1362. Quoique détériorée, elle prouve que le prieur donna alors une certaine somme, à cause de ce droit, à la comtesse Marguerite, à l'effet de fortifier le château de Bracon, où les religieux et les gens du prieuré avaient droit de se retirer.

Ibid., § 5. 2me alin.

Le sacristain du prieuré de Château était à la nomination du prieur et des religieux de Gigny ; du moins on voit qu'en 1481 ils nommèrent capitulairement *Michel Bonvalot* à cet office..... Une vigne de 45 ouvrées, située à Marnoz, vendue en 1791, comme on a dit, avec les autres biens du monastère, portait le nom de *Sacristaine*.

Ch. XXII.

Page 432, § 6.

Selon de nouvelles recherches faites par M. Rousset, s'ensuivent l'origine et la série des débats qui eurent lieu au XVe siècle, entre les religieux de Château-s-S. et ceux de Saint-Maurice de Salins.

En 1472, les chanoines de Saint-Maurice ayant appris que le duc de Bourgogne désirait obtenir le droit de collation de leurs bénéfices, le lui offrirent spontanément par une délibération capitulaire. Or, ce prince, reconnaissant, leur fit accorder par le pape différents privilèges et augmenta le nombre de leurs prébendes qu'il promit de doter convenablement. Pour parvenir à ce dernier but sans qu'il lui en coûtât rien, il obtint secrètement du Souverain-Pontife, en mai 1476, par la médiation du cardinal *Julien de la Rovère,* prieur de *Gigny,* une bulle apostolique qui unissait le prieuré de Château à la mense des chanoines de Saint-Maurice, à charge 1° de n'en prendre possession qu'après la mort ou la démission de *Hugues de Folain ;* 2° de payer la pension viagère due au cardinal *Picolomini,* ancien prieur, et une responsion de sept florins au pitancier de *Gigny ;* 3° de célébrer chaque jour, dans l'église du prieuré, une messe et les heures canoniales en l'honneur de la Vierge.

Au mois d'août suivant, ces chanoines s'étant présentés à Château pour prendre possession de leur nouveau bénéfice, furent reçus par les religieux à coups de bâton accompagnés de toutes sortes d'injures. Or, à la nouvelle de ce grave événement, le duc Charles manda aussitôt à ses baillis d'Aval, de Dôle et d'Amont de prêter mainforte au chapitre de Saint-Maurice et de poursuivre rigoureusement les rebelles. Il écrivit en même temps au prieur Hugues de Folain pour l'inviter et le requérir au besoin de se démettre du prieuré en faveur des chanoines. Ces derniers, escortés de la force publique, se présentèrent de nouveau, le 23 septembre, à la porte du prieuré, y donnèrent lecture à haute voix de la bulle d'union, qu'ils firent signifier par un sergent à Jean *de Gy,* sacristain, Jean *du Poirier,* Guy *Rigault,* Michel *Bonvalet,* Arnauld *de Tintonville,* et Louis *de la Tour,* religieux de Château; puis, du consentement du bailli de ceux-ci et d'un prétendu mandataire du prieur Hugues de Folain, ils prirent possession de l'église et des cloîtres. Ils donnèrent ensuite ordre à des ouvriers de démolir ceux-ci et d'enlever les cloches de l'église; mais les habitants de Prétin et de Mouchard, convoqués à la hâte, arrivèrent assez tôt pour arrêter cette œuvre de destruction. D'ailleurs, les religieux de St.-Benoît s'étant donné bien garde d'abandonner leur établissement, un sergent vint, le 6 octobre, placer les panonceaux du duc de Bourgogne devant la porte principale de l'église et signifier au receveur du prieuré et aux habitants de Prétin de ne rien payer qu'aux chanoines de St.-Maurice.

Cependant les religieux de Gigny, ayant été informés de la prise de possession de leur prieuré conventuel de Château, y envoyèrent *Jean Dagay,* aumônier de leur monastère, pour apprendre exactement ce qui s'y était passé et pour enlever les titres qui s'y trouveraient. Mais les chanoines de Salins, ayant été avertis de son arrivée, se hâtèrent d'y envoyer, le 17 octobre, deux sergents qui sommèrent le sacristain de leur remettre la clef des archives pour vérifier si elles étaient intactes. Cet officier claustral, intimidé, leur ayant répondu qu'elles n'étaient plus en sa possession, parce que l'aumônier de Gigny s'était emparé des clefs de l'église dès son arrivée, ils s'adressèrent à celui-ci qui venait de célébrer la messe, et le prièrent de les accompagner à l'église pour faire la vérification dont il s'agissait. Le noble aumônier les reçut avec hauteur, disant qu'il ne les connaissait point;

que les titres en question n'étaient plus dans les coffres, parce qu'il avait jugé prudent de les enlever, à cause des Allemands qui s'avançaient sur Salins; que d'ailleurs, lorsqu'on lui aurait produit la bulle d'union, il aviserait ce qu'il aurait à faire. Une nouvelle sommation, faite trois jours après, fut suivie du même refus.

Immédiatement après, le 24 octobre, *Benoît de Montferrand*, nommé depuis peu de temps prieur commendataire de Gigny, en remplacement du cardinal Julien de la Rovère, et *Alexandre d'Ornans*, prieur claustral, appelèrent de la bulle d'union au pape mieux informé, après avoir exposé leurs droits sur le prieuré de Châteaus.-S, dans un long mémoire. En même temps, d'un autre côté, ils engagèrent une instance au bailliage d'Aval, pour faire prononcer la nullité de cette bulle. L'existence réelle de celle-ci paraissait même douteuse, car un mandataire du prieur Hugues de Folain ayant demandé, le 31 octobre, à en prendre communication, le sergent lui affirma qu'elle n'était plus entre ses mains, et le lendemain une même réponse fut faite à *Jean de Gayne*, chantre de Gigny. Enfin, plus tard, les chanoines de Saint-Maurice, pressés de représenter l'original, avouèrent enfin qu'ils ne l'avaient jamais eu et qu'il avait probablement été perdu avec les autres papiers du duc Charles à la déroute de Morat.

Ces divers refus, ces tergiversations exaspérèrent les religieux de Château et les portèrent à entrer, le 2 avril 1477, par une nuit obscure, dans leur église, à y briser les arches et à en enlever les calices, encensoirs et reliquaires d'or et d'argent, qu'ils cachèrent dans une maison particulière, en convenant par serment de ne jamais révéler ce vol sacrilège. Or, une information ayant été faite, les coupables finirent par tout avouer, et crurent se justifier en donnant pour motif de cette soustraction le besoin d'argent pour subsister et pour plaider contre les chanoines. Cette procédure n'eut pas d'autres suites.

Au mois de juin 1477, nonobstant la bulle d'union, le prieur claustral de Gigny, vicaire-général du prieur commendataire, se crut en droit de nommer, comme à l'ordinaire, un prieur régulier à Chateau-s.-S., en remplacement de Hugues de Folain, décédé. En conséquence, *Etienne de Raynans*, religieux de Gigny, fut installé le 1er juillet 1477, par Antoine de Roche, prieur de Morteau, se disant délégué du saint Siège, en présence de Pierre de Prétin, prieur de Frontenay; de Claude Colombet, prieur de Vellexon; de Claude de Blye, religieux de Goailles, etc... Le pape, ayant appris cette nomination, lança, le 23 septembre 1477, une bulle empreinte de son indignation, et adressée à l'archevêque de Besançon (mécontent de ce que les chanoines de S. Maurice avaient été soustraits à sa juridiction); à Benoît de Montferrand, à Alexandre d'Ornans, à Antoine de Roche, à Pierre de Prétin; à Gui d'Ozier, bailli d'Aval; à Gérard de Cize, à Jean de la Lye, Michel Ramel et Jean de Gilley, séquestre des revenus de Château-s.-S.; aux religieux de ce prieuré et à tous ceux qui conseillaient ou favorisaient ces derniers. Par cette bulle, le Souverain-Pontife enjoignait la mise à exécution de la bulle d'union dans le délai de six jours après la signification, à peine d'encourir les censures de l'église, puis l'excommunication. Cette bulle amena les religieux de Château à se soumettre jusqu'en juillet 1479, qu'ayant obtenu main-forte du capitaine de Bracon, ils chassèrent de leur église les chanoines, reprirent possession de leur prieuré, et y demeurèrent nonobstant de nouvelles injonctions du pape, du roi de France et de leurs officiers, jusqu'en 1481 que Etienne de Raynans, leur prieur régulier obtint, le 21 mai, un arrêt du parlement contre les chanoines.

Cet arrêt défavorable ralentit l'ardeur de ces chanoines, qu'une décision du roi Louis XI acheva de modérer. En effet, ce souverain, par lettres-patentes du 5 juillet 1481, déclara que des dévastations et déprédations étant commises par eux au prieuré de Château, avec cessation de l'office divin et du service des fondations, les revenus de ce monastère seraient mis sous sa main et employés à réparer les édifices claustraux et à y rétablir le culte religieux. Ce double motif décida ces chanoines à solliciter un arrangement avec les moines de Gigny. Les négociations en furent faites à Dijon, le 21 août de la même année, entre deux chanoines de St-Maurice et et deux officiers claustraux de Gigny, *Jean de Gayne*, chantre, et *Antoine de Montjouvent*, cellerier. La transaction fut approuvée et confirmée dans le même mois par l'abbé de Cluny et par les chapitres de Gigny et de St-Maurice, comme encore par le roi de France, au mois d'octobre suivant.

Page 435, § 8.

Le 8 février 1493, Henri de Maillot, gouverneur de Bracon pour Louis XI, ayant été tué, les ecclésiastiques de Salins lui refusèrent la sépulture, le tenant pour excommunié, parce qu'il avait pillé Notre-Dame de Château, St-Nicolas et l'hermitage de St-Jean.

Page 436, 1er alinéa.

Il y avait douze bourses dans le collège de S. Jérôme de Dôle, dont deux à la nomination du prieur et des religieux de Gigny, trois à celle du grand prieur de Cluny, une à celle du prieur et du sacristain de Vaux-s-Poligny, une à celle de l'abbé de Baume, à cause de l'union du prieuré de Sermesse, deux à celle du prieur de la Charité-sur-Loire, une à celle du doyen de St-Vivant-sous-Vergy, à cause de l'union du prieuré de St-Vivant-en-Amaous, une à celle du maire et des échevins de Dôle, et une à celle de l'aîné de la famille d'Antoine de Roche, fondateur.

Page 437, § 8.

Les chanoines de St-Maurice de Salins étaient vraiment des tracassiers infatigables, qui, après les transactions les plus sincères, après les arrêts les plus définitifs, renouvelaient toujours des réclamations. Plus les Bénédictins faisaient de sacrifices avec eux pour la paix, disait-on, plus ces chanoines, semblables à des vampires, montraient d'avidité. Voyant que les procédés judiciaires ne leur avaient pas réussi, ils cherchèrent à surprendre la religion des souverains, de Charles-Quint, de Louis XIV, de Louis XV et même de Louis XVI. Sous ce dernier roi, ils tâchaient encore de s'emparer du prieuré de Château-s-S., ou de quelques-unes de ses dépendances; car, dans un mémoire que Don *Seguin*, prieur de cet établissement et procureur du collège de S. Jérôme, adressait au délégué de Besançon contre les intrigues des chanoines de S. Maurice, en l'année 1781, il s'écriait avec une sorte de désespoir : « Serait-il donc possible que tant de titres anciens et également décisifs... ; que la chose irrévocablement jugée en 1562 par un arrêt contradictoire... ; que l'exécution de cet arrêt pendant plus de deux siècles... ; qu'une possession qui, à la date de l'arrêt, était déjà presque centenaire, et qui avait pour principe une multitude de titres incontestables... ;

« Serait-il possible que des moyens de cette nature ne pussent jamais délivrer les Bénédictins de l'inquiétude des attaques et des vivacités du chapitre de S. Maurice? Quand leur sera-t-il donc permis d'espérer d'être tranquilles dans leur possession, d'être à l'abri de l'oppression et de l'injustice, s'ils ont toujours à redouter de voir renaître de nouvelles entreprises de sa part ?... »

Ces procès séculaires, ces voies de fait, ces scènes de désordre renouvelées entre deux corps religieux, font une impression pénible et montrent de quels effets fâcheux sont suivis les actes arbitraires et injustes. Il est évident que le pape avait commis une injustice en disposant sans motifs du prieuré de Château-s-S., membre de celui de Gigny, au profit du chapitre de S. Maurice. Il avait purement pris le bien d'autrui pour le donner à un tiers, comme son prédécesseur de 1132 avait déjà spolié le monastère de Gigny au profit de celui de Cîteaux. Ces deux actes d'autorité, également contraires aux premiers principes d'équité, furent suivis de résultats aussi déplorables l'un que l'autre.

Page 437, § 9.

L'ancienne chapelle vicariale de Prétin, placée d'abord sous le vocable de S. Taurin, puis sous celui de S. Étienne, a été érigée, le 7 août 1847, sous l'invocation de la Nativité de N.-D., sans doute en souvenir du vocable de l'église prieurale.

Les religieux du prieuré de Château-s-S., en récompense de ce qu'ils allaient bénir en procession les sources salées, avec transport de la statue miraculeuse de la Vierge, percevaient, selon des titres de 1627, 1660, 1712, etc...: 1° une charge pleine de sel Rosières ; 2° deux benates de sel Marquet; 3° une mesure comble de sel Frie. Cette perception était indépendante de celle des cinq charges données en 1260 par Jean de Chalon, pour son anniversaire.

Le beau tabernacle de l'église actuelle de Chilly-lez-Salins provient de celle de Château. On dit aussi que la grosse statue de la Vierge, qu'on voit au musée du Jura à Lons-le-Saulnier, a la même origine.

Page 438, § 10.

Additions et modifications à la liste des prieurs :

Pierre de ROCHEFORT, en 1380.

Ch. XXX.   Guy d'USIER, en 1423, 1428.

Pierre de RICHERONCOURT, protonotaire apostolique, prieur commendataire, en 1462.

François PICOLOMINI, évêque de Sienne, cardinal du titre de S. Eustache, nommé par le pape en 1463 prieur commendataire de Château; démissionnaire en 1470 en faveur du suivant, moyennant une pension viagère de 400 ducats d'or.

Hugues FOLAIN, haut-doyen de Besançon, nommé par le pape en 1470 prieur commendataire, et mort en 1477.

Thomas ARNANS ou ARNAUD, nommé en 1463 prieur régulier, par le prieur de Gigny, encore titulaire en 1468.

Etienne de RAYNANS, religieux de Gigny, nommé en 1477 par son prieur, en remplacement de Hugues Folain.

François DORIVAL, en 1693.

J. Ch. SEGUIN, en 1781-1789.

Nous terminerons ces longues additions en disant encore que Pierre de Prétin, religieux de Château-s-S., a été prieur de Vaux-s-Poligny; et que le monastère dépendant de celui de Gigny fut visité aussi en 1708 par les deux savants Bénédictins qui visitèrent alors presque tous ceux de la Franche-Comté.

Art. VII. *Prieuré de Châtel.*

Pag. 441, § 2.

Fig. 2.   Outre les motifs déjà donnés, on peut déduire aussi raisonnablement la haute antiquité de l'église de Châtel-Chevrel de ce que, sur un de ses piliers, se trouve sculptée la figure d'un poisson, que M. *Guichard* s'est empressé d'esquisser à mon invitation. En effet, cette

Fig. 2.

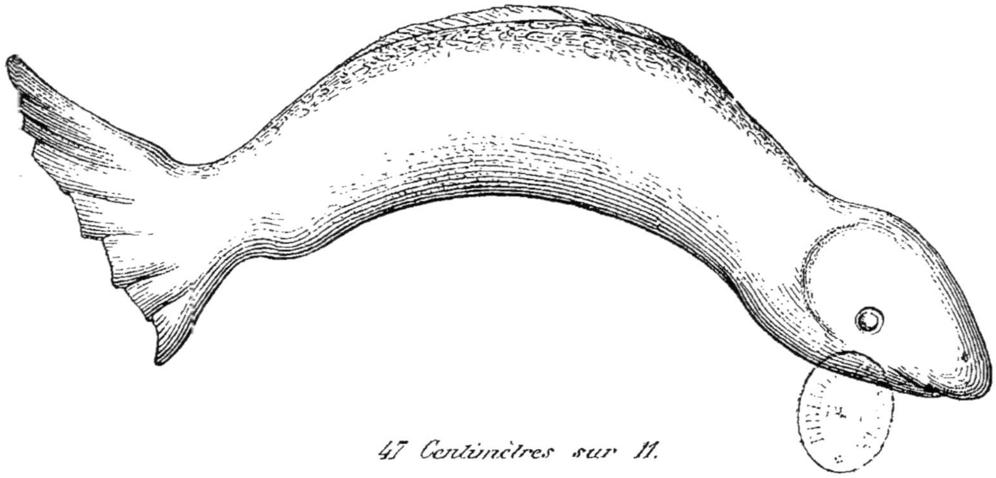

47 Centimètres sur 11.

figure symbolique remonte à une époque antérieure à l'empereur Constantin, où le culte du Chist était secret, et où ses sectateurs, n'osant pas en nommer l'objet, le désignaient sous l'emblème d'un poisson et l'appelaient Ichthus *(Ichthus)*, mot grec qui signifie poisson, et dont chaque lettre est l'initiale des mots *Jesus Christus Dei Filius Salvator*. La chose est devenue plus évidente que jamais depuis qu'on a découvert à Autun, en 1839, une inscription acrostichique en vers grecs du IIe ou du IIIe siècle, laquelle a donné lieu aux savantes dissertations qu'ont publiées le jésuite *J. B. Secchi* à Rome, le professeur *J. Franz* à Berlin, et notre compatriote *J. B. Pitra*, bénédictin, à Solesme. J'ajouterai seulement que ces écrivains érudits n'auraient pas dû omettre de dire que *Plutarque* rapporte déjà, au commencement du IIe siècle, que les habitants de la Syrie adoraient le poisson, ainsi que Neptune, comme né et élevé avec ce dieu, ce qui a peut-être rapport au culte des premiers chrétiens persécutés en Orient. Je dirai aussi que, dans notre voisinage, la porte de l'église de Nantua offre une scène sculptée en relief, où le deuxième apôtre, à la gauche de J. C., tient un poisson à la main. Les archéologues les plus recommandables regardent ces sculptures comme des ornements symboliques de l'architecture romane, qui a été en usage depuis le Ve jusqu'à la fin du XIIe siècle. Cependant l'église actuelle de Châtel est du style ogival, même le pilier sur lequel se trouve le poisson, même la pierre où il est sculpté, laquelle offre sur ses vives arrêtes des moulures du genre gothique. Mais il faut reconnaître que, dans les reconstructions successives des églises, on a eu soin de reproduire soit les ornements, soit les emblèmes, soit les dates de celles qui avaient précédé. C'est ainsi, par exemple, que, sur le frontispice de l'église actuelle de S. Pierre, à Chalon-s.-S., on lit les chiffres 570 et 1700 ; le premier rappelant l'époque de la fondation de l'édifice primitif, et le second celle de sa dernière reconstruction. Nous avons du respect pour le passé et une meilleure idée de nos aïeux que beaucoup de personnes. Nous ne croyons pas plus légèrement à leurs faux en inscriptions et en ornements d'architecture qu'en chartes ou titres manuscrits.

On a incrusté assez récemment, dans une des travées méridionales de l'église de Châtel, une pierre trouvée sur les lieux, paraissant avoir servi de couverte à une fenêtre à plein cintre de style roman, et qui offre une croix plaine cantonnée en haut du millésime 1148 et en bas du sigle P. M. L'esquisse ci-jointe en est aussi due à la complaisance de M. Guichard.

Fig. 3.

L'église donnée à l'abbaye de Gigny par Manassès de Coligny est désignée, dans la charte de 974, sous le nom d'église de Chevreau (*Cabrellum*), et non sous celui de Châtel. Cependant, il ne faut pas croire qu'il s'agisse dans cette donation de l'église de Digna, par le motif qu'elle se serait trouvée plus rapprochée de Chevreau et aurait été toujours paroissiale pour les habitants de ce dernier lieu, tandis que celle de Châtel aurait constamment servi au culte de ceux de Gizia. En effet, outre que celle-ci a ordinairement porté le nom de *Châtel-Chevrel*, il suffira de dire que l'église de Digna n'existait pas en 974, et que, d'après les recherches incessantes de M. *Rousset*, elle a été érigée en remplacement de la chapelle castrale de Chevreau, qui était dédiée à S. Clément, encore aujourd'hui patron de Chevreau et vocable de l'église de Digna. Cette érection aurait eu lieu à cause de l'incommodité de celle de Châtel, probablement à la fin du XIIe siècle ou dans les premières années du XIIIe, et certainement avant 1236, époque où l'on trouve déjà un chapelain à Digna.

Fig. 3.

Enfin, une autre preuve de l'antiquité de l'église de Châtel résulte de son isolement au pic d'une montagne de 445 mètres de hauteur, loin de toute autre habitation. On observe, en effet, que la plupart des anciennes églises de nos contrées se trouvent construites solitairement, comme celles de Branges, Champagna, S. Christophe-en-Bresse, Coldre, Denezières, Graye, Laives, S. Laurent-la-Roche, Loyon, Maynal, etc... L'isolement de celle de Châtel diminua un peu dès la fin du Xe siècle, parce que l'abbaye de Gigny, en étant devenue propriétaire, y établit un prieuré, et y fit résider dès-lors un prieur rural, avec quelques religieux, pour la desserte de cette grande paroisse et pour la culture des terres voisines. Cependant, ce petit monastère ayant été réuni, comme on le dira encore, dès l'année 1315 environ, à l'office de grand-chambrier de Gigny, il n'y eut plus de prieur résidant, et l'isolement recommença plus ou moins.

Or, en 1431, le vénérable frère Guy de Lessot, grand chambrier et prieur de Châtel, abergea à perpétuité, à Pierre *Pyat*, de Seizéria (aujourd'hui Aizeray), en la paroisse de Bruailles, ainsi qu'à sa femme et à leurs enfants, tout le meix ou ténement de son prioré, consistant en maisons, prés, terres, vignes, bois, eaux, cours d'eau ou autres possessions quelconques, ne se réservant que la maison propre de son prioré (située probablement au village même de Gisia). Cet abergeage ou acensement fut consenti moyennant la cense ou rente annuelle et perpétuelle de quatre florins d'or, quatre quartaulx de froment à la mesure de Chevreau, quatre quartaulx d'avoine, deux pintes d'huile et une geline; ladite rente déclarée indivisible et portant lods, vends, seigneurie et droit de retenue. Outre cette constitution, l'abergataire se donna et se constitua, lui et ses enfants nés et à naître, *hommes* (c'est-à-dire mainmortables) du

Ch. XXXIII.

grand-chambrier, prieur de Chatel, et de ses successeurs audit prioré, et de telle condition que les hommes de la terre de Gigny à l'égard de leur seigneur.

Telle fut l'origine du village situé à l'orient de l'église de Châtel-Chevrel, lequel prit dès-lors le nom de *Meix-Pyat*. La famille de l'abergataire se multiplia, et, deux siècles après, quelques membres portant son nom vivaient encore à Châtel, d'autres à Gisia et à Cousance, et l'un d'eux était notaire à Chevreau. Mais la plus grande partie des fonds du meix se trouvait entre les mains d'individus d'autres noms, demeurant à Gisia, au Chanelet et à la Biolaye. Un dénombrement de ce meix, fourni en 1621, y constata cinq maisons couvertes en lozes, quatre autres en paille, avec quatre chezeaux; plus 200 mesures de terre, 27 ouvrées de vigne, et quatre soitures de pré. Ce dernier portait le nom de *Pré-Pyat*, et une terre celui de *Champ-Pyat*. Ces fonds étaient libres ou exempts de dîme, comme provenant de la cure primitive.

A cette même époque, les tenementiers du meix Pyat, ne servant pas la cense depuis plus de cinq ans, furent traduits en justice pour être condamnés à déguerpir ou à payer les arriérés et à faire une nouvelle reconnaissance sous la condition mainmortable. Mais il fut jugé qu'ils paieraient seulement les arrérages de la cense et renouvelleraient le titre en franchise. Cette sentence partiale du lieutenant-général d'Orgelet, Anatoile Vuillemot, prouve, comme tant d'autres, que les jugements des hommes sont bien incertains. En effet, il était de toute évidence que les tenementiers du meix Pyat devaient être déclarés mainmortables, puisque les habitants de la terre de Gigny, c'est-à-dire de Charnay, Cropet, Graye, Louvenne, Monnetay, Montrevel, Morges, la Pérouse et du Villars, l'étaient et l'ont été jusqu'à la fin du régime féodal. Ceux du bourg de Gigny, seulement, avaient été reconnus, en 1517, francs d'ancienneté, comme il a été écrit.

Page 441, § 3. Alin. 3.

Le titre le plus ancien peut-être du prieuré de Châtel-Chevrel est l'ancien pouillé du diocèse de Lyon, où il se trouve inscrit, sous le nom de *Castrum Caprinum*, au nombre des bénéfices réguliers de l'archiprêtré de Coligny. Ce pouillé, comme il a été dit précédemment, remonte à l'an 1300 environ.

Ch. xvii.

Page 442, § 4.

L'union du prieuré de Châtel à l'office de chambrier de Gigny a été certainement effectuée, comme il a été dit dans l'histoire, après la mort ou la démission du prieur Etienne de Montconys. En effet, deux de nos nouvelles chartes établissent que, vers cette époque, frère *Jean*, chambrier de Gigny, régla, avec les deux curés de Dommartin et de Ste-Croix, les droits qui lui appartenaient pour le patronage de ces deux églises. A la vérité, ces deux actes ne portent point de date; mais, comme ils ont été dressés, l'un sous Pierre d'Eschalon, et l'autre sous Guillaume de Bourg, tous deux officiaux de l'archevêché de Lyon, on connaît leur temps à peu près fixe. Effectivement, le premier de ces juges ecclésiastiques est connu pour avoir authentiqué des titres de 1305 à 1320, notamment la charte 82 de notre histoire; le second qui lui succéda, l'est par un acte de 1321. Il est donc très-certain que cette union a été faite de 1313 à 1321 au plus tard, et on comprend difficilement qu'elle ne l'ait été qu'en 1359, comme *M. Rousset*, ordinairement bien informé, l'a écrit. Quoi qu'il en soit, il n'est pas surprenant de trouver cette union mentionnée dans des titres postérieurs ou résultant du contenu de ces derniers.

Ch. xix xx.

Ainsi, on a déjà vu qu'en 1391 le chambrier de Gigny

Ch. xxiv.

abergea, comme dépendants de son office, trois meix situés à la Frenaise, hameau de Fronteneau. On peut lire aussi dans nos nouvelles pièces justificatives, qu'en 1400, 1404, 1420, 1428, 1431, 1457 et 1487, cet officier claustral souscrivit divers actes pour le patronage des églises de la Chapelle-Naude, Cousance, Ste-Croix, Dommartin, Fronteneau, Rosay et Varennes, ainsi que pour d'autres objets. On ajoutera encore que, selon un terrier qui est déposé aux archives de Saône-et-Loire, un grand nombre de reconnaissances furent faites en 1403 à son profit, et avec qualification de prieur de Châtel-Chevrel, pour des cens qui lui étaient dûs à Cousance, Digna, Fléria, la Frenaise, Gisia, etc., reconnaissances renouvelées ensuite de 1420 à 1446.

CH.
XXVI. XXIX.
XXXI. XXXIII.
XXXVII. XXXIX

Pag. 443, § 5.

Comme il existe de nos jours une église et un desservant presque dans chaque commune, on a peine à comprendre que, pendant plusieurs siècles, la seule petite église de Châtel ait pu suffire au culte des habitants de douze communes assez grosses qui forment maintenant onze paroisses d'une population de 11600 âmes, et dont quelques-unes sont éloignées à 15 ou 20 kilomètres de distance du chef-lieu. Cet état de choses avait certainement de grands inconvénients pour l'administration des sacrements, ainsi que pour les exercices religieux, et bien des individus de Varennes et de la Chapelle-Naude devaient mourir sans avoir jamais offert de prières à Dieu dans leur propre église. Cet état cessa dès le milieu du XIIe siècle pour les habitants du Miroir, lorsque, après les actes de violence dont il a été parlé, les nouveaux moines de l'ordre de Cîteaux se furent emparés de cette partie de la grande paroisse... Un demi-siècle après environ, une église fut érigée à Digna, comme il a été dit ci-devant... Un peu plus tard, mais à peu près au commencement du

XIII⁰ siècle, selon M. *Rousset*, le prieur de Châtel permit aux habitants de Cousance d'élever dans leur localité une chapelle dont il se réserva le patronage, et dont Josserand de Crèvecœur était titulaire en 1250... Vers la même époque, selon le même auteur, Cuisia posséda aussi une chapelle desservie par un vicaire résidant et institué par le prieur de Châtel ou plutôt par celui de Gigny, chapelle qui ne fut convertie en cure qu'en 1686, avec la Petite-Biolaye pour annexe... On trouve aussi qu'il y avait déjà des paroisses à Dommartin en 1268, à Fronteneau et à Varennes en 1294... Quant aux églises de la Chapelle-Naude, de Ste-Croix et de Rosay, nos recherches ne nous ont rien appris sur leur établissement. Mais il est à croire qu'il remonte aussi à la fin du XII⁰ ou au commencement du XIII⁰ siècle, époque où les dispositions du concile de Latran, relatives au service des paroisses dépendantes des monastères, furent mises à exécution. Ce qui est certain, c'est que ces trois églises, ainsi que celles de Cousance et de Cuisia, mais non celle de Digna, se trouvent inscrites au vieux pouillé du diocèse de Lyon, dont nous avons rapporté la date à l'an 1300 environ. C'est aussi l'époque de l'érection de l'église de Cuvier près Nozeroy, laquelle était un membre du prieuré de Mièges.

Ch. XIII.
Ch. 96.

Ch. XVII.

Après l'établissement de toutes ces nouvelles églises, le chambrier de Gigny en resta le curé primitif, avec tous les revenus et charges qui en dépendaient. Aussi voit-on M. de Montbozon, dernier titulaire, percevoir encore en 1789 les dîmes de toutes ces paroisses, de même que les droits de patronage, instituer les curés, notamment en 1759 celui de Digna, où l'on trouve encore des livres de chant portant l'inscription: *Ex dono domini de Montbozon*...; obligé, en 1787, de faire des réparations au chœur de l'église de Ste-Croix..., imposé en 1789 au rôle du presbytère de Varennes..., payer en la même année 12 l. 6 s. au chapitre de Gigny, pour droit de responsion, etc.., etc.

Page 443, § 6.

L'auteur bien méritant du Dictionnaire historique du Jura a écrit qu'en 1359 l'archevêque de Lyon avait érigé en paroisse l'église de Digna, en lui donnant celle de Châtel pour annexe, sous la condition que le curé célébrerait les offices divins alternativement à Châtel et à Digna...; que cette union avait suscité de nombreuses réclamations de la part des habitants de Gisia et de la Grande-Biolaye...; qu'en conséquence était survenu l'arrêt du parlement de 1629, lequel avait déclaré Digna annexe de Châtel...; que, pour mettre fin aux contestations, l'archevêque avait statué, en 1727, qu'un vicaire serait adjoint au curé de Digna, qu'il résiderait à Gisia, et célébrerait chaque dimanche les offices à Châtel. On peut alléguer contre la première de ces assertions qu'une de nos chartes mentionne déjà positivement, en 1313, le parrochiage de Digna. Mais, à l'appui des autres énoncés, on voit : 1° que les registres civils de ce dernier lieu, lesquels datent du milieu du XVI° siècle, concernent non-seulement les habitants de Digna, de Chevreau et de la Mare, mais encore ceux de Châtel, de Gisia, de la Biolaye, du Chanelet et des Bretenneaux...; que, dans divers actes publics de 1701, 1710, 1721, le village de Gisia est cité comme membre de la paroisse de Digna...; 3° que, dans le premier pouillé du diocèse de S. Claude, dressé en 1737, l'église de Châtel est qualifiée succursale de celle de Digna...; 4° que *Courtépée* la cite aussi, en 1780, comme annexe de cette dernière;... 5° que jusque dans les dernières années, notamment en 1774-1789, un vicaire résidait à Gisia et occupait la maison de M. de Montbozon, chambrier...

Ch. XXXI. On ajoutera encore ici que Jean Poncet, prêtre, est

PRIEURÉS. ART. 7.

qualifié *vicaire de Chevreau* en 1428, demeurant en Chastel-Chevrel en 1443; ce qui a sans doute plutôt rapport à l'église de Châtel qu'à celle de Digna.

Page 443, § 7.

La découverte de nouveaux documents permet de donner de plus grands détails sur les biens et revenus du prieuré de Châtel, dont le dénombrement suit, avec leur évaluation en l'année 1789 :

1° Cense due pour le meix Pyat ou ancien ténement du prieuré à Châtel; ci . . . . 182 fr.   Ch. XXXIII.

Cette cense de quatre florins d'or, quatre quartaulx de froment, quatre quartaulx d'avoine, deux pintes d'huile et une poule, consentie en 1431, comme il a été dit, pour la jouissance de neuf maisons, de 200 mesures de terre, de 27 ouvrées de vigne et de 4 soitures de pré, fut gratuitement amortie par la loi de 1789.

2° Loyer de la maison du chambrier ou *seigneur prieur de Châtel*, située à Gisia, évaluée à. . . . . 60 fr.   Ch. L¹. Ch. 140.

Cette maison, qui servait autrefois de pied-à-terre au chambrier, et dans les derniers temps de logement au vicaire, est occupée actuellement par la sœur institutrice, qui la doit à la munificence de M. de Thoisy. On lit la date 1681 sur l'une des cheminées à chauffe-panse.

3° Plusieurs vignes à Gisia, contenant ensemble 57 ouvrées, dont l'une de 23 dite la *chambrière*, vendues en 1791 au prix de 8400 fr., évaluées de revenu, ci. . 350 fr.   Ch. L¹.

4° Le tiers de la dîme de *Chaulein* en blé et vin, à Gisia et au Chanelet; ci. . . . . 300 fr.   Ch. L¹. LII.

5° Acensement de vergers à Gisia moyennant quatre pintes d'huile de noix; ci. . . . . 5 fr.

6° Rente d'un barral de vin *(trait à la boyte, bon et suffisant)*, due, d'après un terrier de 1503, sur une vigne de Gisia, appartenant à l'abbaye du Miroir; ci environ 10 f.

7° Cense de trois pugnerées de blé, par motié froment

et avoine, due pour la terre de *Combalard* aux Bretenneaux, selon titres de 1621 et 1671; ci environ. . **12 fr.**

Ch. L⁴.   8° Le sixième de la dîme des blés, à Cousance et à Fléria, y compris la moitié des *Épougnes*; ci . . **250 fr.**

Ch. XXXI.   9° Patronage de la cure de Cousance, réglé en 1428 à 28 gros, ou 2 fr., valant en 1789 environ. . . . . **12 fr.**

10° Rente de deux sols, reconnue en 1401 par Pierre d'Orgelet, aumônier de Gigny, et par Messire Guillaume de Melliac, arbitres et amis des parties, être due au chambrier par David, curé de Cousance, à cause de sa grange et de son curtil; ci, en valeur de 1789. **1 fr.**

Ch. L³.   11° Le sixième de la dîme du blé et du vin à Digna et à Chevreau (20); ci. . . . . **200 fr.**

12° Revenus des 25 arpents du bois de Colonozay; ci environ. . . . . **120 fr.**

13° Patronage de la cure de Digna? . . . .

14° Un journal de vigne à Digna, acensé au quart des fruits, vendu en 1793 moyennant 2000 fr., évalué de revenu, ci environ. . . . . **40 fr.**

Ch. L⁴.   15° Le tiers de la dîme des blés et vins dans la paroisse de Cuisia, et même dans les hameaux de *Belfoz* et de

---

Ch. LIII.   (20) Un second sixième de cette dîme appartenait au curé de Digna, et les deux autres tiers dépendaient du *fief de Binans*, autrement de la *chevance de Chambéria*, laquelle possédait aussi le sixième environ de la dîme des blés de Cousance et Fléria. Cette chevance appartenait, au milieu du XVe siècle, à Amé de l'Aubépin, seigneur de l'Isle-sous-S.-Laurent-la-Roche, qui la vendit à Louis de Montmoret (probablement seigneur de Rotailler), d'où elle passa en 1514 dans la maison de Binans qui tenait la seigneurie de Chambéria. De là, l'origine de ses dénominations. A. L. Maximilien d'Iselin de Lasnans, dernier titulaire de cette seigneurie, donna ce fief, vers 1783, à M. *J.-B. Guichard*, en récompense de ses services et en témoignage de son estime. On aime à voir les vertus et les talents de cet excellent homme, de cet honorable magistrat, continuer héréditairement dans la personne de son fils et dans celle de son petit-fils.

Crouteneau, qui depuis ont fait partie de celle du Miroir ; ci (y compris les *Pougnées*). . . . . 500 fr.

16° Patronage de la cure de Cuisia ?

17° Patronage de la cure de Rosay, réglé, en 1487, à six gros vieux (environ 4 fr.) et un quartal de froment ; ci environ. . . . . 28 fr. Ch. xxxix.

18° Cense de six mesures de froment et six rez d'avoine, due, d'après des reconnaissances de 1452 et de 1655, pour le *Meix-Villot*, situé à Rosay et consistant en une maison à cinq étages et treize poses de terre ; ci environ. . . . . 24 fr.

19° Rente due sur le *Meix-Roillard* au Villars de Mouresia, d'après titre de 1621 ; ci. . . . . 3 fr.

20° Moitié de la dîme de Ste-Croix, même dans les terres novales, d'après titre de 1321 ; ci . . . . . 600 fr. Ch. xx.

21° Patronage de la cure de Ste-Croix, réglé en 1321 et 1400 : 1° à trois florins d'or par an...; 2° à la moitié des oblations des fêtes de Noël, Pâques, Toussaints et de leurs lendemains, de l'apparition de N. S., de S. Marc, évangéliste, ainsi que des vendredi et samedi saints, et encore à la réserve des droits pour la sépulture des personnes nobles et pour les sépultures excédant le nombre de vingt ; ci pour les trois florins seulement. . . . . 33 fr. Ch. xx. xxvi.

22° Partie de la dîme de la Chapelle-Naude. . . 850 fr.

23° Patronage de la cure de cette paroisse, réglé en 1428 à quatre florins d'or, avec réserve des droits de sepulture des personnes nobles et des inhumations qui excéderaient le nombre de vingt dans l'année ; ci pour les quatre florins seulement. . . . . 44 fr. Ch. xxxii.

24° Partie de la dîme de Varennes-St-Sauveur ; ci. 1000 fr.

25° Patronage de la cure de cette paroisse, réglé en 1457 à quatre francs, avec réserve du droit de sépulture des personnes nobles ; ci pour les quatre francs. 22 fr. Ch. xxxvii.

Ch. XLI.   26° Les deux tiers de la dîme à Dommartin, déjà d'après titre de 1492; ci. . . . . 310 fr.

Ch. XIX. XXVII.   27° Patronage de la cure de cette paroisse, reglé, en 1316 et 1400, à la moitié des oblations, droits de sépulture et offertoires quelconques, excepté la cire du luminaire et la poule que paie la femme à la messe de purification; plus à la moitié de deux quartaulx et deux rez d'avoine, de certaines pugnières de froment, et de trois sols dûs pour trois fondations; ci environ. . . . 24 fr.

Ch. LI.   28° Partie de la dîme de Fronteneau. . . . . 550 fr.

Ch. XXIX.   29° Patronage de la cure de cette paroisse, réglé, en 1420, à quatre francs; ci. . . . . 26 fr.

30° Rente due depuis 1724, par le seigneur de Ste-Croix; ci. . . . . 200 fr.

Cette rente, dont l'auteur ignorait l'origine en 1843, provenait d'un traité fait, en 1724, entre le seigneur de Ste-Croix et le chambrier de Gigny. Ce dernier, en sa qualité de prieur de Châtel, était non-seulement décimateur à Fronteneau et patron de la cure de ce lieu, mais encore seigneur censier et de mainmorte de trois villages ou hameaux de cette commune, savoir: des meix voisins de l'église, de ceux de la Frenaise et de ceux du Venay. Mais, au reste, il n'y possédait point de justice, laquelle y appartenait totalement au seigneur de Ste-Croix. Cette censive, avec mainmorte, fut souvent contestée à notre officier claustral dans les XVIe, XVIIe et XVIIIe siècles, mais il obtint toujours gain de cause. Les habitants des trois hameaux cités s'étant refusés à lui payer les cens et à lui abandonner les échutes de mainmorte, sous le prétexte que la seigneurie en toute justice ne lui appartenait pas, furent toujours condamnés dans les trois degrés de juridiction seigneuriale, bailliagère et parlementaire, en 1584, 1629, 1631, 1703 et 1707. Le baron de Ste-Croix lui-même, Henri d'Orléans, duc de Longueville, qui intervint dans la seconde affaire, en se prétendant seul seigneur censier et de mainmorte dans toute la commune, fut également condamné, en 1629, sur son appel à Dijon.

Dans toutes ces discussions, le chambrier établit ses droits par des titres incontestables, fortifiés d'une possession non interrompue, notamment:

1° Par la charte de 1391, insérée parmi nos nouvelles preuves, par laquelle Henri de Sarsey, chambrier acensa trois meix à la Frenaise, sous la condition de censive et de mainmorte; Ch. xxiv.

2° Par un autre titre de 1404, également au nombre de nos pièces justificatives, par laquelle Guy de Lestzot, chambrier, obtint en sa faveur une déclaration relative à la mouvance de plusieurs meix situés au Veny et à la Frenaise, que le tenementier avait attribuée par erreur au célèbre Antoine de Vergy, depuis maréchal de France et probablement alors co-seigneur de Ste-Croix. Ch. xxviii.

3° Par un terrier de 1403, contenant des reconnaissances de cens à la Frenaise et autres lieux;

4° Par un autre terrier de 1416, signé Chapon, notaire, dans lequel les habitants de Frontenay, du Veny et de la Frenaise s'étaient reconnus mainmortables du chambrier et débiteur en ces lieux de cens et redevances en argent, blé, avoine, vin, bois, gelines, etc...

5° Par d'autres reconnaissances de cens faites isolément, pour ces mêmes localités, en 1421, 1423, 1485, 1589, etc.

6° Par des acensements de meix ou fonds particuliers sous condition mainmortable, dans ces trois hameaux, en 1442, 1443, 1444, 1480, 1521, 1522, 1542, 1631, 1680, etc...

L'acensement de 1443, qui eut pour objet un meix mainmortable au Veny et à la Frenaise, fut fait en présence d'Antoine Thevenot, chanoine et vicaire perpétuel de Cuisel, et Jean Poncet, prêtre, demeurant en Chastel-Chevrel.

Dans un autre de ces actes, passé en 1542 devant Guigne Thorel, notaire juré à Cuiseaux, le chambrier acensa : « Un plâtre de maison et verger, situés à Frontenay, à côté et à vent de la *maison de la chambrerie*, moyennant cinq francs d'entrailles et cinq sols de cens et une geline aussi de cens, avec déclaration des censitaires d'être hommes et femmes mainmortables, comme les autres gagneurs que le chambrier a audit lieu...; présents Pierre Masson et Pierre Deville, vicaire dudit Frontenay. »

Enfin l'acensement de 1680, passé devant H. Bachod, notaire à Gigny, par don Jean-Baptiste de Chavirey, grand-chambrier de Gigny, prieur de Chastel-Chevrel et de la Magdeleine de Cuiseaux, coseigneur de Frontenay, le Venay, la Frenaise, etc..., concerne : « un bois de 15 mesures, appelé les *Pommiers ratés*, situé à Frontenay, moyennant 60 francs d'entrage et deux sols de cense par mesure, ladite cense portant lods, remuage et retenue, ainsi que les autres héritages de la seigneurie du chambrier à Frontenay. »

Malgré tous ces titres et tous ces antécédents défavorables pour lui, le baron de Ste-Croix, Louis de Bastz de Castelmore d'Artagnan, se fit encore condamner au bailliage de Chalon. Mais, sur son appel à Dijon, interjeté en 1721 et suivi de sa mort, le conseil de famille de ses enfants mineurs, ainsi que leur tuteur honoraire, Pierre de Montesquiou, baron d'Artagnan, maréchal de France, gouverneur d'Arras, etc..., considérant déjà la condamnation précédente du duc de Longueville, reconnurent que le grand-chambrier de Gigny était réellement seul seigneur censier et de mainmorte du bourg de Fronteneau et des hameaux du Venay et de la

Frenaise, nonobstant que ces lieux fussent de la totale justice de Ste-Croix. En conséquence, pour prévenir tout différend ultérieur, ils autorisèrent un traité d'après lequel le chambrier consentit à céder au seigneur de Ste-Croix tous ses droits féodaux et tous ses immeubles dans la paroisse de Fronteneau, moyennant une rente de 200 fr. au denier cinquante, ou autrement au capital de 10,000 fr. Ce traité fut approuvé le 2 octobre 1724, par Louis de Thesut, prieur commendataire de Gigny, ratifié le 30 du même mois par Henri de Balay, prieur cloîtrier, et par tout le noble chapitre, et revêtu du sceau conventuel décrit ci-devant. Ce traité fut encore confirmé, en 1724, par le nouveau chambrier, qui se réserva expressément les dîmes et le droit de patronage dans la paroisse de Fronteneau, comme par le passé.

D'après une note de 1621, les meix censables qui mouvaient de la seigneurie du chambrier, à Fronteneau, étaient, outre ceux de la Frenaise et du Veny : Le *M. Ancheman* (famille de Cuiseaux)..., le *M. de Beaulne*, tenu par Samuel de Lacuisine, de Louhans...., le *M. Rubin*..., le *M. Bernard*..., le *M. Frechet*..., le *M. Taillefard*..., le *M. Du Bois*..., le *M. Maréchal* à Chichevière..., le *M. De Vaux* en la paroisse de Bruailles, etc... Ils furent tous cédés en 1724 au seigneur de Ste-Croix, avec la *maison du chambrier*, près l'église, occupée en ladite année 1621 par Jean Pourpy, locataire.

On voit dans un pré, au bas de l'église de Fronteneau, près de la rivière du Miroir, l'emplacement d'un ancien château fort, sous la forme d'une motte circulaire, médiocrement élevée, entourée d'un large fossé en grande partie rempli. Mais il ne faut pas croire que ce château ait jamais appartenu au chambrier de Gigny ou au prieur de Châtel, puisque les titres n'en parlent aucunement. Il vaut mieux penser avec l'auteur d'un mémoire rédigé lors du procès de 1721, que ce château, avec les héritages seigneuriaux voisins, provenait de Henri d'Antigny de Ste-Croix. Cet auteur ajoute qu'en 1443 il appartenait à Lancelot Corbet, bourgeois de Cuisel; qu'après sa destruction, un domaine est resté (duquel dépend la motte castrale) sous la mouvance de Ste-Croix et non du chambrier, malgré le voisinage ; que ce domaine a appartenu primitivement à Regnault Corbet (21), plus tard au sieur Rigaud, puis au sieur Vitte (aujourd'hui à M. Gacon, d'Orgelet). Ce château était-il en 1404 à Antoine de Vergy ? ou à Claude de Beaufort, en 1490, lequel on cite seigneur de Fronteneau à cette date ? A-t-il été détruit en 1478, comme celui de Branges et comme la petite ville de Cuiseaux ?...

Page 444.

Le décret du 28 août 1808 avait disposé que la commune de Gisia formerait une succursale de la paroisse de Cousance. Mais ce n'est qu'en 1844 environ qu'une église nouvelle y a été édifiée, et que celle de Châtel s'est trouvée convertie en simple chapelle. On a eu le bon esprit de la mettre sous le vocable de S. Étienne, protomartyr, en mémoire de l'antique église qu'elle es destinée à remplacer. On y a aussi consacré un autel en l'honneur de St-Jean-Baptiste et en souvenir de la chapelle de ce nom que l'ancienne famille *Féau* avait fondée dans le XVI siècle au Grand-Gisia. Cette chapelle, mentionnée en 1737, dans le premier pouillé du diocèse de S. Claude

---

(21) On trouve : 1° *Regnault Corbet* Ier du nom, homme de confiance du chambrier de Gigny, demeurant à Fronteneau en 1391 1400 et 1404 ;... 2° *Lancelot Corbet*, probablement fils du précédent, bourgeois à Cuiseaux en 1420, 1443, 1457... 3° *Regnaul Corbet* II du nom, propriétaire du domaine en question, sur l fin du XVe siècle, probablement petit-fils et filleul de Regnaul Corbet I.

se trouve englobée aujourd'hui dans une maison voisine de l'église.

Dès l'année 1850, à quelques pas de l'église de Châtel, on a construit plusieurs bâtiments vastes et élevés, pour servir principalement de *Noviciat aux sœurs de la Présentation*, dévouées à l'instruction des enfants. La maison-mère de cette congrégation y a été transférée de Chagny (gros bourg entre Beaune et Chalon), à cause du chemin de fer tracé trop près de cet établissement. Ces sœurs y vivent en communauté sans être cloîtrées, et tiennent des pensionnaires qu'elles instruisent pour en faire des institutrices qu'elles envoient dans les diverses localités du Jura, de Saône-et-Loire et de la Côte-d'Or, qui leur en demandent. Un prêtre, chef de cette congrégation, leur sert d'aumônier; et ces saintes filles, au nombre de 30 à 40, chantent les louanges de Dieu sous les mêmes voûtes qui retentissaient jadis à la voix des moines de S. Benoît. Elles ont obtenu pour cette église trois saints exhumés des catacombes de Rome, qui y sont représentés en cire, de pied en cap. Ce sont S. Prudent, S. Claudius et Ste-Domitia.

Outre la maison de noviciat, l'établissement comprend : 1° Un pensionnat de demoiselles, constitué en chef-d'ordre, confié aux soins de six religieuses; 2° un autre pensionnat de jeunes gens, complètement isolé et éloigné du précédent, dirigé par plusieurs professeurs ecclésiastiques.

Art. VIII. *Prieuré de* Chatonnay.

Page 445, § 2.

Le prieuré de Chatonnay, selon M. *Rousset*, a été tenu en commende depuis l'année 1436, après la mort du prieur Bouchard de Bonard.

Ibid., § 3.

La seigneurie de Chatonnay n'était composée que de Chatonnay et d'une partie de la Boissière, avec des meix épars à Dramelay-la-Ville, Genod, Savigna, Soussonne et Ugna. Les deux seigneurs de Marigna et de Vallefin ou Ugna tenaient le restant de la Boissière où se trouvait encore une chevance, dite du *Petit-Meix*, laquelle appartenait aussi à celui de Marigna. D'après l'auteur du dictionnaire du Jura, cette seigneurie de Chatonnay était un fief relevant du château d'Arinthod, et le signe patibulaire en était érigé dans la localité dite *aux Fourches*.

Page 447, § 5.

En 1476, le prieur de Gigny prétendant avoir le droit de nommer le titulaire de Chatonnay, une double nomination s'ensuivit. Mais dès-lors la collation a toujours appartenu au pape...

On a vendu, le 1er avril 1791, les immeubles suivants appartenant à ce petit monastère :

Le *pré du Prieur* ou *des Sauges*, d'environ dix voitures de foin, moyennant. . . . . 9000 fr.

Trois autres prés de quatre voitures et demie. 2055 fr.

La *terre du prieur* de six mesures. . . . 1250 fr.

La *terre des Feuillées*, autrefois *Bois du prieur*, de trente mesures, fut aussi mise en vente le même jour, mais il y fut sursis.

Ibid., § 6.

Additions et modifications à la liste des prieurs de Chatonnay :

N... BOUCHARD de BONARD, mort en 1436 ;

Jacques de BINANS I, dès 1436 ;

Jacques de BINANS II, en 1481.

N...... BUSEAU-BOUVARD, déjà en 1481, encore en 1503.

Renaud VIEUX de St-Amour, en 1606.
Claude DALEYNE de St-Amour, en 1608.
Jacques de PRAZ, en 1...
Jean-Antoine de BINANS fixa son séjour depuis 1626 au château de Montjouvent, dont Guillaume de Binans, seigneur de Chamberia, son oncle, lui donna l'usufruit, ainsi que de cette seigneurie de Montjouvent.

Page 449.

Une chapelle en l'honneur de S. Christophe, démolie en 1789, et remplacée aujourd'hui par une croix, avait été érigée en 1631, au nord du village de la Boissière, pour conjurer le fléau de la peste.

M. l'abbé *Richard*, nouvel historien du diocèse de Besançon, a écrit que les paroisses de la Boissière, de Savigna et quelques autres du département de l'Ain dépendaient du prieuré de Chatonnay; mais cette assertion, émise on ne sait d'après quels documents, aurait sans doute besoin de confirmation, surtout en ce qui concerne les paroisses du département de l'Ain où ce prieuré n'a probablement jamais rien possédé.

Art. IX. *Prieuré de* CLAIRVAUX.

Page 450, § 2.

On peut raisonnablement présumer que la maison de Cuiseaux, qui était de la race des comtes de Bourgogne, qui a fondé les abbayes du Grandvaux et de Vaucluse, qui a donné de grands biens à celles de Balerne et de Bonlieu, et qui possédait la seigneurie de Clairvaux, a fondé aussi le prieuré de ce lieu en faveur de l'abbaye de Gigny. Selon l'abbé *Richard*, au contraire, « des manuscrits dignes de foi attribueraient la fondation de cet établissement à Hugues de Chatillon, qui, s'étant fait moine à Cluny, aurait donné en 1109 tous ses biens de

Clairvaux, avec la dîme dans une autre villa, à Hugues abbé de Cluny. » Mais cette opinion nous paraît sujette à de graves objections.

CH. VIII. Les deux plus anciens prieurs qu'on connaisse sont B..., qui fut témoin en 1209 d'une sentence prononcée par Ponce sire de Cuiseaux, entre les abbés du Grandvaux et de Bonlieu ; et *Humbert* qui vidima, vers 1213, la charte de cette sentence.

Ibid. Note 195.

Le mot *Primicier* était employé, dans les premiers siècles, pour désigner un chef, un supérieur. Ainsi, dans les églises, il avait l'autorité et l'inspection sur les ordres mineurs, tels que le portier, l'acolyte, l'exorciste, le psalmiste, le lecteur. Ainsi, chez les princes, le protonotaire était surnommé *Primicerius*, et le second notaire en liste *Secundicerius*. Dans le XIIIe siècle, le chantre de l'abbaye de S. Claude était qualifié *Primicier des clercs*.

Page 451 et 805.

L'usage de l'eau bénite dans les maisons existait déjà en France au milieu du XIIIe siècle. C'était un sacristain qui en était chargé et qui, en récompense, recevait quelques morceaux de pain. Dans notre voisinage, ce droit appartenait, en 1530, à un vicaire, dans la ville de Bourg ; en 1603, à Bletterans, à un ecclésiastique payé par la paroisse ; en et avant 1616, à Lons-le-Saulnier, à un prêtre qualifié *Clerc de l'église*, faisant aussi les fonctions de sacristain, de sonneur, etc...

Page 452.

Il est à croire que les droits du prieuré de Clairvaux s'étendaient encore sur un plus grand nombre de lieux que ceux qui sont ici mentionnés. En effet, selon M. *Rousset*, les Chartreux de Bonlieu ayant sollicité, en 1298, l'érection d'une cure dans leurs possessions, l'abbé du Grandvaux et le prieur de Clairvaux, consultés par l'archevêque de Besançon sur l'opportunité de ce nouvel établissement, donnèrent un avis défavorable, motivé sur ce que cette érection porterait atteinte à leurs droits curiaux. Cependant le prélat passa outre, et, en 1304, une nouvelle église, placée sous le vocable de S. Jean-Baptiste, fut élevée pour Bonlieu, le château de l'Aigle alors en construction, les petites Chiettes, Saujeot, Denezières, les deux Abergements de la Chaux du Dombief et toutes les habitations nouvelles qui seraient construites. Le chef de la Chartreuse se réserva le patronage de cette cure et fixa les droits qui appartiendraient au vicaire chargé de desservir cette paroisse et au prieur de Clairvaux.

Page 453, § 4.

Un terrier des droits seigneuriaux du prieur de Gigny, au territoire de Vaux près Champagna, y mentionnait en 1693 la *vigne au prieur de Clairval...*

Le 25 janvier 1791, la maison prieurale de Clairvaux a été vendue avec ses dépendances moyennant 4225 fr. Le 13 avril suivant, la *Combe au Prieur*, composée de six soitures de pré et de cinq journaux de terre l'a été au prix de 16,000 fr., et le *Champ-Nuisière*, de deux journaux et quart, à celui de 895 fr.... (Il y a encore à Clairvaux un hameau de 18 habitants qui porte le nom de *Combe au Prieur*.

Ibid., § 5.

Additions et modifications à la liste des prieurs de Clairvaux :

B... en 1209.

HUMBERT I, vers 1213.

HUMBERT II, encore en 1290.

Jean de l'AUBEPIN, en 1302.

Aimé du SAIX en 1325, 1328.

Etienne de VILLARS en 1374, probablement de la

maison de Villers-Sexel, qui tenait alors la seigneurie de Clairvaux.

François du BREUIL, aumônier de St-Claude, déjà en 1516, et encore en 1538.

Charles RIGOLET 1, en 1630, 1633, 1636.

Laurent DAGAY, prieur chanoine en 1650, d'après une inscription qu'on lit à une clef de la voûte de l'abside.

Charles RIGOLET II, en 1664 1667.

La maison *Dagay*, dont un membre était déjà conseiller au parlement en 1463, un autre religieux à Gigny en 1481-1503, et dont quatre autres ont tenu le prieuré de Clairvaux, portait : D'azur, au chef d'or et au lion de gueules brochant sur le tout, selon *Dunod*; ou d'après M. *Monnier* : D'or au lion de gueules, au chef diminué d'azur.

Page 455.

On lit que St-Nithier, évêque de Vienne, fêté le 5 mai et dès-lors patron de Clairvaux, a été religieux à Condat. Mais cet évêque est mort en 368, tandis que les deux fondateurs de ce monastère n'ont cessé de vivre que, l'un en 460 et l'autre en 480... Il y a à Clairvaux une *rue St-Nithier*, un *lavoir St-Nithier*, et, à l'issue des eaux du lac, une *fontaine St-Nithier*, un *pré St-Nithier*, un *champ St-Nithier*.

Les deux fenêtres orientales du clocher de Clairvaux sont, d'après M. *Monnier*, d'une architecture romane, et dès-lors antérieures au XIIe siècle. Mais la voûte de la nef ne date que de 1650, sous le prieurat de L. Dagay; et deux ans après a été effectuée la transposition de l'abside et du portail. Quant aux stalles qui portent l'écusson d'Amédée de Chalon, abbé de Baume, c'est en 1772 qu'elles ont été transférées à Clairvaux.

Art. X. *Prieuré de* La Cluse St-Bernard.

Page 456.

Le prieuré de la Cluse St-Bernard est tombé en 1530 au pouvoir des protestants, qui confisquèrent alors tous les biens du clergé et les destinèrent soit à fonder un hôpital et des chaires à Genève, soit à salarier les ministres du nouveau culte.

Le décanat d'Aubonne avait été uni, en 1444, à l'église paroissiale de Gex, dont le curé fut toujours dès-lors qualifié *Doyen d'Aubonne*.

Art. XI. *Prieuré de* Cuisia.

Page 457, § 2.

Le prieuré de Cuisia est mentionné sous le nom de *Prieuré de Montfort* (Prior. de MONTEFORTI), au nombre des bénéfices réguliers de l'archiprêtré de Treffort, dans l'ancien pouillé du diocèse de Lyon, publié par l'historien *Lamure*, et remontant à l'an 1300 environ.

Des réparations s'élevant à 483 fr. furent faites en 1785 à la maison de ce prieuré par les nobles chanoines de Gigny.

Page 458, § 3.

Les fonts baptismaux des deux églises de Cuisia et de Pressia peuvent être rapportés au XIVe siècle, à cause de leur forme et de leurs inscriptions.

Ibid., § 4.

L'hermitage de Cuisia était sous le vocable de St-Christophe, et *Jean-Baptiste Vaconnet*, qui en était titulaire, testa en 1637. C'est à son profit qu'un contrat de rente de 12 l. 10 s, au capital de 200 l., avait été constitué. Un autre titulaire fut revêtu de l'habit d'hermite en 1644 par l'official de Bresse.

Page 459, § 5.

Сн. XVII. L'église de Pressia, déjà mentionnée dans le pouillé de 1300, fut réunie, lors du rétablissement du culte en 1802, à celle de Courmangoux. Elle fut érigée en 1821 en chapelle paroissiale, et en 1826 elle est devenue succursale.

Ibid., § 6.

En 1791, on a vendu, comme biens nationaux, à Cuisia :

1° Les bâtiments et cuverie du prieuré,
moyennant. . . . . 405 fr.
2° Une vigne de dix ouvrées 1500
3° Deux prés de la contenue de 8 coupées. . 1960
4° Un autre pré de deux voitures de foin. . 2325

Total des ventes. . . . . . 6190 fr.

ART. XII. *Prieuré de* DONSURRE.

Page 460, § 1.

Сн. XVII. L'église de Donsurre se trouve inscrite dans le pouillé précité de l'an 1300, où ne se trouve pas recensé le prieuré de même nom. Cependant ce dernier existait déjà sans doute, puisqu'on en connaît un titulaire aux dates de 1323, 1337, etc.

Page 462, § 3.

Jean-Baptiste de la BAUME-*Montrevel* fut prieur de Donsurre, de Marboz et d'Innimont jusqu'en 1622, année où il renonça à ses bénéfices ecclésiastiques pour embrasser la carrière militaire.

Albert de GRILLET, prieur de Donsurre, d'Innimont, de Villars-sur-Saône, et abbé de la Chassagne, résigna aussi ses bénéfices en 1638 environ, pour rentrer dans le siècle et devenir comte de St-Trivier après la mort de son frère aîné.

Claude (BERTRIER et non BERTHIER), mort prieur et seigneur de Donsurre en 1648, avait été annobli par le duc de Savoie pour une action d'éclat dans un combat.

Page 463, § 4.

En 1791, on a vendu, comme biens nationaux provenant du prieuré de Donsurre :

1° La maison prieurale, avec le jardin et le champ contigus, de 2 coupées de contenue, moyennant.   3,000 fr.

2° Cinq prés situés à Donsurre, produisant environ 26 chars de foin.   19,325

3° Autre pré à Beaupont de 10 chars. .   7,700

4° Vignes à Cessia de 43 ouvrées, et à St-Jean-des-Treux de 27 ouvrées.   4,200

Total des ventes. . . . . 34,225 fr.

Page 464, § 4.

On a vu précédemment que, d'après le terrier de 1542, le prieur de Gigny jouissait du *clos St-Jean* situé à St-Jean-des-Treux, et que les corvéables de Cropet, Louvenne, Monnetay, Montrevel, Morges et La Pérouse, étaient tenus d'en amener le vin à Gigny. Ch. xliv.

Le 27 février 1791, ce clos de 120 ouvrées de vigne a été vendu par la nation, y compris les bâtiments de cuverie et les celliers, moyennant. . . .   12,600 fr.

A l'occasion de ce clos, il faut observer que le village où il est situé, est nommé *St-Johannes de Torcularibus*, dans le pouillé du diocèse de Lyon de 1300 et dans les titres latins du moyen-âge, d'où on a dit en français *St-Jean-des-Treuils, St-Jean-d'Estreux*, comme on dirait *St-Jean-des-Pressoirs ;* car on dit encore *truiller*, pour *pressurer.* Dès-lors, le surnom de St-Jean ne dérive pas, comme on l'a écrit, de *stratum, via strata,* chemin pavé, voie romaine qui y aurait passé. Ch. 113. xvii

Page 464, § 5.

M. de Montbozon, dernier titulaire du prieuré de Donsurre, a payé, jusque dans les dernières années, au chapitre de Gigny, une somme de 10 liv. 10 s. pour droit de responsion.

Art. XIII. *Prieuré de* Flacey.

Page 464.

Des fouilles faites en 1843 dans le cimetière de Flacey y ont mis au jour des fondations de bâtiments. Mais, au reste, aucun nouveau document n'a confirmé l'existence d'un prieuré dans cette commune, sinon que, d'après M. l'abbé *Richard*, il est probablement mentionné, en 1143, dans une bulle du pape Célestin II, et qu'en 1179 et 1222 il est recensé parmi les possessions de l'abbaye de Luxeul. Il est bon d'observer encore ici que l'église de Flacey a été donnée à Cluny la huitième année du règne de Louis d'Outremer, laquelle répond à l'an 944 et non à l'an 951, comme on l'a énoncé à tort sur la foi de *Courtépée*.

Art. XIV. *Prieuré de* Foissia.

Page 467, § 2.

Le patronage de la cure de Foissia est déjà attribué, par l'historien Lamure, au prieuré de Gigny, dans ses notes sur l'ancien pouillé du diocèse de Lyon.

Art. XVI. *Prieuré d'*Ilay.

Page 468.

Le village d'Ilay, établi à 861 mètres au-dessus de la mer Méditerranée, peuplé de 141 habitants en 1790 et de 163 en 1851, composé aujourd'hui de 32 ménages, formait autrefois une commune distincte qui a été réunie en 1813 à celle de la Chaux du Dombief.

Ibid., *alin.* 2.

La chaussée qui conduisait au prieuré était coupée près de l'île, et un pont-levis y était établi.

Page 470, *note* 198.

Selon M. *Rousset*, les religieux d'Ilay, successeurs de S. Point et d'Aubert, moines de Condat, ayant reçu des reliques du saint sculpteur Claude ou Clod en même temps que ceux de Maynal, érigèrent à Denezières, sur la pointe d'un rocher, une chapelle dédiée à ce saint. En 1577, les chartreux de Bonlieu, se trouvant aux droits des moines d'Ilay, permirent aux habitants de ce qu'on appelait la *Terre de S. Cloud*, c'est-à-dire de Denezières, du Puy et de Saugeot, de leur présenter un chapelain chargé de desservir leur chapelle, sous le vocable de S. Cloud, fêté le 8 novembre. En 1841, ils en ont fait construire une nouvelle sous le même vocable, et leur paroisse, érigée en succursale depuis 1808, comprend encore la commune d'Uxelles. Quant au Frânois, son église ou plutôt sa chapelle fut érigée peu après 1596, sous le double vocable de S. Claude et S. Roch, et non sous celui de S. Cloud.

Page 471, § 4.

On lit que le prieuré d'Ilay devint, en **1516**, à la collation du pape.

Page 472, § 5.

Pierre de BAUME est aussi mentionné par M. *Rousset* comme prieur d'Ilay en 1333. Mais cet historien dit ailleurs que :

Pierre de CHAMPDYVER délimita en cette même année le territoire de la Fromagerie avec l'abbé de Balerne.

Ibid., § 6.

Le seigneur de l'Aigle avait la haute justice à Ilay, et partageait encore la moyenne avec le prieur. Mais il se trouvait sous la suzeraineté du baron d'Arlay, qui avait la garde du *prieuré de Lay*, ainsi que de la chartreuse de Bonlieu.

Le lac et la motte d'Ilay ont été vendus, en 1796, comme biens nationaux, moyennant. . . . 506 fr.

Page 473, § 7.

La chapelle actuelle d'Ilay a été érigée en remplacement

de l'ancienne qui existait dans l'île sous l'invocation de St-Vincent, laquelle fut détruite avec la maison prieurale pendant les guerres du XVIIe siècle. Le calice de cette ancienne chapelle, orné d'armoiries, est actuellement dans l'église de la Chaux du Dombief. Une statuette de la Vierge, parfaitement sculptée en albâtre, de même origine, se voit encore dans la nouvelle chapelle d'Ilay.

Page 474.

Claude *Créty* était curé de Bonlieu en 1635.

ART. XVII. *Prieuré de* ST-LAURENT-DE-LA-ROCHE.

Page 474, § 1.

D'après un titre dressé par le notaire impérial *Irénis*, le 12 juin 901, découvert par M. *Rousset*, la seigneurie de St-Laurent et d'Augisey n'aurait pas fait partie de l'apanage du comte St-Bernon et de la dotation primitive de Gigny. Il y aurait eu, à cette époque reculée, un monastère à Augisey, et une très-ancienne église dédiée à N.-D., occupant l'éminence dite le *Molard aux moines*, et desservie par ces religieux qui auraient possédé tout le territoire compris entre les terres monastiques de Gigny, de St-Georges, de St-Maur et de Maynal. Ces moines, à la date précitée, permirent à *Philippe* dit *Grammont*, seigneur ou propriétaire de la tour du *Châtelet* à St-Laurent, d'attacher un ou plusieurs chapelains au service de la chapelle qu'il avait fait bâtir à l'orient et au voisinage de sa tour, et d'établir un cimetière pour l'inhumation de ses hommes, en ne se réservant que le droit de tombe et une redevance annuelle de douze petits francs. Ils s'engagèrent aussi à célébrer, chaque jour, une messe au château d'Augisey, tenu alors par une dame du nom de Claire. Telle aurait été l'origine de l'église de St-Laurent-de-la-Roche, construite en effet sur le flanc de la montagne du *Châtelet*. Comment ensuite les moines de Gigny ont-ils remplacé, avant le XIIe siècle, ceux d'Augisey, ainsi que les seigneurs mentionnés? Comment ont-ils établi un prieuré à St-Laurent? C'est ce qu'on ignore.

Page 475, § 2.

D'après des documents de 1682 et de 1700, la maison prieurale de St-Laurent, couverte en laves, était située proche le cimetière, avec un jardin contigu à ce dernier, tant au sud qu'à l'occident. Elle était tombée en ruines ou détruite bien avant la révolution de 1789, mais bien postérieurement aux guerres de 1636.

L'église paroissiale de St-Laurent a été unie, en 1602, à la familiarité du lieu, ensuite de la cession du patronage qui en fut faite par l'abbaye de Château-Chalon, moyennant une rente annuelle de deux écus d'or. Pierre en était chapelain en 1195.

Ibid., *alin.* 2.

Le P. André, provincial des carmes chaussés, auteur d'un pouillé manuscrit estimé du diocèse de Besançon, écrivait en 1700 que le prieuré de St-Laurent dépendait autrefois de Gigny, avait pour patron fondateur le seigneur du lieu, et que, cependant, le pape était en possession d'y pourvoir depuis deux siècles. Or, en cela il a confondu, comme plusieurs autres écrivains, le prieuré proprement dit, membre de celui de Gigny, avec l'*hôpital* de la même localité, qu'on a aussi quelquefois qualifié à tort de prieuré. Le seigneur de St-Laurent était seulement patron et fondateur de ce dernier, mais nullement du premier, qui provenait du patrimoine de Bernon (sauf toutefois ce qui a été ci-devant d'après la charte de 901), qui avait toujours dépendu de Gigny, et dont le seigneur n'avait la garde que depuis 1192, par suite de l'acte d'association dont il a été parlé. Quant à la collation, elle appartenait effectivement au pape, comme celle de tous les prieurés ruraux, en pays d'obédience. Cependant, on trouve que J. Th. de Lallemand-Lavigny, coadjuteur du chambrier de Gigny, fut pourvu du bénéfice de St-Laurent par Abr. de Thezut, prieur de Gigny, et que, le 16 novembre 1697, il en prit possession par le fait du curé de Cressia, selon l'acte qui en fut dressé par Hub. Bachod, notaire. Il est à croire aussi que Cl. Gasp. de Marnix, infirmier à Gigny, qui en était titulaire en 1674, en fut pourvu par le même prieur. On peut présumer encore que les deux titulaires du nom d'Andrevet le furent de même, parce que leur famille tenait la seigneurie de St-Julien au proche voisinage de Gigny.

Le prieuré de St-Laurent fut probablement mis en commende à la fin du XVe siècle, comme beaucoup d'autres, et Philibert Andrevet, qui prenait la qualité de prieur commendataire en 1518 et années suivantes, est peut-être le premier qui l'ait tenu ainsi.

Page 475, § 3.

Les revenus du prieuré de St-Laurent furent déclarés, en 1770, 1778 et 1781, dans les trois baux du dernier titulaire, consister en dîmes, censes et redevances, tant à St-Laurent que lieux circonvoisins. Ils furent loués en 1770, moyennant 1,025 francs nets; le fermier étant tenu en outre d'acquitter le don gratuit, les impositions royales et de communautés, les vingtièmes et toutes autres charges prévues et imprévues. Le prix du bail de 1778 fut de 1050 francs avec les autres conditions, et, en outre, un quarri ou quartaut de vin blanc de rosée (22). Enfin, en 1781, le prix monta à 1,250 francs nets, outre 288 francs d'étrennes, avec les autres charges. Ces

---

(22) Le *vin blanc de rosée* est encore confectionné, de nos jours, à S. Laurent et au voisinage, avec des raisins cueillis à la rosée et pressurés de suite, ce qui lui donne une qualité supérieure.

revenus, d'après des documents de 1682, 1705, 1710, 1755, 1760, consistaient ainsi qu'il suit, en :

1° Le tiers de la grande dîme du vin, perçue au 16e dans toutes les vignes de *St-Laurent*, à l'exception de la vigne de la chapelle de l'Aubépin, de celle des quatre ouvrées et du clos du seigneur de Grusse ;

2° La grande dîme des blés à la 20e gerbe, au territoire de *Baumette*, louée quatorze à quinze quartaulx, dont deux tiers en froment et un tiers par moitié en seigle et en fèves ;

3° La grande dîme de *Béliere* (domaine à M. de Marnesia), à la 16e gerbe, ordinairement louée avec celle de Baumette ;

4° Les deux tiers de la grande dîme d'*Essia*, perçue à la 20e gerbe, louée ordinairement neuf à dix quartaulx, dont les deux tiers en froment, et le tiers par moitié en seigle et fèves.

5° Le tiers de la grande dîme d'*Augisey*, y compris les novales, perçue à la 20e gerbe, et louée dix à onze quartaulx ;

6° Les cens en grains et en argent sur *quatre meix à Augisey*, savoir :

1. Le *meix Jeannin*, chargé de sept mesures de froment, dix rez et demi d'avoine, et sept deniers estevenants.
2. Le *meix Gile*, chargé de neuf mesures de froment, treize rez et demi d'avoine, et neuf deniers estevenants.
3. Le *meix Bataillard* chargé de deux quartaulx de blé, par moitié froment et avoine, et huit deniers estevenants.
4. Le *meix Girod*, chargé de quatre quartaulx de blé, par moitié froment et avoine, qui est seize mesures trois quarts de froment, vingt-cinq rez et un huitième d'avoine, et seize deniers et demi d'argent.

Le prieur de St-Laurent était chargé, en et avant 1789, de toute la portion congrue du nouveau curé d'Augisey et du tiers de celles du curé et du vicaire de St-Laurent. D'ailleurs, tous les biens de sa directe portaient lods, vends, seigneurie et retenue au profit du seigneur du lieu. Au reste, on a déjà dit que les grains dûs au prieuré de Gigny sur les greniers du château de St-Laurent ne dépendaient pas du monastère subordonné, et que les cent mesures de blé de la dîme de Césancey n'en provenaient pas non plus, mais probablement de l'ancien prieuré de la Châse-Dieu.

Page 476, § 4.

La liste des prieurs de St-Laurent, donnée d'après l'abbé *Baverel*, est tout-à-fait inexacte, surtout par la confusion des prieurs bénédictins avec les prieurs ou chapelains hospitaliers. Ainsi, on doit en rejeter : Renaud *Vieux*, J. Ant. *Tinseau* I, J. Ant. *Tinseau* II, L. A. Ant. *Camusat*, et probablement Aug. *Inesse*, prêtre, missionnaire en Écosse. Elle doit être ensuite modifiée ainsi qu'il suit :

Guillaume de VIENNE, en 1373, frère de Marguerite de Vienne, fondatrice de l'hôpital ;

Philibert ANDREVET dit de *Corsant*, protonotaire apostolique, doyen de l'église de Mâcon, prieur commendataire de St-Laurent-*des-Roches* et de la Boysse, en 1518, 1524, 1530 ;

Antoine ANDREVET, dit de *Corsant*, protonotaire apostolique, prieur commendataire de St-Laurent-*dès-Roches* et de la Boysse, par résignation de son oncle dès 1530, et encore en 1560 ;

Claude Michel d'USIER, résidant à Rome, en 1682, 1687 ;

Jean Thomas de LALLEMAND de *Lavigny*, coadjuteur du chambrier de Gigny, dès 1697, mort en 1726 ;

Jean-Baptiste LACROIX de St-Claude, en 17 ...

François JARD, demeurant à Auxerre, en **1755-1768**;

Ignace LEBEUF, demeurant à Bergerac en Périgord, en **1768-1789**.

M. *Rousset* a écrit, je ne sais d'après quels documents, que le prieur de St-Laurent et son syncelle devaient faire preuve de noblesse au prieuré de Gigny.

Page 477, § 5.

La notice suivante sur l'*Hôpital de St-Laurent* ne paraîtra peut-être pas déplacée ici :

CH. XXIII.

D'après une de nos nouvelles pièces justificatives, Marguerite de Vienne, dame de St-Laurent, veuve de Louis de Chalon, et sœur de Guillaume de Vienne, que nous venons d'y voir prieur en **1373**, constitua en **1388** une rente annuelle de quatre charges de sel à prendre à Salins, en faveur de l'hôpital qu'elle avait *fondé novellement* audit lieu de St-Laurent. Or, cet établissement ne fut jamais une léproserie, ni un asile pour traiter les malades, mais bien une *chapelle* située au bas du château, de laquelle était pourvu l'aumônier du seigneur, afin d'y célébrer la messe et faire l'aumône aux pauvres de la paroisse en certains jours de l'année. Cette destination fut constatée en **1679** et **1686**, années où, par ces motifs, on résista avec succès aux tentatives faites pour en réunir les revenus à un hôpital du voisinage. Cet établissement, désigné aussi quelquefois, mais à tort, sous le nom de prieuré, d'autres fois mieux, sous celui de chapelle, était placé, selon des titres de **1694** et **1708**, sous les *vocables* de N.-D., de St-Denis et de St-Antoine. L'aumônier, le chapelain ou l'hospitalier qui en était pourvu, devait *distribuer* un écu chaque mois, ou 36 francs par an, aux bourgeois pauvres de St-Laurent, et célébrer la messe dans la chapelle tous les dimanches et fêtes de l'année, ou une fois par semaine, comme encore les jours de fêtes de N.-D., de

St-Denis et de St-Antoine. Les *revenus* de ce prétendu hôpital étaient perçus, en 1601, à St-Laurent, Augisey, Essia, Grusse, Geruge, Varessia, Vincelles, Bonneau et la Combe de Chalandigna. Ils consistaient, d'après le bail de 1708, en : 1° dîmes de toutes graines aux territoires de Geruge, Chalenette et Barillon...; 2° les deux tiers du grand dîme de vin du vignoble de St-Laurent...; 3° le produit entier du four banal de Gevingey, où l'on devait cuire moyennant le 24° pain, d'après un titre de 1447...; 4° quatre livres de cire de cense dues par les habitants d'Augisey...; 5° une autre cense de cinq gros due par chaque charrue à Anières...; 6° un pré au même lieu suffisant pour la nourriture de deux chevaux...; 7° une vigne à St-Laurent...; 8° une cense de deux pintes d'huile et de deux livres estevenantes, assignée sur un pré de la Combe de Chalandigna...; 9° quatre charges de sel, de 48 salignons chacune, dues à Salins.

Ces divers revenus étaient loués, en 1694, moyennant 300 fr., dont il fallait déduire les charges. Ils le furent, en 1708, au prix de 245 francs nets, et, en 1772, moyennant 700 francs, non compris le produit du four de Gevingey, ni les quatre charges de sel de Salins.

Quant au *patronage* de cette chapelle, il a toujours été exercé par les successeurs ou représentants de la fondatrice, c'est-à-dire par les seigneurs de St-Laurent, qui présentaient les candidats à la nomination de l'archevêque de Besançon. S'ensuit la liste de quelques-uns des titulaires, dont plusieurs ont été considérés à tort comme des prieurs bénédictins :

Gui d'ARTOIS, en 1447 ;

Guillaume SOMMIER, en 1536 ;

Regnauld VIEUX de St-Amour, protonotaire apostolique, noble et egregie personne, en 1601 ;

Didier POMET, chanoine de St-Maurice de Salins, en 1611-1631 ;

Marin VERNIER, en 1651-1675, année de sa mort;

Ferd.-Math. de LABOREY, seigneur de Charchilla, chanoine métropolitain, présenté par le roi de France Louis XIV, à cause de la confiscation faite en 1674 des biens de Guillaume-Henri de Nassau, prince d'Orange, collateur, en 1676-1694;

Léonard RICHARD, familier de St-Laurent, prieur de Courtefontaine, en 1708-1722, année de sa mort;

Jean Antoine TINSEAU, doct. en droits et en théologie, chanoine métropolitain, puis évêque de Belley et de Nevers, présenté par le prince d'Isenghien, en 1722-1752, démissionnaire en faveur de:

Antoine-François-Désiré TINSEAU de *Genne*, abbé de Bithaine, nommé en 1752, peut-être aussi démissionnaire en faveur de:

Noble Charles-Antoine-Balthazar TINSEAU de *Genne*, nommé en 1763 sur la présentation du maréchal prince d'Isenghien, patron;

Jean-Baptiste DOMET, en 1771-1775, démissionnaire en faveur de:

Louis-Claude-Antoine CAMUSAT, chanoine de St-Paul de Besançon, hospitalier en 1776-1789, nommé sur la présentation d'Elizabeth-Pauline de Gand, princesse d'Isenghien, comtesse de Lauraguais, dame de St-Laurent.

Art. XVIII. *Prieuré de* Marboz.

Page 479, § 1.

On ne trouve dans l'église actuelle de Marboz aucune trace de la chapelle fondée dans le XVe siècle par Jacques de la Baume, seigneur du lieu, bailli de Bresse, grand-maître des albalétriers de France, lequel y fut inhumé en 1466. On n'y retrouve point non plus la chapelle de St-Pierre dont le recteur, Jean Fabri, obtint en 1496 une bulle apostolique accordant cent jours d'indulgences à ceux qui, après s'être confessés, auraient assisté dévotement dans cette chapelle aux offices des jours de fête de St-Pierre.

Le 7 juin 1842, on a déposé dans l'église de Marboz le corps de Ste-Urbaine, vierge et martyre, extrait des catacombes de Rome par le pape, le 16 novembre 1840, et envoyé à la demande de l'abbé Chossat, natif de Marboz.

Les prieurés de Marboz, de Donsurre et d'Oussia ont toujours été reconnus pour être à la collation du prieur de Gigny. Cependant on lit dans le recueil estimé de Dom *Beaunier*, que le roi nommait alternativement à ces trois prieurés, ainsi qu'à ceux d'Arbant, de Château-Gaillard, de Jujurieux, de Marcellieux, de St-Sorlin, de Villemoutier et de Villereversure, tous au diocèse de Lyon ; ce qui est sans doute le résultat d'une erreur. L'ancien pouillé de ce diocèse, qui date de l'an 1300 environ, a inscrit le prieuré et l'église de Marboz dans la liste des bénéfices ecclésiastiques de l'archiprêtré de Bâgé.

Ibid. § 3.

En 1791, on a vendu, comme biens nationaux, les immeubles suivants, provenant du prieuré de Marboz :

1° *Maison prieurale* avec grange, cour, jardin et champ d'environ deux coupées, moyennant. . . . 4,675 fr.

2° Pré *Ponsard* de 60 chars de foin, avec un champ de même nom, de 32 coupées, situés aussi à Marboz. 40,300

3° *Une vigne à Verjon* de quatre ouvrées. . 740

4° Deux *Vignes à Salavre*, de deux ouvrées. 330

Total des ventes. . . . . . 46,035 fr.

Page 480, § 3.

D'après un titre de 1571, le prieur de Marboz levait la dîme à la 20ᵉ gerbe de tous les blés et fruits décimables dans toute la paroisse. Mais, au hameau de Ste-Colombe, le tiers de cette dîme, y compris le chanvre, appartenait aux religieux de Montmerle.

Ibid. § 4.

La haute justice appartenait au seigneur de Marboz ; mais, d'après une enquête de 1396, le prieur y possédait la basse justice et y avait des hommes taillables qui devaient faire le guet et la garde au château seigneurial. Il est curieux d'apprendre qu'un témoin de cette enquête déposa avoir vu pendre en cette justice de Marboz, non-seulement un homme convaincu de larcin, mais encore une truie qui avait tué un enfant. Une telle condamnation, qui nous paraît singulière, était commune dans les XIVᵉ, XVᵉ et XVIᵉ siècles ; car celui qui écrit ces lignes en a rencontré une vingtaine d'exemples dans ses lectures. Les animaux condamnés étaient ordinairement des truies ou des cochons qui avaient mangé des enfants au *bers*. Cependant on trouve aussi, qu'en 1389, les échevins de Dijon délibérèrent qu'un cheval qui avait occis un homme serait condamné et exécuté à mort ; qu'en 1471, un hérétique de la secte vaudoise fut brûlé avec sa jument aux fourches patibulaires de la même ville ; qu'en 1466, un prévôt de l'abbaye de Pontigny en Champagne condamna à être brûlés vifs, pour crime de bestialité, non-seulement un homme, mais encore une génisse et une vache, ses complices ; qu'avant 1477, le juge-bailli de Fougerolles, en Haute-Saône, près la Lorraine, avait fait pendre un cheval qui avait tué son maître. On a cru expliquer ces condamnations en disant qu'elles avaient pour but soit d'inspirer l'horreur du meurtre, soit d'engager les serfs à garder plus soigneusement leurs bestiaux par la crainte de s'en voir privés. Mais ces explications n'ôtent rien à l'absurdité de ces jugements, dont les Russes nous ont donné, il y a quelques années, un nouvel échantillon, en faisant périr le cheval du général polonais Dombrouski, à Varsovie même, au pied du gibet où cet officier était pendu en effigie, parce que ce général aurait dû son évasion de la Pologne russe à l'excellence de son coursier.

Page 481, § 5.

Le document énoncé à la date de 1702 est un règlement de compte que Louis de Thezut, prieur de Donsurre et de Marboz, fit alors avec Et. Melin, curé de Foissia, pour les recettes qu'il avait faites en son nom des revenus du prieuré de Donsurre et des dîmes de Cormoz, d'Etrée, de Foissia et de Malafreta.

Ibid. § 5.

D'après le titre de 1571 précité, le sacristain de Gigny dîmait dans la paroisse de Marboz, comme le prieur de ce dernier lieu, c'est-à-dire le froment et le seigle à la 20ᵉ gerbe levée aux champs, et les menus grains à la 20ᵉ coupe mesurée aux greniers.

Page 482.

Jean GERMAIN, avec lequel le prieur commendataire de Gigny eut procès en 1490, fut sans doute le successeur du prieur de Marboz, dont celui de Gigny réclamait la dépouille.

Claude de LA BAUME est qualifié, en 1571, de prieur commendataire de Marboz; mais il est à croire qu'il n'a pas été le premier titulaire de cette qualité, et que ce bénéfice avait été mis en commende dès le XVᵉ siècle, comme beaucoup d'autres.

Jean-Baptiste de LA BAUME renonça probablement, en 1621, au prieuré de Marboz, comme il a été dit ci-devant.

Page 483.

Il y avait, dans le moyen-âge, une *Maison* féodale de Marboz, probablement par suite d'inféodation de la mairie ou de la prévôté du lieu. On trouve, en effet, *Humbert de Marbo*, témoin en 1186 d'une charte de la Musse...; *Jean de Marbos*, clerc en 1339...; *Guichardot de Marbos*, curé de Viria en 1348.... On trouve encore Jean *Campagnard* de Marboz, clerc-notaire en 1363, etc...

Des familles de *Juifs* étaient établies à Marboz en 1353.

Art. XIX. *Prieuré de* Maynal.

Page 485, § 1.

On lit dans *St-Isidore* que, déjà avant le *VII*e siècle, on disait *Clod* ou *Cloud* pour Claude : *Veteres Clodum pro Claudo dicebant.*

Page 486, § 2.

Une de nos nouvelles chartes prouve qu'en 1260 le prieuré de Maynal existait déjà, comme membre de celui de Gigny, sous le nom de *Mesnay*, et qu'alors il n'était pas encore réuni à l'office de l'aumônier. L'historien *Gollut* le mentionne en 1588 sous la dénomination de *Meinaut*.

Page 487.

L'acte d'affranchissement de la famille Buchot de Maynal fut dressé devant Vara, notaire en 1611, revêtu du sceau du prieuré de Gigny et consenti par Claude de *la Tour*, docteur ès-saints décrets, aumônier dudit Gigny et prieur coseigneur de Maynal, lequel mourut en la même année. Cet acte fut ratifié devant De Vif, notaire à Gigny, en 1612, soit par noble Dom Blaise de *Chissey*, successeur de Cl. de la Tour, soit par tous les religieux assemblés capitulairement, tant en leurs noms qu'en celui de Fernande de *Longvi* dit de *Rye*, archevêque de Besançon, prince du St.-Empire romain et prieur commendataire de Gigny. Furent présents à cette ratification : Guibert de *Chavirey*, prieur-cloîtrier et chambrier ; Blaise de *Chissey*, aumônier ; Pierre de *Thon*, infirmier ; Pierre de *Thoulonjon*, doyen ; Jean de *Chavirey* ouvrier ; Nicolas de *Chavirey*, réfecturier ; Claude *Darota* ; Pierre *Daquier* ; Guillaume du *Pasquier* ; Claude de la *Charme*, chantre ; Joseph d'*Arragot* et Cleriadus de *Morel*, religieux. Cet acte fut ensuite approuvé en cette même année 1612 par Claude de Guise, abbé de Cluny, supérieur du prieuré de Gigny et de ses dépendances, et enfin homologué par le lieutenant-général du bailliage d'Aval au siège de Montmorot... Au reste, malgré cet affranchissement et par suite de l'ancien usage mainmortable, les filles du hameau des Buchots continuèrent, jusque sur la fin du XVIIIe siècle, à gésir la première nuit de leurs noces chez leurs parents et à n'aller habiter chez leurs maris que le lendemain, au rapport de M. le président Oudet, témoin oculaire.

L'un des membres de cette famille, Philib. *Buchot*, de Maynal, longtemps qualifié abbé, régent de cinquième et de sixième au collège de Lons-le-Saulnier depuis 1781, se démit en 1788, se fit graduer en droit et devint ministre de l'extérieur en avril 1794, sous le règne de la Convention nationale, mort en 1812.

Un autre membre de cette ancienne famille vient d'aliéner le patrimoine de ses ancêtres, et le hameau des *Buchots* est passé aux mains de ceux qui ne lui ont pas donné son nom.

Page 488, § 5.

En 1757, G. L. J. de Belot, chanoine de Besançon, prit possession d'une des chapelles de l'église de Maynal. En 1777, M. de Faletans nomma Fr.-M. Brossette titulaire de celle du Rosaire.

Page 489, § 6.

Les dîmes d'Orbagna et de Crèvecœur appartenaient pour un tiers au seigneur de Crèvecœur, pour un autre au prieur de Maynal, et pour le troisième au curé de Beaufort.

Page 490, § 6.

En 1791, on a vendu, comme biens nationaux, provenant du prieuré et situés à Maynal :

Maison prieurale et clos de vigne de six journaux et demi attenant au prix de. . . . . . . 8,050 fr.
Cinq autres journaux de vigne. 2,950
Trois soitures au pré du Breuil. . . . 5,400
Quatre arpents de bois. 1,500
En outre, à Flacey, un pré de quatre soitures, dit le *Pré de l'Aumônier*, moyennant. . . . 6,600

Total des ventes. . . . . . . 24,500 fr.

Page 490, § 7.

Un arrêt de 1714 confirma au curé de Maynal le droit de percevoir annuellement deux mesures de froment par chaque feu, dans sa paroisse. C'était la *moisson du curé*, autrement les *charrues*, les *quarterons*, dont il a été parlé.

Art. XIX bis. *Prieuré de* Montagna.

Page 490.

L'infatigable auteur du *Dict. Histor. du Jura* croit avoir découvert un prieuré de Gigny, compris en l'archiprêtré de Coligny, dans le passage suivant d'un pouillé du diocèse de Lyon dressé au XIIIe siècle : *Montanies prioratus, et non est ibi ecclesia parrochialis*. Il pense que ce prieuré existait au lieu dit *le bois de la Chapelle*, où on a trouvé plusieurs tombeaux qui renfermaient des ossements humains. Il présume que ce prieuré s'est converti en paroisse, parce que, dans le pouillé du XIVe siècle publié par l'historien Lamure, on trouve une église paroissiale à Montagna mentionnée au même archiprêtré sous le patronage du prieur de Gigny : *In archipresbyteratu Cologniaci ecclesia de Montagnia le recondu*. Nonobstant toutes ces indications, on ne trouve aucun autre titre relatif à ce prieuré. On voit seulement que Pierre était déjà chapelain de Montagna en 1274 ; que, jusque dans les derniers temps, le patronage de l'église a appartenu au monastère de Gigny, et que le plus ancien titre que nous ayons trouvé sur ce lieu est celui par lequel Fromond de Joudes et Humbert d'Arlay, son frère, donnèrent, en 1232, aux religieux du Miroir, un meix situé à Montagna, avec pouvoir d'y construire un moulin.

Art. XX. *Prieuré de* Mouz *ou de la* Madeleine.

Page 490, § 1.

Deux titres de l'abbaye du Miroir de 1479 et 1481 mentionnent comme lui appartenant des champs à *Mouz*, aux *journaux soubz Moux*, du territoire de Cuiseaux.

Page 491. *Note* 200.

Une commune du département de la Nièvre, en l'arrondissement de Château-Chinon, porte le nom de *Moux*, en latin *Muscus*. Un hameau de Corgoloin près Nuits est appelé de même.

Ibid. § 2.

Ch. XIII.

Une de nos nouvelles pièces justificatives prouve que *Guis* ou *Guion*, *prior de Monts*, authentiqua par son sceau, en 1268, de concert avec l'abbé du Miroir, une charte concernant Humbert d'Andelot et Poncet de Moysie, de la paroisse de Dommartin. Ensuite d'une faute de copiste ou d'imprimeur, le mot *Monts* a été substitué à *Moutz* ; mais on ne peut pas douter qu'il ne s'agisse du prieuré voisin de Cuiseaux. Ce bénéfice fut sans doute réuni, vers l'an 1320, à l'office du chambrier, en même temps que celui de Châtel.

En 1718, J. B. de Chavirey, chambrier, nomma encore N... Crestin chapelain de la Madeleine.

Page 492, § 2.

En 1791 et 1793, on a compris dans la vente des biens nationaux trois pièces de vigne à Cuiseaux, dépendantes de la *Chapelle de la Madeleine*, et aliénées au prix de 1185 francs.

Quant à *la dîme en Foissia*, les deux tiers en appartenaient aux chanoines de Cuiseaux, et l'autre tiers se partageait entre le curé de Digna et le prieur de Châtel ou de la Madeleine. La part des chanoines était louée en 1790 au prix de 202 francs.

Page 493.

Les dîmes du chapitre de Gigny, à Cuiseaux, étaient louées en 1789 moyennant. . . . . . 1,414 fr.
Celles de Champagna. 1,229
Vingt-six ouvrées de vigne. 116
Cens ou produit du terrier. 300

Des difficultés étant survenues au sujet de ces dîmes entre les religieux de Gigny et les chanoines de Cuiseaux, il fut statué, par un arrêt du parlement de Dijon, en 1579, que le tiers en appartiendrait à ces chanoines, pour leur tenir lieu de portion congrue, tandis que les deux tiers resteraient propres aux moines de Gigny.

En ce qui concerne les dîmes du village de *Marie*, dépendant de Cuiseaux, le tiers en revenait aussi auxdits chanoines, qui l'avaient loué, peu avant 1790, moyennant 175 fr. Les deux autres tiers étaient levés par le sacristain de Gigny, le chapelain de Ste-Barbe d'Andelot et les sieurs Perrard et Puvis.

Page 494, § 5.

Le *Clos de Gigny*, comme on l'appelle maintenant et comme on l'appelait dans le XVIIIe siècle, fut acensé et abergé à perpétuité, en 1629, par le prieur Ferdinand de Rye, à six laboureurs ou vignerons du village de Vaux, à charge du quart des fruits, et en outre à la condition de

CH. XLIV.

défricher et d'établir en bon état de vigne la partie qui était en hermiture. Cet abergeage comprit non-seulement le *Clos de Champagna*, comme on l'appelait alors et déjà en 1542, de la contenue de 100 ouvrées, mais encore les maisons et le pressoir contigus qui en dépendaient; avec la réserve d'y laisser trouiller tant ledit prieur que ses autres amodiateurs. Ce clos, dont le vin était conduit au château de Gigny par les corvéables de Graye et de Charnay, n'a été réduit en terre labourable qu'après la révolution de 1789.

Le 8 avril 1791, le clos de Gigny a été vendu par l'État moyennant 3,100 fr., et alors il appartenait à 55 propriétaires. A la même époque, on a aussi vendu 85 autres ouvrées de vigne à Champagna, provenant du chapitre de Gigny ou des dames de Migette, et acensées également au quart des fruits. Cette dernière vente fut faite au

CH. XLVII.

prix de 3,233 fr., et comprit sans doute un autre *Clos et curtil au sieur de Gigny*, situé à Vaux et dont parle le terrier de 1610.

Page 495.

Le cimetière de Frangy près Bletterans, comme ceux de Graye et de Champagna, est aussi limité par quatre petites croix en pierre.

ART. XXI. *Prieuré d'Oussia.*

Page 496, § 2.

CH. XVII.

L'historien du diocèse de Lyon a écrit, en 1671, que le prieuré d'Oussia était du patronage de l'archevêque de Lyon, et l'église de celui du prieur de Nantua. Or, en cela, il a commis certainement deux erreurs, car les titres de Gigny en 1572, 1603, 1652, etc..; l'ancien catalogue de Cluny, vers 1520; *Guichenon* en 1650, *Garreau* en 1717, etc..., placent unanimement ce bénéfice à la nomination du prieur de Gigny, et l'église à celle du titulaire d'Oussia.

Page 497, § 3.

St-Didier, évêque de Vienne, est généralement fêté dans le département de l'Ain le 23 mai, jour de son martyre en 608, et le 11 février, jour de la translation de ses reliques. Il est à remarquer aussi que St-Didier, évêque de Langres, martyrisé en 407 par les Vandales, est fêté le 23 mai comme celui de Vienne ; et qu'un troisième St-Didier, évêque de Lyon et confesseur, mort vers 430, était fêté également dans tout l'ancien diocèse de Lyon le 11 février, jour de la translation susdite. Ces diverses coïncidences peuvent faire soupçonner une certaine confusion entre ces saints homonymes.

Page 498, § 5.

En 1791, les immeubles du prieuré d'Oussia, consistant en une maison prieurale, avec écurie, cave, jardin et champ d'une coupée attenant, et en outre en une vigne de seize ouvrées, un bois de 18 arpents, et deux prés de quatre chars et demi de foin, ont été vendus par l'État moyennant 17,200 francs.

Art. XXII. *Prieuré de* Poitte.

Page 500, § 3.

Il y a encore à Poitte le *Moulin des Prêtres*, qui dépendait peut-être anciennement du prieuré.

Page 500, § 4.

L'église de Poitte est bien certainement désignée sous les noms de *Peyst* ou *Peistum* dans des titres de 1184, Ch. viii. xv 1209, 1234, 1274, et sous celui de *Pétoir* en 1288. Elle l'est peut-être aussi sous celui de *Spinctensis, Spentensis, Spictensis*, dans trois bulles de 1089, 1107, 1190, confirmatives des possessions de l'abbaye de Baume.

Cette église, érigée en succursale le 28 août 1808

15

pour les communes de Blesney, Buron, Mesnois, Patornay, Poitte et Thuron, a été transférée en 1841 de Poitte au pont de Poitte, et l'ancienne église a été convertie en chapelle.

Page 501.

St-Guérin, qui a un culte à Poitte le 28 août, n'est ni St-Guérin, cardinal, fêté le 6 février, ni St-Guérin, martyr, frère de St-Léger, fêté le 3 octobre, ni le vénérable Guérin, moine de Luxeul et abbé d'Igney, fêté le 19 août, mais bien St-Guérin, abbé de Haute-Combe en Savoie, élu évêque de Sion en 1138 et fêté le 28 août.

CHAPITRE LVIII.

Page 503, § 2.

On trouve dans l'inventaire des titres de Gigny que son prieuré possédait, en 1564, des dîmes aux *Granges de Crouis*. Or, l'auteur de cette note ignore de quel lieu il s'agit, à moins qu'il ne soit question des Granges de Dessia ou des *Creux*, où nos religieux étaient en effet décimateurs.

Page 504.

En 1789, les dîmes de Gigny étaient louées ainsi qu'il suit, dans les lieux ci-après :

Champagna.	1,229 fr.
La Chapelle-Naude.	850
Condal (Pré seulement du *Breuil*).	192
Ste-Croix.	600
Cuiseaux.	1,414
Dommartin.	310
Fronteneau.	550

Joudes et Marcia. . . . . 715 fr.
Miroir (hameaux de Belfoz et Crotenots). 45
Varennes. 1,000

Page 505, § 3.

La grosse et la petite dîme sont déjà distinguées dans deux de nos chartes de 1250 et 1295, et dans un nécrologe de 1175. On trouve le mot *Grabadis* usité en 1650, et sans doute bien auparavant. — Ch. 81 bis. 96 bis.

Page 506, § 3.

Le feurg ordinaire de la dîme du prieuré de Gigny, à la 11ᵉ gerbe des gros blés et à la 16ᵉ mesure des menus grains, était aussi observé à Varessia par le commandeur du Temple, qui était seigneur du lieu, mais seulement sur les fonds de la directe de Gigny; car sur ceux de ses propres sujets il levait une dîme de trois gerbes sur 23.

Les religieux de Gigny ne dîmaient que les fruits des fonds en culture et non ceux des prés naturels, ni des bois. La culture du *trefle* et des autres plantes fourragères était trop peu répandue dans nos pays avant 1790 pour être affectée de la dîme. Mais il paraît, d'après les opinions des jurisconsultes et d'après les pièces d'un procès instruit en Normandie en 1784, que cette nouvelle culture aurait fini par y être assujettie. Nos Bénédictins ne pratiquaient pas non plus, même hors de la Franche-Comté, la dîme mixte, ou celle du *bétail*, des veaux, des chevreaux, des cochons de lait, des agneaux, de la laine, etc., comme les religieux de St-Claude, qui appelaient cette dîme *Drolis*, ceux de St-Étienne de Dijon, de Brou près Bourg, etc. On ne trouve pas qu'ils aient jamais exercé la *séquelle* ou suite, c'est-à-dire la dîme, dans des paroisses étrangères, sur des fonds cultivés par leurs paroissiens décimables. L'auteur de ces lignes a seulement vu que, dans le voisinage, cette séquelle avait eu lieu entre les deux curés de Sagy et de

Ratte jusqu'en 1485, année où elle fut abolie ensuite d'une sentence arbitrale. Quant à la *dîme personnelle* sur les produits de l'industrie, elle a toujours été inconnue dans les possessions de nos moines. Celles du poisson des étangs, du miel des abeilles, du foin des prés, du grain des moulins, etc..., mentionnées dans une bulle du pape Alexandre III, mort en 1181, y étaient aussi inusitées.

Après le jugement qui condamna en 1616 les habitants de Flacey à subir la dîme sur le *maïs*, il en intervint un autre, en 1625, dans le même sens, en la justice de l'abbaye du Miroir. Enfin, en 1643, un arrêt du parlement de Dôle condamna aussi les habitants de Villers-Robert et de Souvans à la supporter et à la payer aux bénédictins du collège de St-Jérôme de Dôle, ayant droit de ceux de Gigny, à cause du prieuré de Château-s.-Salins. Dès-lors la dîme du blé de Turquie, qu'on cultivait depuis peu d'années dans le pays, y fut levée sans contestation.

Les habitants de Nancuise prétendirent, en 1773, n'être tenus à la dîme des menus grains qu'à volonté, en manière d'oblation, mais le parlement de Besançon les condamna à la subir à la 17e mesure.

Page 507, § 5.

A Moutonne, les religieux de Gigny n'avaient qu'une petite portion des dîmes, dont le tiers appartenait au seigneur, et les deux autres tiers se partageaient entre l'abbesse de Château-Chalon, le curé de Sezeria et le prieur de Gigny.

Page 513, § 9.

En fait de rentes et d'acensements appartenant au prieuré de Gigny, on trouve encore que:

1° Noble Pierre du Tartre, docteur en droits, acensa en 1527 une pièce de terre située à Montmirey-la-Ville, de la contenue de trois journaux, moyennant la rente annuelle de 12 blancs, portant lods, seigneurie et retenue.

2° En 1643, les échevins et habitants de Gisia furent traduits en justice par les religieux de Gigny, pour en obtenir paiement de sept années d'arrérage d'une rente au principal de 100 fr., portant intérêts annuels de 8 fr. et constituée plusieurs années auparavant. CH. XLIX.

Ibid., § 10.

Le 23 mars 1791, les prés et autres immeubles qui suivent, situés à Gigny et provenant du chapitre, ont été vendus comme biens nationaux :

	Soit^{res}		vendues fr.
Au Brouilla.	1	1/2	— 2,050
Ibid.	2	»	— 7,750
Ibid.	4	1/2	— 8,675
En Merjus.	1	1/2	— 3,000
En Lachon.	2	»	— 2,100
En Frêne.	1	1/6	— 2,025
En Barboux.	2	»	— 2,100
Culée du Tison.	1	1/8	— 925
Pré Bernard.	2	1/2	— 3,250
Ibid.	»	1/2	— 450
Charoupière de Corbe.	1	»	— 125
En Dêle.	1	»	— 385
Ibid.	1	1/4	— 1,200
Charoupière de Dêle.	1	1/2	— 625
Culée du pommier en Dêle.	»	1/2	— 275
Culée-Goyard en Dêle.	»	3/4	— 655
Culée du *Chantre*.	»	2/3	— 1,350
Culée de la Broie.	1	1/2	— 1,850
En........ (vendus en 1794).	»	3/4	— 2,150
A reporter.			— 40,940

Report.		40,940 fr.
La condamine au sud.	vendue	9,125
Les deux condamines au nord.	—	17,200
Deux étangs en nature de pré.	—	6,500
En ajoutant les ventes postérieures, savoir :		
Maisons claustrales ou canoniales.	—	53,950
Grange de l'Isle.	—	15,200
Vignoble (vendu par M. de Moyria).	—	5,000
Prés de Cropet.	—	17,550
Bois de 18 arpents au Villars.	—	2,138
on trouve que les ventes des immeubles de Gigny seulement se sont élevées à.	—	167,603
Si ensuite on ajoute encore à ce total :		
Ventes faites à Graye au prix de	—	79,000
Celles du prieuré de Donsurre,	—	34,225
Item du prieuré d'Oussia.	—	17,200
It. du prieuré de Marboz.	—	46,035
It. du prieuré de Cuisia.	—	6,190
It. du prieuré de Chambournay.	—	30,000
It. du prieuré de Château-s-Salins.	—	184,840
It. du prieuré de Châtel.	—	8,400
It. du prieuré de Chatonnay.	—	12,300
It. du prieuré de Clairvaux.	—	21,120
It. du prieuré de Maynal, et pré de Flacey.	—	24,500
It. de la Motte d'Ilay.	—	506
It. des vignes à Champagna.	—	6,333
A reporter.		638,252 fr.

Report.	638,252 fr.
Celles des vignes de la Madeleine à Cuiseaux. . . .	— 1,185
Item du Clos-St-Jean et de la Sacristaine. . . .	— 15,025
It. du pré du Breuil à Condal, etc.	— 12,075
on voit que le montant des ventes d'immeubles de l'ancien prieuré de Gigny, aliénés par la nation, s'est élevé à un total de.	— 666,537

Dans ce total ne sont pas compris les 207 autres arpents de bois que nos religieux possédaient encore à Gigny, Graye et Colonozay. De ceux de Gigny, *le bois du Ladre* seul a été vendu, et les autres sont restés à la commune, dont ils constituent aujourd'hui le quart de réserve. Quant à ceux de Graye, dont les taillis étaient âgés en 1789 de 2, 12, 13, 15, 20 et 30 ans, ils ont été aussi vendus par l'État. Ils consistaient en trois pièces, savoir : *La Mende* de 54 arpents, le *Grand-Diévant* de 50, et le *Petit-Diévant* de 15, avec une maison à la Mende pour le logement du garde, qui recevait 144 fr. de gages et une paire de souliers. Ces bois avaient été reconnus banaux au prieur dans le terrier de 1542, ainsi que celui de *Hautefay* à Charnay, qui fut acensé en 1666 avec le moulin de Balanod.

Au reste, le total de ces ventes aurait été bien autre encore si la loi de 1789 n'eût donné bénévolement et gratuitement aux censitaires tous les biens qui avaient été acensés ou abergés à perpétuité. Pour en donner une idée, il suffira de dire que c'est ainsi qu'ont été aliénés les moulins de Gigny, de Cropet, de Graye, de Guinan, de Louvenne, de la Pérouse, de Véria, de

CH. XLIV.

Balanod, de Liconna, et tant d'autres immeubles de toute nature.

On lit dans le *Dict. hist. du Jura* que le prieuré de Gigny avait aussi à Frontenay un *cellier*, comme l'abbaye de Château-Chalon et le prieuré de Frontenay même, pour préparer et loger les précieux vins qu'ils récoltaient dans leurs vignobles. Mais l'auteur de l'Histoire de Gigny n'a rien trouvé qui eût trait à cette propriété dans les derniers temps.

Page 516.

La rente annuelle de 150 fr. payée à l'Hôtel des Invalides remplaçait probablement l'ancien droit, dit en Franche-Comté *Pain de l'Abbaye*. Elle résultait d'un arrêt rendu en 1676 par le Conseil d'État, lequel disposa que les abbayes et prieurés de nomination royale en cette province paieraient annuellement, pour les Invalides, savoir : ceux de 1000 fr. et au-dessus de revenu, la somme de 150 fr., et ceux d'un revenu moindre de 1000 fr. celle de 75 fr. Ce pain d'abbaye était aussi désigné sous le nom d'*oblat*, et les anciens soldats ou officiers invalides qui recevaient cette pension étaient également appelés *oblats*.

CHAPITRE LIX.

Page 517.

Additions et modifications à la liste des religieux :

Ch. VI. **AIMON**, 1195.
BADEL (Laurent de), 1481.
BALAY (Adrien de), religieux novice, en 1705.
— de *Château-Rouillaud* (Claude-Antoine), 1720.
— *Marigna* (Philippe-Louis de), déjà en 1679.

Ballay du Vernois (Cl.-Aimé-Gaspard de), encore en 1752.
— (Henri de), encore en 1721, 1723, 1724.
BALLET (Etienne de), 1391.   Ch. xxiv.
BARCHOD (Humbert de), 1481.
BEAUFORT (Guy de), 1423, 1435.   Ch. xxxiv.
BERNARD de *Montessus* (Joachim de), reçu en 1590?
BOIGNE. (V. Bugne.)
BOIS (Jean du), 1435.   Ch. xxxiv.
BONNARD (Louis de), déjà en 1481.
BOUCHARD-BOUVARD, 1473, 1474, 1489.
BOYGE (Pierre de), 1582.
BUSEAU-BOUVARD, 1473, 1481, 1503.
CHALEA (Louis de), 1481.
CHAMBOURNAY (Jean de), 1423.   Ch. xxx.
CHARME (François de la), 1481.
CHARNOZ (Claude de I.), déjà en 1481.
— (Garric de), déjà en 1481.
CHATARD (Amblard de), déjà en 1481.
— (Etienne de), frère de Humbert, en 1435.   Ch. xxxiv.
CHAVIREY (Claude Louis de), déjà en 1650.
— (Guibert de), aussi en 1600, 1603.
— (Jean de), encore en 1626.
— (Philibert de), en 1567.
CHILLY (Hannon de), 1164.
CHOIE (Aimon de), 1435.   Ch. xxxiv.
COLLAOU (Antoine de), déjà en 1481, encore en 1500.
CORLAOU (Hugues de), 1521.
CORMOZ (lis. peut-être *Cornoz*).
DAGAY (Jean), aussi en 1481, encore en 1503.
DÉSIRÉ de Lons-le-Saulnier (Désiré de St-) 1164 (23).
DORTANS (Jean de), 1435.   Ch. xxxiv.

(23) Ce religieux de Gigny était fils d'*Alard de St-Désiré* qui avait un autre fils, *Humbert de St-Désiré*, prévôt de Lons-le-Saulnier en 1173, mais mort avant 1212.

Ch. xxxiv.	DURESTAL (Jean de), encore en 1435.
	FERTEY (Heymard de la), 1494.
	FILLAIN (Jean de), 1481, 1482, 1497.
Ch.	FRANGEY (Etienne de), 1500.
xxvi. xxix.	FRONTENAY (Jean de), déjà en 1400, encore en 1420.
Ch. xxxiv.	GAILLARD (Etienne de), 1435. (V. *Gayard*.)
	GAYARD (Etienne de), encore en 1435. (V. *Gaillard, Guayard*.)
Ch. xxxviii.	GAYNE (Jean de), aussi en 1481, encore en 1483.
	GERMAIN (Antoine de St-), vers 1560.
Ch. xxxiv.	GRANDCHAMP (Jean I de), encore en 1435.
Ch. xxxiii. xxxvii	— (Jean II de), oncle, en 1442, 1446, 1452, 1457, 1461.
Ch. xxxiii. xxxix. xli.	— (Jean III de), neveu, en 1471, 1480, 1494.
Ch. xliv.	— (Jean IV de), en 1508, 1530, 1542, 1546, 1547, 1557.
Ch. xliv.	GRANDMONT (Jean-Simon de), déjà en 1542.
	GUAYARD (Jean de), en 1435. (V. Gayard.)
	GUAYNET (Jean de), probablement Jean de *Gayne*.
Ch. xii.	GUILLAUME I, prieur en 1260.
	— II, prieur en 1278-1294, au lieu de *Guill*. I.
	— III, prieur en 1359, au lieu de *Guill*. II.
	GUYENNO (Jean), probablement Jean de *Gayne*.
	HARACOURT (Girard de), 1522, 1542.
	HAYMON. (V. *Aimon*.)
Ch. vi.	HUGUE, sacristain en 1195.
	JAMIN (Antoine de), en 1481.
Ch. xix. xx.	JEAN, chambrier vers 1316, 1321.
	JÉROME (Guillaume de St-), déjà en 1481.
	JOUFFROY (N... de), reçu religieux en 1698.
	LALLEMAND (Philibert), en 1474, 1489.
Ch.	LARRIANS (Éléon.-Hyac. de *Belot* de), reçu en 1697.
xxvi. xxxiv.	LESTZON eu LESTZOT, LESSON, LESSOT (Guy ou Guyot, Guidon de), en 1400-1438.

LYE (Paris de la), aussi en 1560.
MARNÉSIA (N... *du Châtelet*), déjà en 1705. (V. *Lezay*).
MARNIX (Claude Gaspard de), encore en 1673, 1674.
MAYROT de *Mutigney* (Ant.-Fr.-Bernard), reçu en 1720.
MELLIA (Étienne de), aussi en 1435.   Ch. XXXIV.
MOBLEU (Philibert de), en 1560 (24).
MONTESSUS. (V. *Bernard*.)
MOREL (Jean de), en 1435.   Ch. XXXIV.
ORGELET (Étienne d'), en 1435.   Ch. XXXIV.
     —   (Pierre d'), déjà en 1401.
ORNANS (Alexandre d'), déjà en 1471.   Ch. XXXIII.
PASQUIER *de la Villette* (Henri du), 1645-1676.
PENARD ainé (Jean de), déjà en 1481.
     —   jeune (Jean de), en 1481.
PIN (Clériadus du), déjà en 1647, et aussi en 1680, 1682, 1687.
PLAYNE (Jean de), prieur de Champlitte vers 1570.
RECULOT (Charles de), déjà en 1676.
RONCHAUX (Louis de), aussi en 1631 et 1636, année de sa mort
ROYGE. (Lis. *Boyge*.)
SAIX (Louis du), en 1582, chambrier à St-Claude en 1592.
SARCEY (Henri de), en 1391, 1393; mort avant 1400.   Ch. XXIV. XXV.
SCEY (Henri de), en 1403, 1406, 1412.
SELIANE (Jean de), en 1497, } probablement Jean de *Fillain*.
SILLARNO (Jean de),
SODERINI (François de), en 1505, 1506.   Ch. XLIII.
TARLET (Louis de), mort avant 1548.
TOUR (Louis de la), encore en 1503.

    L'inventaire des titres de Cluny, où l'on a trouvé le nom inconnu de ce religieux, a défiguré beaucoup de noms propres. Il s'agit peut-être ici de *Noblens* ou de *Neublans*.

UGNIE (Pierre d'), déjà en 1570.
VERGEY (Humbert de), 1481.
VYT (N. . . de), en 1 . . .

CHAPITRE LX.

Page 529, §"3.

Ch. xxxviii. Claude du *Pin*, docteur ès-lois, était bailli de la terre de Gigny en 1483, y ayant alors pour lieutenant Pierre de *Castre* ou de *Château*, seigneur de Chaléa.

Jean de *Plastre* (P. E. de Plaine), était mistral et juge temporel en 1498.

Ch. xliv. Guillaume de *Boisset*, docteur en droit, bailli en 1542, y ayant pour lieutenant Jean *Mercier*, docteur en droit et bailli d'Arinthod.

Cl.-Philib. *Bach* odétait encore bailli en 1721.

Page 530, § 4.

Ch. xliv. Claude *Pandet* était déjà procureur d'office en 1542.

Hubert *Bachot*, déjà en 1672.

Gabr. *Bouquerod*, en 1689.

B. *Berthelon*, encore en 1750.

Cl.-Fr. *Renauld*, encore en 1771, 1772.

Page 530, § 5.

Ch. xliv. Claude *Same* était secrétaire (greffier) du bailli de Gigny en 1542.

Page 531, § 6.

Jean-B. *Gaspard*, père de l'auteur de cette histoire, fut élu juge de paix le 9 décembre 1790; réélu en 1792 ou commencement de 1793; destitué par Lémare et Genisset le 6 octobre de cette dernière année; réélu pour la troisième fois en avril 1795, et remplacé sur ses instances et démissions réitérées en novembre suivant.

CHAPITRE LXI.

Page 531, 532.
Chapon (N....) était notaire à Gigny en 1416.
Roussel (Guillaume), prêtre, était notaire des autorités impériales et juré de la cour de l'official de Lyon, déjà en 1431. Ch. XXXIII.
Mouré (Jean I) de la Pérouse, clerc du diocèse de Lyon, notaire public de l'autorité impériale, déjà en 1435, probablement père ou oncle de Jean Mouré qui suivra. Ch. XXXIV.
Pernet (Antoine) de la Pérouse, clerc, notaire en 1435. Ch. XXXIV.
Mouré (Jean II) de la Pérouse, prêtre, notaire public de l'autorité impériale en 1461, 1462, 1471. Ch. XXXIII.
Muard (Bartholomey), de Gigny, notaire en 1481.
Chapon (Louis), déjà en 1542. Ch. XLIV.
Bertrand (Louis), encore en 1610. Ch. XLVII.
De Vif (André), en 1587-1635.
Bertrand (Claude), clerc à Cuiseaux en 1609, aussi notaire à Gigny en 1626.
Boisdeau (Guyot), de Gigny, déjà en 1636, encore en 1683.
Bachod (Philibert), en 1676.
Grandmont (Aimé), encore en 1685.
Bouquerod (Gabriel), déjà en 1691, encore en 1699.

CHAPITRE LXII.

Page 533, § 1.
Pierre *Mareschal* était encore curé à Gigny en 1435. Ch. XXXIV.
Philibert *Cancalon* l'était toujours en 1753.

Page 534, § 2.

Pour prouver que les vicaires de Gigny ne tardaient pas à obtenir quelque cure à la nomination du prieur ou des religieux, il suffira de dire que *J. de Moncel* devint curé à Monnetay en 1680...; *J. Bouquerod*, à Nantey, en 1683...; *P. C. Fuynel*, à Bourcia, en 1690...; *P. Vuitton*, à Varennes, en 1701...; *H. Clément*, à Pressia, en 1712....; *Cl.-Ant. Gentelet*, à Louvenne, en 1723...; *C. Babey*, à Epy, en 1743...; *Al. Bouquerod*, en 1746, à St-Sulpice...; *J.-B. Collin*, en 1747, à Montagna-le-Reconduit...; *J.-M. Michaud*, à Ste-Croix, et *C.-B. Christin*, à Digna, en cette même année...; *P.-Fr. Cattin*, en 1752, à Cuisia (Ain)...; *J.-M. Lorges*, en 1779, à Loyon ou Morges...; *N. Panisset*, en 1783, à Saint-Julien, etc...

Page 535 §. 3.

Les églises ayant été fermées dès 1793, et la plupart des prêtres constitutionnels ou assermentés ayant renoncé à leur profession, le représentant du peuple Lejeune, en mission dans le Jura, statua par un arrêté du 16 mars 1794 que les morts seraient accompagnés jusqu'à leur dernière demeure par le maire ou autre officier municipal revêtu de son écharpe. Mais cette formalité n'a jamais été observée à Gigny, et les corps étaient portés au cimetière sans prêtre ni maire, et sans avoir été présentés à l'église. Plus tard, après que la loi du 30 mai 1795 eut permis le libre usage des églises non aliénées pour l'exercice du culte, le petit nombre des *schismatiques* y fit présenter ses morts et les fit accompagner d'un prêtre assermenté, tandis que ceux du parti dit *aristocratique* continuèrent à les faire enterrer sans cérémonies religieuses.

Page 536.

Rossel (Claude), originaire de Gigny, était déjà prêtre en 1542.

Jannet (Jean), de Cropet, l'était à la même époque.   Ch. xliv.
Gollion (Joachim), en **1672**.
Bouquerod (Jacques) était curé de Chambéria en **1673**.

CHAPITRE LXIII.

Page 537.
Roussel (François) était déjà chirurgien en **1677-1678**.
Bouache (François-Lazare) l'était encore en **1706**, père de :
— (François), aussi chirurgien, marié en **1701**.
Boudot (Philib.), M^e chirurgien et apothicaire, était de Chaussin.
Arbel (Cl.-Fr.), d'Écrille, chirurgien à Gigny en **1719-1730**.
Vuillerme (Cl.-Fr.) était chirurgien-juré de M. de Gigny en **1734**.
Desous (Philib.), déjà en **1752**, encore en **1796**.
— (J.-Fr.-Hubert), né en **1762**, reçu maître en chirurgie en **1786**, mort en **1854**.
Perrin (Étienne-Guy), déjà garçon-chirurgien à Gigny en **1764**.

CHAPITRE LXIV.

Page 538.
Dès le XVe siècle, les échevins étaient élus, chaque année, au nombre de quatre à Gigny, et au nombre de deux seulement dans chacun des villages de la Seigneurie.   Ch. 125. 126. 128. 129. xliv.

CHAPITRE LXIV bis.

FAMILLES ANCIENNES DE GIGNY ET DE LA SEIGNEURIE.

Page 539.

Les anciennes familles disparaissent partout, et il ne s'en forme point de nouvelles qui offrent quelque avenir de durée. La mainmorte n'attache plus les hommes au sol qui les a vu naître; le droit d'aînesse, le régime dotal et les couvents ne conservent plus les biens dans les mêmes maisons. On ne se contente plus de cultiver le champ de ses pères et de vivre de ses produits avec simplicité et économie. On abandonne le village pour courir après la fortune, afin de satisfaire à des besoins de luxe sans cesse renaissants; et les familles se ruinent et se dispersent ainsi. Il en est arrivé de même à Gigny, dont on va citer et signaler, selon l'ordre alphabétique, les anciennes familles qui subsistent encore :

BACHOD; famille honorable, probablement originaire du département de l'Ain, dont *Claude B.*, qui se maria à Gigny, vers 1640, avec Gasparde Grandmont, et fut père de quatre fils, lesquels partagèrent en 1675, savoir: *André B.*, curé à Maynal...; *Hubert B.*, notaire, qui a continué la tige à Gigny...; *Claude-Philibert B.*, docteur en droits et bailli en ce lieu en 1675-1721...; *Claude-François B.*, aussi docteur en droits, marié avec Françoise Berthelon, chef de la branche établie à Lons-le-Saulnier.

CH. XLIV. BEISSARD; famille qui subsiste tant à Gigny qu'à Morges, dont *Claude B.* était échevin à Cropet en 1542.

CHAPITRE LXIV bis. 241

BERTHELON ou **BERTHILLON**; famille dont étaient membres *Claude B.*, à Cropet, en 1542...; *Jean B.*, échevin de Gigny en 1545...; *Claude B.*, prêtre, curé de Loysia, en 1618-1629...; *Benoît B.*, né en 1644, mort en 1719, père de : *Anatoile B.*, né en 1662, mort en 1734, père de : *Benoît B.*, clerc de pratique en 1712, procureur d'office en 1730-1750...; *Noël B.*, mort avant 1675, etc... Сн. 129. XLIV

BOUQUEROD et **BOCQUEROD**, très-ancienne et bonne famille qui subsiste toujours, dont : *N... B.*, greffier en 1514...; *Jacques B.*, notaire en 1599-1633...; *Charles B.*, né en 1613, mort en 1703, père de : *Jean-Claude B.*, chirurgien en 1693-1745...; *Gabriel B.*, né en 1662, notaire en 1691-1699, greffier en 1699-1742...; *Antoine B.*, bourgeois, mort en 1689...; *Jacques B.*, curé de Chambéria en 1673...; *Jean B.*, vicaire à Gigny en 1680-1683, puis curé à Nantey en 1683-1695...; *Claude-Antoine B.*, doct. en théologie, chanoine de Meximieux, curé de Loysia en 1746-1763, mort en 1779...; *Alexis B.*, curé à St-Sulpice en 1748...; *Claude-Philibert B.*, curé à Oussia en 1771..., etc., etc...

CAILLON; famille très-ancienne et encore très-nombreuse à Gigny et au Villars; dont : *Jean C.* et *Pierre-Louis C.*, qui acensèrent en 1437 la grange du cellerier au Villars... On trouve ensuite *Jean C.*, dit *Noir*, et *Amour C.*, habitants de Gigny en 1546; *Girard C.*, *Taurin C.*, *Antoine C.*, *Claude C.*, *Jean C.* et autres, habitants du Villars en la même année. Ch. 120.

Ch. 129.

CHAPPON; l'une des plus anciennes familles de Gigny et de Cropet, où elle a toujours des représentants nommés aussi **CHAPPONET**, **CHAMPON**, **CHAMPONNET**, laquelle a fourni un grand nombre de notaires, dont: *N... Ch.*, notaire à Gigny en 1416...; *Humbert Chapponet* dit *Chappon*, échevin à Cropet en 1488...; *Claude Ch.*, du même lieu, prêtre et notaire public en 1508...; *Jean Ch.*, de

Ch. 125.

16

Cropet, aussi clerc et notaire en 1528-1530...; *Jean Ch.*, de Gigny, autre clerc et notaire public en 1543, 1559, 1564..; *Étienne Ch.* et *Jean Ch.*, de Cropet, en 1542...; *Jean Ch.*, de Gigny, cordonnier en la même année...; *Louis Ch.*, d'id., notaire en 1542-1554...; *Guillaume Ch.*, d'id., clerc et notaire en 1554-1578...; *Claude Ch.*, notaire en 1567...; *Jean Ch.*, notaire et procureur d'office à Gigny en 1581-1589...; *Nicolas Ch.*, notaire en 1612...; *Claude Ch.*, aussi notaire en 1612-1629...; *Jean Ch.*, notaire et procureur d'office en 1635-1674...; *Nicolas Ch.*, notaire en 1674-1679...; *Gabriel Ch.*, à Cropet, en 1672...; *François Ch.*, d'id., en 1675...; *Jean-Baptiste Ch.*, d'id., électeur en 1845, etc., etc...

FIEUX; famille nommée anciennement FIOL, FIAUL, qui ne commence à être désignée sous le nom de *Fieux* qu'à la fin du XVIIe siècle. On trouve *Benoît Fiol* en 1683, le même que *Benoît Fieux* en 1693...; *Thaurin Fiol* en 1684, le même que *Thaurin Fieux* en 1692..., etc....

GOLLION ou GOILLON; dont: *Jean G.*, échevin à Gigny en 1546...; *Joachim G.*, prêtre en 1672...; *Thaurin G.*, en et avant cette même année, etc...

GOY et GOYBEL; bonne et très-ancienne famille, dont: *Jean G.*, procureur d'office en 1488, et notaire en 1496-1516, auquel le moulin de la Pérouse fut abergé en 1496...; *Jean Goy dit Bel*, ainsi que *Claude G.* dit *Gandre* et *Hilaire G.*, vivaient en 1542 et 1546...; *Anatoile G.* était vicaire perpétuel à Gigny en 1605-1626...; *N... G.*, prêtre en 1688...; *Claude G.*, dit *Jean-Bel* ou *Jambey*, y vivait en 1675, etc., etc...

GUILLAUMOD et GUILLAUMOT; de cette famille établie encore de nos jours à Gigny, à Cropet, à Louvenne et au Villars, était probablement membre *Bertrand Guillermot*, échevin de Louvenne ou Cropet en 1488...; *Antoine G.*, de Gigny, tint en abergeage, de 1628 à 1640, le moulin de la Pérouse, qui fut acensé à perpétuité en 1664 à *Claude G.*, son fils ou petit-fils. Ce dernier obtint aussi en 1685 le moulin de Guinan en acensement. Quant à celui de Cropet, il passa de la même manière dans les mains d'une autre branche de cette famille.

GRANDMONT; bonne et honnête famille, dont : *Charles Gr.*, prêtre en 1617-1631...; *Gasparde Gr.*, mariée avant 1643 avec Claude Bachod...; *Thaurin Gr.*, notaire et procureur d'office en 1661-1695...; *Aimé Gr.*, notaire en 1680-1685...; *André Gr*, en 1660...; *Guyot Gr.*, en 1674-1684, etc...

JEANNET; famille de Cropet, dont : *Antoine J.*, éche-   Ch. XLIV.
vin, et *Jean J.*, prêtre, en 1542...; *André J.*, autre prêtre, curé constitutionnel de Loysia, trop connu dans la révolution de 1790 à 1799, etc...

MALESSARD; famille de Gigny et de Morges où elle   Ch. XLIV.
continue d'avoir des représentants. *Pierre M.* vivait déjà à Gigny en 1542...; *Jean M.*, du même lieu, fut curé à   Ch. 132.
Loysia en 1577-1582, etc...

MUYARD ou MUARD; famille ancienne de Gigny, de Louvenne et de la Pérouse, dont : *Bartholomey M.*, no-   Ch. 125. 128.
taire et échevin de Gigny en 1481-1488...; *Pierre M.*, de la Pérouse, demeurant à Gigny en 1546, etc...

POUPON; dont : *Claude P.* en 1542...; *Guillaume P.*,   Ch. XLIV. 128.
menuisier, en 1546...; *Claude P.*, en 1650-1672...; *Anatoile P.*, en 1675-1684...; *François P.*, en 1675, etc.

ROLAND; dont: *Ami R.*, de Cropet, en 1542, etc...   Ch. XLIV.

ROUSSEL; famille de Gigny et de Véria où elle subsiste encore, dont : *Guillaume R.*, prêtre, notaire-juré à Gigny en 1431-1443...; *Claude R.*, autre prêtre audit lieu,   Ch. XXXIII.
en 1543-1582...; *Claude R.*, curé de Gigny et de Véria en   Ch. 132.
1616-1636, etc...

SAVIGNY; dont: *Antoine S.*, marié en 1672, censitaire en 1686 d'une portion du bois du moulin ou des étangs, etc...

VUILLERMET; dont: *Humbert V.*, né en 1650, mort en 1722...; *Claude V.*, né en 1630, vivant en 1675, etc...

Ch. XLIV.
VUITTON; dont : *Guillaume V.* et *Thaurin V.*, du Villars, en 1542-1546...; *Claude V.*, notaire en 1565...; *Pierre V.*, vicaire en 1694-1700, etc...

Beaucoup d'autres familles sont éteintes après avoir plus ou moins figuré à Gigny, savoir celles de : *Bertrand* en 1542-1640...; *Devif* en 1470-1650...; *Enjourrand* en 1542-1570...; *Freredoux* en 1546-1675...; *Humbert*, de Cropet, en 1542-1719...; *Monnard* en 1542-1675...; *Pitiot* en 1488-1690, etc..., sans parler de la maison féodale de *Gigny*, dont on connaît des membres aux dates de 1272 à 1452.

Quant aux villages de la seigneurie de Gigny autres que Gigny même, le Villars et Cropet, les familles s'y sont peut-être succédé d'une manière plus durable, parce qu'elles s'y trouvaient fixées forcément par le régime de la mainmorte. Voici celles que nous y avons constatées et qu'on y trouve encore :

Ch. XLIV.
A CHARNAY, celles de *Gréa*, *Rosset* et *Vuillemin* en 1542.

Id.
A GRAYE, celles de *Giroflier*, *Gollion* et *Ladoy* en 1542.

Id. et 125.
A LOUVENNE, celles de *Bernard* en 1542, *Muyard* en 1488, *Vuitton* en 1542.

Id.
A MONNETAY, celle de *Mottay*, qui composait principalement le village, déjà en 1542.

Id.
A MONTREVEL, celles de *Baron* et de *Ligier* en 1542.

Id.
A MORGES, celles de *Beissard* et de *Malessard* en 1542.

Id. et XXXIII.
A la PÉROUSE, celles de *Mora* ou *Mouré* en 1435, 1461, 1471, 1542, et de *Vincent* en 1542.

CHAPITRE LXV.

Page 540.

L'historien de l'abbaye de St-Martin d'Autun dit que, d'après la tradition, et selon des notes manuscrites de ce monastère, les reliques de St-Taurin et autres martyrs d'Ostie furent apportées, en 878, de Rome à Autun, par le pape Jean VIII, et déposées dans l'église de cette abbaye. Elles y furent relevées en 1223, placées dans une riche châsse, et y restèrent en grande vénération jusqu'en 1570, année où les calvinistes profanèrent cette église. Dès-lors on cessa de leur rendre un culte public, dans la crainte que les hérétiques leur eussent substitué, selon leur habitude, des ossements étrangers. On avait déjà enlevé, en 1562, de la châsse de ces martyrs, 35 marcs d'argent, pour subvenir aux frais de la guerre, selon les prescriptions de l'édit du roi Charles IX.

Page 541.

On comprend difficilement l'existence de cinq évêques à Eause jusqu'à l'année 260, prétendue époque du martyre de St-Taurin par les Vandales. On ne comprend pas mieux à cette date, soit ce martyre, soit le renversement de cette ville par ce peuple qui n'a fait irruption en France que 140 ans plus tard, soit encore la translation, au même temps, du siège épiscopal à Auch. Il est difficile aussi de concilier cette translation dans le IIIe siècle avec l'assistance simultanée d'un évêque d'Eause et d'un évêque d'Auch, soit au concile d'Agde en 506, soit à celui d'Orléans en 511, soit à celui de Reims en 633; comme encore la mort de l'évêque d'Eause, Laban, rapportée à l'année 585 par Grégoire de Tours, historien contemporain. Aussi lit-on que, dans le VIe siècle, Eause était encore la métropole de la Novempopulanie, et que le siège n'en a été transféré à Auch que bien après. Quoi qu'il en soit, il est certain que le nom propre de *Taurin* était fort anciennement usité à Eause, puisque une inscription ou épitaphe de l'époque romaine, trouvée à Nîmes, concerne L. Taurinus *Aurelius*, citoyen à Eause.

Page 542.

En preuve de ce que St-Taurin d'Évreux est né à Rome, on peut dire qu'en effet son nom est latin, comme il a été dit pour St-Taurin d'Eause, et comme l'indique encore la statue avec inscription de *Taurinus Florentius*, patron des nautonniers du Rhône et de la Saône.

Page 549.

On lit que sur la fin du XIIIe siècle les moines de St-Taurin d'Évreux menaient une vie très-irrégulière, et que Geoffroy de Bar, évêque de cette ville, entreprit en vain de les réformer. Or ce prélat étant mort en 1299, et son corps ayant été déposé pour une nuit dans l'église de l'abbaye, selon l'usage, les religieux, ravis de le tenir en leur pouvoir, l'arrachèrent violemment du cercueil, le dépouillèrent de son linceul et le fouettèrent avec force. Une procédure ayant été instruite contre cet attentat, les moines furent condamnés à une amende annuelle et perpétuelle de 40 sols, qu'ils ont payée jusque dans les derniers temps, le 18 avril, jour anniversaire de cet événement.

Page 550.

Les Normands qui envahirent la France dans le IXe siècle, étaient non-seulement des Norwégiens et des Danois, mais encore des Angles ou Saxons. Ce peuple ancien, qui habitait vers les bouches de l'Elbe et du Weser, ainsi que dans le Jutland ou la Chersonèse cimbrique, faisaient déjà des courses dans le Ve siècle, le long des côtes du Poitou et de la Saintonge, peu d'années après s'être emparés des îles Britanniques. Il forma dans le moyen-âge cette célèbre association de commerce maritime, connue sous le nom de Grande-Hanse, entre les villes de Brême, Hambourg, Stade, Lubeck, Wismar, Rostock, etc..., lesquelles se livrent encore de nos jours à une grande navigation. Ce fut sur des barques d'osier, garnies extérieurement de cuir, qu'ils apparurent en pirates sur les côtes de France, vers l'année 455, comme le prouve les vers suivants de *Sidoine Apollinaire*, poète contemporain :

> Quin et Aremoricus piratam Saxona tractus
> Sperabat, cui pelle salum sulcare Britannum
> Ludus, et assuto glaucum mare findere lembo.

Mais l'usage de ces frêles embarcations était bien plus ancien, puisque, selon l'historien *Timée*, qui vivait plus d'un siècle avant J.-C., il existait déjà chez les peuples de la Grande-Bretagne; puisque, selon *Pline*, il y continuait 200 ans plus tard; puisque enfin *Isidore* de Séville le mentionne encore au milieu du VIIe siècle, parmi les peuplades germaniques du Nord.

Une chronique rapporte que la flotte de Sidroc et de Godefroy, deux chefs Danois, remonta la Seine en 852, et vint jusqu'à Autun, ce qui veut dire jusqu'à la source de l'Yonne, peu éloignée de cette ville. Ce fut plus tard, c'est-à-dire en 886 et 895, qu'Autun fut saccagé réellement par Rollon, chef des Norwégiens.

Page 531.

A l'occasion des Normands, et vers l'an 909, les moines de Montier-en-Der, en Champagne, transportèrent aussi en Bourgogne les reliques de St-Berchaire, leur fondateur. Celles de St-Savin avaient déjà été apportées du Poitou en Franche-Comté par les moines de Glanfeuil ou St-Maur-sur-Loire, et peut-être par notre Bernon. Elles furent déposées près de Poligny, dans l'antre d'un rocher, au-dessus duquel on éleva une chapelle dédiée à ce saint martyr, laquelle, déjà dénommée avec les autres possessions de l'abbaye de Baume, dans des bulles de 1089 et 1107, donna naissance ensuite à l'église de Barretaine. On fixe à l'année 885 l'arrivée à Archelange près Dôle, des reliques de St-Marculfe ou Marcou, abbé de Nanteuil en Poitou, qui a donné son nom à deux îles de Normandie, et dont la fête est célébrée le 1er mai. Enfin, on peut présumer aussi que les reliques de Ste-Mélaine ont été apportées à Aresche près Salins à l'occasion du siège de Rennes, en 874, par les Normands.... Que celles de St-Aubin sont également arrivées, à la même époque, de l'Anjou dans la commune du canton de Chemin qui en porte le nom.

Page 552. *Note* 210.

Des reliques de St-Aquilin existent, de nos jours, dans l'église de Cousance, provenant probablement de Gigny.

Ibid. *Note* 211.

L'auteur Bollandiste, qui a écrit l'histoire de St-Taurin, avoue ingénuement ne pas connaître Ste-Florence, dont il est question dans la légende : *Quæ sit Florentia virgo prorsus ignoramus, gratum fecerit qui majorem notitiam nobis suggesserit*. Les détails qui précèdent et ceux qui suivront auraient répondu à sa curiosité.

Page 553.

Le nouvel historien ecclésiastique de la Franche-Comté et l'auteur du dictionnaire historique du Jura ont écrit que les Normands avaient ruiné, saccagé et incendié presque tous les villages de la province, notamment tout le comté d'Amaous, de 845 à 906; les communes d'Aumur, Buvilly, Chevreau, St-Lamain, etc..., en 889...; les abbayes de Baume, Château-Chalon, Gigny et St-Lauthein en la même année; celle de St-Vincent d'Arlay en 923, etc.... Mais il est difficile de concilier toutes ces dévastations avec le texte positif de notre légende de St-Taurin, qui porte que, vers l'année 910 ou 915, il n'était aucunement question des Normands dans les montagnes de la Bourgogne, et qu'on n'en avait rien à craindre. Or, cet énoncé s'accorde très-bien avec la sécurité que suppose la translation qui y avait été faite des reliques de tant de saints des provinces occidentales de France. D'ailleurs est-il à croire que *Bernon* aurait fondé une abbaye à l'époque même de ces troubles et de ces incursions? J'en demande bien pardon aux deux auteurs estimables que j'ai cités, mais de toute cette grande invasion des Normands en Franche-Comté, rien ne me paraît établi que les deux pointes poussées à St-Vivant et à Luxeul.

Page 554.

Les reliques des Saints étaient fort recherchées dans le IXe siècle; car on lit que le corps entier de Ste-Magdeleine, qui se trouvait à Aix en Provence, fut aussi enlevé furtivement, en 878, par un moine de Vezelay pour son abbaye. On trouve de même que les reliques de St-Prudent, qui reposaient à Narbonne, furent également dérobées en 883, par l'évêque de Langres, pour en gratifier le monastère de Bèze.

Page 555.

Le sac de soie où étaient contenues les reliques de St-Taurin était sans doute de l'étoffe qu'on a appelée ensuite *satin turc*, *tapis de Turquie*.

Page 556.

Dans le moyen-âge on ne fondait guère d'église ou de monastère sans le placer sous la sauvegarde d'un martyr ou d'un grand serviteur de Dieu, et Bernon fut sans doute charmé de recueillir les précieuses et nombreuses reliques que la Providence lui envoyait.

Page 559.

Un incendie ayant aussi consumé, en 1469, le cloître ou les maisons du chapitre de St-Anatoile de Salins, les chanoines, comme les moines de Gigny, promenèrent aussi dans tout le diocèse la châsse de leur saint patron, qu'ils avaient sauvée des flammes, et sollicitèrent de la piété des fidèles la réparation de leurs pertes. C'est aussi à l'occasion d'un incendie que les religieux de St-Oyen parcoururent, en 1181 et 1182, le diocèse de Besançon, et notamment les villes et les environs d'Arbois et de Lons-le-Saulnier, avec les reliques de St-Claude, qui y opérèrent de nombreux miracles et procurèrent de grands secours.

Page 560.

La légende parle des deux comtes *Albonerus et Forensis*, ce qui a rapport non-seulement à Guigues, comte de Forez, mais encore à Albon, dauphin de Viennois, ligués contre l'archevêque de Lyon, le comte de Mâcon, etc...

Ibid. Note 221.

De ce que Trévoux est une ville nouvelle, il résulte que l'archiprêtré de son nom, dit aussi *Archiprêtré de Dombes*, n'y a pas été établi d'ancienneté, et que peut-être il a été formé du démembrement de ceux du voisinage.

Page 561. *Note* 223.

Le lieu désigné dans la légende de St-Taurin sous le nom de *Vallis de Curneias* est certainement, comme l'a pensé mon honorable ami M. *Monnier*, le hameau de *Curny* en la commune de Montagna-le-Reconduit ; car les gens à pied y passent encore habituellement en venant de St-Amour ou de Chalamont à Gigny. Un clerc de *Gisia* près Cousance s'y rencontra.

Page 562.

St-Taurin était fêté non-seulement dans les lieux du comté de Bourgogne mentionnés, mais encore à Gésier près l'Oignon, en l'arrondissement de Gray, où existait en et avant 1750 une chapelle fondée sous l'invocation de St-Taurin, St-Roch, St-Sébastien et Ste-Anne... On lit aussi qu'en 1213, l'abbé de St-Claude donna à l'aumônier de son monastère la terre et seigneurie de Chaumont, à la charge de distribuer aux religieux la prébende du *Ressat*, à chaque fête de St-Taurin ; ou, selon d'autres documents, à charge de célébrer au double rit cette fête, et de donner aux moines, ce jour-là, une réfection complète... On trouve aussi que, le 28 décembre 1636, les habitants de Macornay, étant décimés par la fièvre pourprée, résolurent de vouer leur paroisse à St-Taurin ou à St-Tiburce. En conséquence, le 1ᵉʳ janvier suivant, pendant la messe qu'on célébrait hors de l'église à cause de la contagion, les échevins et les notables promirent de faire une procession solennelle, le 11 août de chaque année, en l'honneur de l'un ou l'autre de ces deux Saints, afin d'obtenir la cessation du fléau... Au reste, le culte de St-Taurin est fort ancien en Franche-Comté, car le martyrologe du diocèse de Besançon, dressé au milieu du XIᵉ siècle, le mentionne déjà au 11 août, moins d'un siècle et demi après l'arrivée des reliques dans l'abbaye de Bernon. Mais cet antique martyrologe garde le silence sur St-Aquilin.

Ch. 3.

Page 564 5°.

Une bulle de 1181 désigne l'église de Château-Renauld près Louhans sous le nom de *Ecclesiam de S. Tauro apud castrum Rainaldi*, laquelle aujourd'hui a St-Laurent pour patron, qu'elle fête le 11 août. Or, ce prétendu *St-Taure* serait-il St-Taurin qui est fêté le même jour? Serait-ce *St-Laurent*, mal écrit par un copiste? Aurait-il rapport à un petit *taureau* à trois cornes en bronze et ferré d'argent, qui a été trouvé sur les lieux et qu'on prétend tenir au culte du dieu Bison?...

Ibid. 8°.

La fête de St-Taurin à Gigny est déjà mentionnée en l'année 1235 dans une de nos nouvelles chartes. Le missel et le bréviaire de Besançon, publiés en 1761 et 1766, l'indiquent au 6 septembre pour tout le diocèse, tandis qu'elle était célébrée le 5 du même mois partout ailleurs. Or, cette différence provenait de ce que celle de St-Ferréol et de St-Ferjeux, patrons diocésains, tombait aussi ce même

Ch. XI.

jour. Mais, à Gigny, qui dépendait dès le principe du diocèse de Lyon, puis de celui de Saint-Claude, on a toujours fêté St-Taurin le 5 septembre (et le 11 août), comme le prouvent des titres de 1582 et de 1790.

A tout ce qui a déjà été dit sur le culte spécial et sur la fête de St-Taurin à Gigny, on ajoutera ce qui suit :

1° La confrérie instituée sous le vocable de ce saint pontife subsistait toujours dans les dernières années du XVIIe siècle.

2° Une nouvelle cloche pour l'église paroissiale fut bénie en 1761, comme on a vu, en son honneur.

CH. XLIV.

3° Le ban d'août était suspendu à l'occasion de cette fête, et les habitants pouvaient vendre du vin pendant 24 heures, depuis les vêpres de la veille jusqu'aux vêpres du jour férié.

4° Un homme aimable, amateur du beau sexe et de la musique, honoré trois fois du choix de ses concitoyens, en 1790, 1791, 1795, pour les fonctions de maire, prit l'habitude, dès le rétablissement du culte sous le Directoire, de donner des sérénades et des aubades dans la nuit qui précédait la fête de St-Taurin. Accompagné d'un autre musicien, il rendait ses hommages harmonieux sous les fenêtres de toutes les maisons où demeuraient des filles non mariées. Jeunes ou vieilles, belles ou laides, riches ou pauvres, aucune d'elles n'était méprisée, et toutes recevaient l'hommage d'un ou de deux airs de violon joués par ce galant vieillard *(A. L. Gaudin)* et par son compagnon, qui renouvelaient ainsi les beaux temps de la chevalerie. Les sérénades commençaient à dix heures du soir, se changeaient après minuit en aubades qui finissaient à deux ou trois heures du matin. Cette manière de fêter St-Taurin a cessé vers l'année 1812.

Page 567.

Comme à Gigny et comme à Lezoux, beaucoup d'individus portent le nom ou le prénom de *Taurin* dans les départements du Gers, de la Haute-Garonne et de l'Eure. On connaît à Elbeuf les frères Taurin, inventeurs, en 1818, d'une machine à lainer les draps.

Page 571.

Selon une note de M. *de Poulmie*, grand-vicaire de Saint-Claude en 1785, les reliques de l'abbaye de ce nom comprenaient la tête ou le chef de saint Taurin, lequel avait été cependant constaté à Gigny en 1547, 1647 et 1760.

Les reliques qui existent dans l'église de Saint-Jean-Calybite à Rome ne sont pas celles de saint Taurin d'Évreux, mais bien de saint Taurin d'Ostie. En effet, on lit que celles de saint Jean ayant été envoyées au pape Formose, ce souverain pontife fit bâtir sur elles une église ainsi que sur celles des saints martyrs Hippolyte, Taurin et Herculien.

Page 572.

Le silence du procès-verbal de visite de 1547 sur les reliques de sainte Florence, donne lieu de croire qu'elles avaient déjà été données à l'abbaye de Baume. *Philib. Le Courbe*, qui a écrit une histoire de Lons-le-Saulnier en 1748, dit que le chef de cette sainte se trouvait en effet dans une des deux châsses de cette abbaye, à côté du grand-autel; et l'historien *Dunod* y avait déjà mentionné ses restes vénérés en 1734.

FIN.

NOUVELLES
PIÈCES JUSTIFICATIVES.

I

Ex Abbatum Cluniacensium Chronologia,
Circa ann. 1157 scripta.

Anno incarnationis Dominice 910, Willelmus dux Aquitanorum venerando Petro Pauloque venerandum Cluniaco construxit monasterium ibique sanctiss. *Bernonem* ordinavit abbatem, qui, ut Deus dedit ipse potuit, congregationem sibi commissam, quoad vixit, satis strenue rexit, regnante Carolo rege.... Idem autem pater Berno ordinatus est à S. Gedeone, archiepiscopo Bosontionensi...

910.
MARRIER.
Bibl. Clun.
pag. 1617.

Anno 926, amantissimus pater Berno obitus sui imminere prenoscens diem, omnem congregationem suam sibi adstare jubens, patri Odoni Cluniacense, Masciacense atque Dolense cœnobium commisit regendum. Alteri vero fratri nomine *Widoni* reliqua monasteria reliquit regenda....

926.

His peractis, obiit idem pater eodem anno, idus januarii, requiescit vero in ipso monasterio.

II

Ex Chronico S. Petri vivi Senonensis,
Ann. 1429 scripto.

Anno Do. DCCCC VIII. Guillermus pius, princeps Aquitaniæ, temporo Caroli regis Francorum fundavit monasterium Cluniacense....

908.
MARRIER.
Bibl. Clun.
pag. 8.

Berno primus abbas Cluniacensis obiit plenus dierum, anno ordinationis suæ sexto decimo, et apud Cluniacum in veteri ecclesia retro altare sancti Benedicti sepelitur.

III

Ex Chronico Cluniacensi,
A *Fr. de Rivo* priore majore Cluniac. conscripto circa
ann. 1500.

910.
MARRIER.
Bibl. Clun.
p. 1630. 1631.

Anno ab incarnatione Domini nongentesimo decimo, gloriosus dux Aquitanorum venerandis apostolis Petro et Paulo construxit monasterium in valle quæ dicitur Cluniaca, ibique venerabilem *Bernonem* designavit abbatem...

Berno sanctissimus primus abbas etiam primitus ecclesiam Cluniacensem incœpit regere anno ab incarnatione Domini dccccx.... et rexit annis XVI.

Is Berno ex comitibus Burgundiæ fuit abbas *Balmensis*, in omnibus bene et honeste agens. Qui vigorem disciplinæ quem a sancto Euticio loci Balmensis cœnobii fundatore susceperat, successor virtutis illius egregie sequebatur... De quo quidem Euticio legitur... Ipse fuit institutor consuetudinum quæ in monasteriis hactenus servantur.

Venerabilis igitur pater Berno habuit discipulos sanctos, scilicet Odonem, Adegrinum, et *Widonem* venerabilem nepotem suum quem abbatiæ Balmensis abbatem fecit; Cluniacensi vero cœnobio sanctum præfecit Odonem.

Berno vero abbas ordinatus est à sancto Gedeone, archiepiscopo Bisuntino. Qui Berno obiit idibus januarii, jacetque apud Cluniacum, in veteri ecclesia Sancti-Petri, retro altare sancti Benedicti, quod nunc ab aliquibus dicitur esse altare sanctæ Catharinæ.

IV

Ex Historia Francorum,
ab anonymo circa ann 1280 scripta.

910.
MARRIER.
Bibl. Clun.
p. 8.

... Carolo itaque simplice regnum Franciæ gubernante, G. Dei Providentia dux Aquitaniæ venerabili abbati *Bernoni*, anno Christi DCCCCX concessit locum, in partes Burgundiæ qui dicitur Cluniacus, qui per Dei gratiam diversis temporibus multipliciter adauctus gloriose refulget, etc.

V

Ex Præcepto Ludovici transmarini.
REGIS FRANCIÆ, ANN. 939.

Cunctis... notum sit quod petiit a nobis quidam fidelis noster, Hugo filius Richardi, vir illustrissimus et marchio, quatenus quoddam monasterium nomine Cluniacum, quod à Vuillermo viro magnifico, in honore primorum apostolorum Petri videlicet et Pauli, per manus *Bernonis* cujusdam reverendi abbatis constructum est, per hoc nostræ autoritatis præceptum, sicut ab antecessoribus auctum est, et per privilegia apostolica, ab omni inquietudine vel dominatu omnium hominum absolvamus. Sit vero ipse locus... liber et absolutus, *etc.*

939.
MARRIER.
Bibl. Clun.
p. 6.

VI

Universis Christi fidelibus Stephanus comes Burgundie salutem et pacem. Notum sit universis... quod ego dedi et concessi monachis s$\overline{\text{te}}$ Marie de Miratorio pro remedio anime mee et antecessorum meorum pedagium s$\overline{\text{te}}$ Agnetis de omnibus rebus suis quas eundo et redeundo ducere fecerint. Hoc donum laudavit Beatrix comitissa uxor mea. Hujus rei testes Nicholaus abbas de Miratorio, *Aimo* prior de *Gigne*, Hugo monachus sacrista, Jacobus cappellanus s$\overline{\text{te}}$ Agnetis, Petrus cappellanus s$\overline{\text{ti}}$ Laurentii, Rainaldus de Trena, Stephanus de Sisince, Giroldus et Guido clericus. Et ut hoc ratum sit in perpetuum, presentem cartam sigillo meo precepi signari.

(Pendebat olim sigillum.)

1195.
Ex Ch. Mirat.
Masticone.

VII

In nomine Dei omnipotentis Patris et Filii et Spiritus Sancti, notum sit presentibus et futuris, quod Petrus de Unos, dictus filius Poncii de Unos, recognovit, laudavit et firmavit, bono animo et bona voluntate, bona fide et sine omni retencione, pro remissione omnium peccatorum suorum et salute anime sue et omnium antecessorum suorum et totius sue posteritatis, omnes donationes patris

1208.
Ex Ch. Jurens.

sui Poncii de Unos et suas, quas pater ejus et ipse fecerant Deo et beate Marie de Valle-Clusa, scilicet omnem terram et prata que possidebant in territorio Verliaci, et terram quam stagnum occupat, et decimam, et taschiam, et omnia jura illius terre que possidebant, et unum jornale terre in Fontanett. Omnia illa supradicta Petrus de Unos, dictus filius Poncii de Unos, cum Willermo clerico de Unos, cum Bernardo, cum Hugone, cum Umberto dictis filiis ejus, et cum Reodulfo filio uxoris sue, recognovi, laudavi et confirmavi, sine omni penitus retencione, cum terris, cum pratis, cum decimis, cum aquis, et cum introitu et exitu, cum omnis pertinentiis, Petro priori de Valleclusa et conventui ejusdem loci presenti et futuro, ut habeant et possideant libere et quiete in perpetuum. Has omnes donationes supradictas predictus Petrus de Unos, cum predictis filiis et filio sue uxoris feci, et super sancta evangelia juravi cum predictis personnis, Petro priori Vallecluse et conventui ejusdem loci, coram *Poncio* priore *Gigniaci*, et coram Ogerio priore Boni loci, et coram aliis personnis clericis et laïcis. Hujus donationis testes sunt supradicti priores, et supradictus conventus et multi alii. Ad confirmationem hujus donationis, ex assensu utriusque partis, predictus Pontius prior Gigniaci et Ogerius prior Boni loci sigilla sua apposuerunt, anno ab Incarnatione Domini millesimo ducentesimo octavo.

(*Pendebant olim sigilla huic chartæ à claro domino* Rousset *benevole communicatæ*).

VIII

1209.
1213.
Ex Ch Jurens.

Nos frater *Humbertus* humilis *prior Clarevallis* et Hugo de curato ejusdem loci, notum facimus universis presens scriptum tam legentibus quam audientibus, quod nos vidimus et de verbo ad verbum diligenter legimus litteras non cancellatas, non abolitas, nec in aliqua sui parte, *etc...*, in hec verba :

« In nomine Dei omnipotentis, *etc...* Ego Pontius dominus de Cuisel, *etc... (arbiter litis monachorum Boniloci et Grandisvallis)...* Actum est hoc infra castrum de Clareval in domo Michael de Cherisie, anno ab incarnatione Domini M°. CC°. IX°. Testes autem qui adhibiti fuerunt sunt hii : B. *prior de Clarevalx* ; P. *de Geudes*, A. Caimbour, G. de la Freina, J. de les Faisses, P. Bruns, A. de

Peisto, capellani; V. de Chastellun, P. de Dramelay, V. de Vacon, G. Rechanus, milites; P. Conversus Boni loci, J. de Conia, Huguo maire de Clarevalx, G. Afoyars... de Cheresia, G. de la Frenia, et plures alii. »

« Ego Jocelinus prior Cartusie et totus conventus noster laudavimus omnia supradicta et concessimus, et sigilli nostri appositione corroboravimus. Ego H. abbas de Goyli qui interfui supra scripte transactioni, et omnia supra scripta vidi et audivi, presenti pagine apposui sigillum meum in testimonium veritatis. Ego E. abbas Miratorii, et ego M. archipresbyter Coloniaci huic scripto sigilla nostra apposuimus. »

IX.

Universis presentem paginam inspecturis H. abbas de Goyle, et P. prior *Ginniacensis*, et P. prior Boniloci, et G. decanus de Montania, et W. minister archipresbyteratus sancti Amoris, notitiam rei geste universitati vestre significare volumus, quod, cum inter monachos de Miratorio Cisterciensis ordinis et canonicos de Grandivalle, super loco et Grangia de Estival controversia fuisset diutius agitata, tandem per Dei gratiam ad pacem et concordiam nostro fuit arbitrio revocata. Compromissione siquidem in nos ab utraque parte unanimiter facta, hoc modo fuit à nobis questio terminata. Monachi de Miratorio concesserunt, secundum arbitrium nostrum, canonicis de Grandivalle locum et grangiam de Estival cum appenditiis suis et quidquid juris ibi habere ex donationis titulo vel quolibet alio modo videbantur, jure perpetuo possidendam, ita tamen ut predicti canonici domui de Miratorio, in festo sancti Michaelis persolvant pro jam dicto loco pensionem annuam duodecim solidorum Stephaniensis monete ad eandem ecclesiam de Miratorio per proprium canonicorum nuncium deportandam. Promiserunt insuper monachi sepe dicti, quod cartulas et munimenta que habent à domino Cuselli, super donationem ejusdem loci, eisdem canonicis quantumcumque et ubicumque opus fuerit, expensis tamen canonicorum, exhibebunt. Ne autem hujusmodi compositio concussionem aliquam vel calumpniam patiatur in posterum, ad cautelam et rei memoriam conscriptam, inde cerographum per alphabetum divisum sigillorum nostrorum munimine fecimus roborari, adjicientes

1218.
Ex Chart.
Jurensib.

ut illi parti cyrographi que penes monachos remaneret canonici capituli sui sigillum apponerent, et converso partem canonicorum monachi sigillarent. Actum est hoc anno ab incarnatione Domini M° CC° XVIII°, VI° idus novembris.

(Pendebant olim sigilla huic cartæ partitæ).

X

1234.
Ex Chartis Jurensibus.

Noverint universi presentes litteras inspecturi, quod cum discordia verteretur inter abbatem et ecclesiam sancti Eugendi ex una parte, et dominum Hugonem de Cuisello et Pontium fratrem ejus ex altera, super eo quod dictus dominus de Cuisel dicebat se habere usagium in quibusdam locis in potestate sancti Lupicini, et in prepositura, et quibusdam aliis querelis, et super eo quod abbas et ecclesia sancti Eugendi calumniabantur dicto domino de Cuisel quod Castrum de Jure prope Estivax infra terminos eorum firmaverat, et quibusdam aliis querelis. Tandem omnes querele iste et alie hinc inde proposite, mediantibus bonis viris *Poncio* videlicet abbati Balmensi et priore *Ginniaci*, et Willelmo priore de Sarmasia avunculo ipsius domini de Cuisel, et Humberto capellano de Sarroniaco, Deo auxiliante eorum intuitu hoc modo sopite fuerunt et ad concordiam redacte. Siquidem, *etc*... (Castri Jurensis *concessio domino Cuiselli cum associatione de* Etival, *etc*...)

Ut autem hec supra dicta a sepe dicto domino de Cuisel et fratribus suis et heredibus eorum et ab abbate et conventu sancti Eugendi in perpetuum diligentius et firmius tenerentur, concordatum fuit quod cartas fecissent per alphabetum divisas, pars ecclesie sancti Eugendi sigillo Poncii abbatis Balmensis et prioris Ginniaci, et sigillo domini de Cuysel, sigillo prioris Valliscluse roboraretur; pars vero domini de Cuysel sigillo ejusdem Poncii abbatis et sigillo Hugonis abbatis et conventus sancti Eugendi muniretur in testimonium veritatis. Hec ego Poncius abbas Balmensis et prior Giniaci, prout continetur in presenti pagina, et Willelmus prior Sarmasie, et Humbertus capellanus de Sarronie qui hujus rei fuimus compositores, testificamus esse vera. Nos Hugo abbas, *etc*...

Actum est hoc apud Souciacum, anno Domini millesimo ducentesimo tricesimo-quarto.

XI

Posterorum notitie et memorie rerum scriptarum volumus commendare quod ego *Poncius* abbas Balme, et prior *Ginniacensis*, consensu et voluntate capituli nostri *Gigniaci*, concessimus Deo et ecclesie Vaucluse decimas quarumdam vinearum quas habent Cuiselli, scilicet vinee Despectorea et vinee de Lachat, sub annuo censu unius asinate boni vini annuatim reddende in festo sancti *Taurini*. Factum est hoc in capitulo Gigniaci, fratribus presentibus et laudantibus hoc. Ad confirmationem vero hujus rei presentem cartam sigillo nostro et sigillo nostri conventus Gigniacensis fecimus roborare. Actum est hoc anno Domini millesimo ducentesimo et tricesimo-quinto, mense octobri.

Pendet adhuc sigillum ad effigiem S. Taurini huic chartæ a clar. D. GUICHARD *communicatæ.*

1235.
Ex Chartis Jurensib.

XI bis.

En nom dou pere et dou fils et dou Saint-Esprit, et lan que lencarnation nostre Seignour corroit por mil CC. et LVIJ ans al mois dahost. Gie Hysabiaus, contesse de Bourgoigne, dame de Salins, de loctroy et del consentement et de la bone volonté mon seignour: c'est a savoir Johan conte de Burgoigne et seignour de Salins, on ma bone mémoire et ma dernie volonté, ai fait et ordiné mon testament ensi comme ces présens letres le tesmoignent.

1257.
Ms. Perrard communiqué par M. Canat, de Chalon-s-S.

Premierement je doin et octroi as chastiaus, etc....

En apres gie doin ous dames du Sauvement, etc....

Apres je doin aus freres menours de Salins, etc.., à Goille, à Mont-Sainte-Marie, à Balerne, à Boillon, à Mirour, à Roseres, à Bonlue, à Fairté, à Gircfontaine, à *Chastel sor Salins*, à saint Desiré, à chascune de ces iglyses, c. fs.; à prouveres et as clercs, etc....

Apres gie laie à *Gigney* c. fs ; à Batans c. fs ; à Honnens c. fs, etc...

Por ces choses ordener et accomplir gie lais exequutours labbé de saint Hoyant et labbé de Baumes et labbé de Goille.

Apres, gie veul que l'archevesques et ses officiaus, etc...

XII

1260.
Ex Chartis
Jurensib.

Nos frater *Guillelmus*, humilis prior *Gigniaci*, totusque conventus ejusdem loci notum facimus universis presentem cartam inspecturis, quod, cum querelam deferemus contra Egidum dominum Bellifortis, supra quibusdam terris, nemoribus, pratis, cultilibus, censibus, tachiis, decimis inferius expressis, in quibus dominus Bellifortis, vel alii homines sui per violentiam suam ecclesie Gigniaci injuriam faciebant, ut dicebamus, tandem de bonorum virorum consilio, et de voluntate et de consensu utriusque partis, pro bono pacis, per formam permutationis inter nos et dictum Egidium est quedam amicabilis compositio celebrata videlicet in hunc modum :

Quod dictus dominus Bellifortis dedit et concessit in perpetuum ecclesie Gigniaci tertiam partem omnium decimarum in territorio et parochiatu *Bellifortis*, que tertia pars decimarum ad dictum dominum jure hereditario pertinebat, et de dicta decima dictus dominus Bellifortis se devestiens nos et ecclesiam Gigniaci corporaliter investivit. Promisit etiam dictus dominus, juramento super hec imposito corporali, et sub pœna trecentum librarum per stipulationem promissa, fidejussoribus etiam super hoc datis in alia cartula advocatis, dictam decimam liberare à feodo domini Coloniaci, de laude et voluntate hujus domini, cum ad ætatem legitimam pervenerit vel perfectam. Promisit dictus dominus Bellifortis, sub religione prestiti juramenti, quod faceret omnino cessare quosdam homines suos dictos *Les Busses* qui se asserebant collectores hujus dicte decime Bellifortis a receptione sive a jure colligendi, si quod habebant tam in decimis ad ecclesiam Gigniaci in parochiatu Bellifortis pertinentibus, quam in decima supra dicta, et dicte receptioni sive juri colligendi penitus renuntiare.

Nos vero memorati prior et conventus Gigniaci, in recompensationem decime supra dicte, dedimus et concessimus in perpetuum dicto domino Bellifortis et heredibus suis legitimis quidquid juris habebamus vel poteramus, in castro sive in territorio Bellifortis tam in terris quam in nemoribus, censibus, fructibus, hostagiis, et omnibus aliis ; exceptis illis que ad ecclesiam Gigniaci in ecclesia de Bellifortis, ratione juris patronatus pertinere noscuntur, et exceptis propriis vineis *prioratus de Mesnay* stantibus in territorio

Bellifortis; hoc etiam excepto quod *prior de Mesnay* possit uti frui dictis nemoribus Bellifortis, quantum ei ad proprios usus necesse fuerit, et quod possit piscari in aquis, excepto stagno, verumtamen ex dictis nemoribus minime vendere possit; excepto etiam uno homine, videlicet *Jacquet Besuchet* cum manso suo sive tenemento cum appenditiis, qui mansus dicti Jacquet *Mansus Monmorot* appellatur, conditione tali interposita et a dicto domino Bellifortis concessa; quod dictus Jacquet, vel alius loco illius in dicto manso ab ecclesia Gigniaci constitutus, sit liber penitus et immunis ab omnibus collectis, executionibus, angariis et parangariis, fructibus corporalibus sive pecuniariis, nisi de ipsius libera et spontanea pendet voluntate, propter quod manutientione castri Bellifortis tempore guerre, ad hoc quod possit in dicto castro refugere se et sua, et tam manutentioni dicti castri tantummodo corporale auxilium exhibebit; conditioni supradicte tali adjecto moderamine quod ecclesia Gigniaci in dicto homine sive in alio constituto loco ipsius, vel in dicto manso alium non possit ponere gardatorem.

Hec autem supra dicta et singula ad jus et proprietatem ecclesie Gigniaci pertinentia, Nos supra dicti prior et conventus Gigniaci dedimus et concessimus dicto domino Bellifortis, in purum et perpetuum feodum, et in recompensationem dicte decime, ut ipsum et heredes ipsius ecclesia Gigniaci propitios inveniat et fideles, et in suis necessitatibus adjutores.

Pro dicto vero feodo dictus dominus Bellifortis nobis hommagium prestitit corporale. Recognovit etiam dictus dominus Bellifortis, sub fidelitate debita nobis specificando, omnia supradicta que a nobis et ecclesia Gigniaci in feodum recepit, per compensationem seu permutationem supra dictam, ut ecclesia Gigniaci jus suum sive feodum minime ignoraret, sed clarum et discussum transmitteret ad memoriam futurorum. Recognovit itaque supra dictus dominus Bellifortis, in mea presentia constitutus, spontaneus, non coactus, non vi non metu non dolo inductus, se tenere ab ecclesia Gigniaci in feodum, supra dicta permutatione mediante, quadam servitia que hostagia inscribantur, que debebantur ecclesie Gigniaci, ratione aquarum et nemorum, quibus utuntur et fruuntur dicti habitantes in territorio Bellifortis. Recognovit preterea se tenere ab ecclesia Gigniaci, ratione supradicte compositionis seu permutationis, medietatem tachiarum in nemoribus de Bellifortis prenentium usque ad *fontem* qui dicitur *Bachicus*, et in *manso es Armangiers* duos cartales frumenti, duos cartales avene, et duos panes et unam cupam vini, et *in manso Girardi Fabri* decem et octo Masticonenses et obolum, et duos panes et unam cupam vini, et humerum porci, si mulctetur porcus in dicto manso; *Guidonis François*, unum quartallum avene, et pro quodam curtili sito juxta vineam Armengier duodecim denarios et semium, *mansi es Bufes* et quoddam curtile quod dicitur *Curtile dotale, et Combam Henrat*, et molendinum, et stagnum. Hec autem omnia et singula supra dicta recepit dictus dominus Bellifortis sub annuo censu quinque solidorum recipiendorum singulis annis in *manso Humberti dessus roche* ab ecclesia Gigniaci ad recognitionem omnium supra dictorum, non obstante feodo sive hommagio, controversia valeat suboriri, sed quod pacis concilio factum est in pacis sede perseverat, nos supra dicti prior et conventus Gigniaci presentem cartam sigillorum nostrorum caractere duximus roborandum. Datum et actum anno Domini millesimo ducentesimo sexagesimo, mense aprilis.

(*Carta ab apographo authentico anni* 1379 *à claro dom.* Rousset *benevole communicata.*)

XIII

1268.
Du Bouchet,
Hist. de Coligny.
p. 58.

Ge Humberts de Andelos fes asaveir à tos cex qui verront ceste presente charta que ge heu en lie per num de gagere à Poncet de Moysie, donzel, mon amé seignor, la meitié de ce que ge tien de lui. C'est à saveir la meitié del tenement Brocard, del Eschavanes, et del tenement Hugonet son frere, liquel tenement sient ol parochage de Dommartin, et la meitié des appendices desdits tenements per sex libres de Vienneis, dequelles ge me tiens per paies entierement en deniers contés. Et de la meitié de dits tenements et de suppendices, ge me suis devesti et en hai envesti ledit Poncet, et l'en hai mis en bonne possession d'entre tant que ge li haie fait son granté pleinement de ladite pecuine. C'est dit enliement, halué, et octroie, et agreauté, et confermé Guillaumins mes fix. Et tant ge, comme ledit Guillaumins, havons promis per nostre propre sereement que nos havons fait sort saints évangiles corporalement et sor lengagement de tos nostres biens mobles et immobles, que nos tiendrons en bonne paix aldit Poncet la meitié desdits tenements, et des appendices contre toutes gens, et porterons local guarentie contre toz chalengeours d'entre tant que nos li haurons fait son granté pleinement desdites sex libres en deniers contez. Et havons renoncié en cest fait expressement et de dreite science et par la force de nostre dit sereement a tote action et a tote exception de tricherie, et a l'esception de petit cage, et que nos poissan guerre restitution et a tot bénéfice de dreit, et al dreit qui dit que generaux renonciacions ne vaut, et a tot quanque nos porrait valoir et profetier en aucune manière avenit en contre cestes devant dites choses, ne autrui per nos et havons volu et otroié que ceste presente charta hait valor et force de commun instrument en totes cors et en tot jugement. En tesmoins de laquel chose nos havons supplié mettre en ceste presente charta les saelz de discrez et religious homes frere Amers abbé del Mirour, et frère *Guion prieur de Monts*. Et nos frere Amers humilies abbé del Mirour, et frere *Guis* prior de Monts, devant nomé, qui de totes cestes devant dites choses sumes certeins par la confession deldit Humbertz de Dandelos, et deldit Guillaumins son fix, a les preires expresses de cex meismes en ceste presente charta metons nostres saelz en la force et el tesmoignage de vérité. Ce ha esté fait et doné en l'an de nostre Seignour qui corait per M. CC. LXVIII, el meis de Fevrex.

XIV

Notum sit omnibus presentibus et futuris, Quod, ego Hugo, miles, dominus de Mont Adreyt, non vi, non dolo inductus, sed spontaneus et scienter, recognosco et confiteor, quod dominus Hugo de Dramelay, pater meus, de consensu meo et aliorum liberorum suorum, dedit libere Deo et beate Marie et domui Vallecluse et fratribus ibidem servientibus, ad usum animalium suorum, pascua por totam terram suam et censum. Et hoc scio et vidi... in quadam littera confecta super hoc sigillata sigillo conventus sancti Eugendi. Nichillominus, ad majorem firmitatem, ego predictus Hugo dominus de Mont Adreyt......, pro remedio anime mee, et uxoris mee et heredum meorum et etiam antecessorum, item do et concedo libere Deo et beate Marie, et predicto domui Vallecluse Cartusiensis ordinis et fratribus ibidem Deo servientibus, ad usum animalium suorum, pascua per totam terram meam et censum ; prohibens et deffendens specialiter heredibus meis et generaliter omnibus quibus possum, ne contra recognitionem, donationem dictorum

1269.
Ex Chart.
Jurensib.

pascuorum, in toto ut in parte, presumant aliquid attemptare. Promitto insuper per sacramentum, corporaliter prestitum, per contra predicta aut aliquid de predictis, non veniam per me aut per alium; sed deffendam per posse meo dictam domum et suos, super hoc fideliter contra omnes. In hujus rei testimonium, ego predictus Hugo, dominus de Mont Adreyt, rogavi affectuose virum venerabilem *Gau, priorem Gigniaci*, ut sigillum suum apponat huic carte in testimonium veritatis. Et ego *Gau prior Gigniaci*, ad preces et instantiam supra dicti Hugonis militis, domini de Mont Adreyt, in robur et firmitatem omnium predictorum, sigillum nostrum presentibus duximus apponendum. Datum mense junii, anno Domini M°. CC°. LX°. nono.

(*Charta ab autographo à Clar. D. Rousset communicata*).

XV

1288.
Ex Chart.
Jurensib.

Ego *Guichardus de Thoiriaco*, curatus de Soucia, *prior de Peitoir et de Hylacu*, notum facio universis presentes litteras inspecturis, Quod cum controversia seu discordia verteretur inter me ex una parte, et priorem et conventum Boni loci, Cartusiensis ordinis, Bisuntine diocesis, ex altera;

Super eo videlicet quod ego dictus Guichardus dicebam dictos religiosos teneri in viginti solidis annualibus quos solvunt ecclesie de *Gignie*, occasione quarumdam decimarum quas tenent sub annuo censu ab ecclesia de *Gignia*, que quidem decime spectabant ad obedientiam de *Islaco*, tandem facta est plena fides post ostensionem cujusdam bone littere, quod dicti religiosi tenentur dictum censum ponere super altare sancti Petri de Gignie, infra octabas beati Martini, unde et liquido constat quod dicti religiosi occasione dictorum viginti solidorum quos ab eis exigebam in aliquo..... Attendens igitur quod tanto sunt graviora peccata quanto diutius infelices animas detinent alligatas, nolo dictos religiosos super dicta causa seu exactione de cetero molestare seu etiam perturbare, sed eos quitto penitus et absolvo, salvo jure quod habeo vel habere intendo contra priorem et conventum de Gignia super dicto censu quem superius nominato, bona fide super dicta omnia attendere et firmiter observare, nec contra venire, *etc...* In cujus rei testimonium sigillo prioris Valliscluse una cum sigillo meo presentem litteram roboravi, *etc*... Datum anno Domini M° CC° octogesimo-octavo, mense marcii.

(*Pendebant olim duo sigilla.*)

XVI

Moi, Girard de La Palu, seigneur de Varambon, sain d'esprit et de corps, *etc*...

Je donne et lègue, *etc*..., au couvent des religieuses Daly, au monastère de *Gigny*, à l'église de Chatillon de la Palu, à celle de Varambon, quarante sols Viennois à chacune, pour droits de sépulture, cire et autres usages dûs;

A l'œuvre de saint Georges de Bublanne, *etc.*, *etc*...

Fait et donné dans ma maison de Richemont, le dimanche après la fête de sainte Madeleine, l'an 1299.

(Extrait d'une charte en latin traduite par M. de la Teyssonnière.)

1299.
DE LA
TEYSSONNIÈRE.
III. 119.

XVII

Ex indiculo beneficiorum diœcesis lugdunensis ordine Archipresbyteratuum digesto.

In archipresbyteratu Treffortii.

Beneficia	Patroni (secundum *Lamure*).
Eccles. de *Oucia*, cum annexa. Pontis Indi.	Prior *Nantuaci.*
Eccles. de *Gigniaco* seu *Giniaco*.	Prior *loci.*
Eccles. de *Germagna* et *Tolangcon*.	Prior *Gigniaci.*
Eccles. de *Montagna-le-Templier*. .	Prior *Gigniaci.*
Eccles. de *Louens (Louvenne)*. . .	Prior *loci.*
Eccles. de Montaniaco *(prop. Burgum)*.	Prior *Gigniaci?*
Eccles. de *Pressia (prop. Burgum)*.	Idem.
Eccles. S. *Juliani* et de *Villa Chantrie*.	Episcopus Bellicensis ?
Prior. de *Gigniaco*.	
Prior. de *Oucia*.	Archiepiscopus Lugdunensis?
Prior. de *Monteforti*.	

Circa ann. 1300.
—
LAMURE,
Hist.
du dioc.
de Lyon.
p. 256—261.

In Archipresbyteratu Cologniaci.

Eccles. de *Dommartin*.	Unita capitulo Burgi?
Eccles. de *Cuisello*.	Prior *Gigniaci*.
Eccles. de *Verjone*.	*Idem*.
Eccles. de *Andelost*.	Capit. Matisconense ?
Eccles. de *Varennes* et *S.-Salvatoris*.	Prior. *Gigniaci*.
Eccles. de *Monte-S.-Remigii*. . .	*Idem*.
Eccles. de *Espy*.	*Idem*.
Eccles. de *Cuiria* (*Cuisia* p. *Cousance*).	*Idem*.
Eccles. de *Montagnia-le-Recondu*. .	*Idem*.
Eccles. de *Cosance*.	*Idem*.
Eccles. de *Champagna*.	*Idem*.
Eccles. de *Donsuerro*.	*Idem*.
Eccles. de *Frontenay*.	*Idem*.
Eccles. de *Joude*	*Idem*.
Eccles. *Sanctæ-Crucis*. St-Donnat de *Ste-Croix*	*Idem*.
Eccles. de *Veyria*.	*Idem*.
Eccles. de *Condaz*.	Archipresbyter Coloniaci ?
Eccles. de *Nantello*.	*Idem*.
Eccles. de *S.-Sulpitii*. . . .	*Idem*.
Eccles. de *Rozay*.	*Idem*.
Eccles. *S.-Joannis-de-Torcularibus*.	Capit. Matisconense.
Prior de *Castro - Caprino*. *Château-Chevreux*. . . .	

In Archipresbyteratu Baugiaci.

Eccles. de *Foissia*.	Prior *Gigniaci*,
Eccles. de *Malafretas*.	Archiepiscopus Lugd.?
Eccles. de *L'Escheroux*	*Idem*.
Eccles. de *Marbos*.	Prior *loci*.
Eccles. de *Capella Nauda*. . . .	Prior *Gigniaci*.
Eccles. de *Estrés*.	*Idem*.
Eccles. *S.-Nicetii* juxta Courtes. .	*Idem*.
Prior. de *Marbos*.	*Idem*.

XVIII

Nos officialis curie Bisuntine, notum facimus universis, quod in testamento domini de Vallegrenosa, militis, publicato in curia Bisuntina, more solito, vocatis evocandis, scilicet die sabbathi post festum Assumptionis beate Marie virginis, anno Domini M° CCC° duodecimo, continentur clausule que secuntur in hec verba :

.... « Item do et lego ecclesie de *Lesnay* pro anniversario meo ibidem annuatim faciendo, die obitus mei, viginti solidos stephanienses annui et perpetui redditus. Item, ecclesie beate Marie de *Castro supra salinum* quadraginta solidos quadraginta solidos stephanienses annui et perpetui redditus do et lego, pro anniversario meo, patris et Stephani quondam fratris mei ibidem annuatim perpetuo faciendo. Quos quadraginta solidos, una cum dictis viginti solidis annui et perpetui redditus assignari volo, precipio et ordino, infra annum post obitum meum, competenter per heredem meum, ad arbitrium executorum meorum subscriptorum. »

Item in eodem testamento talis clausula continetur, *etc*...

In cujus rei testimonium, sigillum curie Bisuntine duximus presentibus apponendum. Actum secundo idus januarii, anno Domini millesimo CCC° tricesimo-secundo.

(*Pendebat olim sigillum.*)

1312.
Ex Chartis Jurensib.

XIX

Nous, Pierre de Eschallon, chanoine de Valence, official de l'archevêché de Lyon, faisons sçavoir à tous présents et à venir que, par-devant notre commis à sçavoir Perrin...., clerc-juré de notre officialité, par nous député à ce spécialement,

Constitué messire Prudent, excellent recteur de l'église de *Dommartin*, sçachant, de sa volonté, sans fraude, ni crainte, ni circonvenu par qui que ce soit, comme il asseure, confesse et de certaine science, en vérité, publiquement, reconnaît que frère *Jean Chambrier de Gigny*, et patron de ladite église de Dommartin, perçoit et doit percevoir la moitié par indivis aux sépultures, oblations et offertoires faits et qui se feront et viendront, en quelque

1316 environ.
—
Archiv. du Jura.

façon que ce soit, en ladite église et cimetière de Dommartin, excepté la cire du luminaire et la poule que paye la femme quand elle va à la messe de purification....; item, perçoit ledit frère Jean, chambrier de Gigny, et doit percevoir la moitié par indivis en deux quartaux d'avoine, et certaines pugnieres de froment, et en huit deniers viennois que doit maître Bernard Etibonet, chaque année....; item, perçoit et doit percevoir ledit chambrier la moitié par indivis de deux rez d'avoine et de trois deniers que doit annuellement maître Paguet....; item perçoit et doit percevoir ledit chambrier la moitié par indivis de deux sols que doit M. de Cosaz annuellement. Promettant ledit messire Prudent, par serment, ayant touché les saints Évangiles par devant notre dit juré, etc...., de garder et observer inviolablement toutes ces choses, ainsi qu'elles ont été exprimées ci-dessus. *Signé*: Parrechalley.

(Cette pièce, extraite d'un vieux manuel écrit en latin, a été traduite en français, probablement au milieu du XVII siècle, par H. Pagot, notaire à Augea.)

XX

1321 environ.

Archiv. du Jura.

Nous, Guillaume de Bourg, chanoine de Mâcon, official de Lyon, sçavoir faisons à touts qui ces présentes verront que, par-devanz notre commis, Jean de Vaulgrigneuse, et Guillaume dit Chevallot de Cuiseaux, clercs, députés par nous spécialement,

Personnellement constitués frère *Jean Chambrier de Gigny*, et messire Guillaume de Gobet, curé *de Sainte-Croix*, de leur certaine science et libre volonté, confessent publiquement, et par leur serment devant lesdits maîtres jurés se reconnoissent, l'un l'autre, par la déclaration et fidèle relation d'hommes sages élus communément par eux, comme ils assurent, *etc*...., sur touts les droits appartenant audit sieur chambrier et ses successeurs, à raison et pour cause du patronage de ladite église de Sainte-Croix, en toute la paroisse dudit lieu, à la façon qui suit, sçavoir que : Ledit frère Jean et ses successeurs ont accoutumé de percevoir, depuis si longtemps qu'il ne reste aucune mémoire de toutes et chacune les choses cy-bas écrites :

Et premièrement, la moitié par indivis des dixmes, tant des novales que de touts et un chacun les vieux bleds qui se trouveront annuellement à perpétuité en ladite paroisse de Sainte-Croix;

Item, aux solemnités des vendredy et samedy saints et jour de Pâques suivant, en la fête de Saint-Marc l'évangéliste, en la fête de Touts les Saints et au jour suivant, en la nativité de N. Seigneur et au jour suivant, et au jour d'apparition de N. Seigneur, doivent lever annuellement, par droit de patronage en ladite église, ledit sieur chambrier et ses successeurs à perpétuité, deux portions par indivis, sans paix et sans trouble, de toutes les oblations obvenantes en ladite église et cimetière d'icelle, etc...

(Pièce extraite et traduite comme la précédente.)

XXI

Nos officialis curie Bisuntinensis, notum facimus universis presentes litteras inspecturis, quod cum discordia, questio et debatum verterentur, et majores verteri sperarentur, inter reverendum in chrispo patrem et dominum, fratrem Guillelmum de Bello respectu, Dei gratia abbatem monasterii Sancti Eugendi Jurensis, Lugdunensis diocesi, ordinis sancti Benedicti, tam ecclesie et monasterii ejus predictis et nomine eorumdem, ex una parte; et virum religiosum fratrem Guillelmum de Monte Sagione priorem prioratus Grandisvallis Bisuntinensis diocesi et monasterio predicto subditi, pro et nomine dicti sui prioratus, ex altera.

1356.
Ex Chart.
Jurensib.

De et super eo quod dictus abbas, quo supra nomine, petebat a dicto priore; et per eum sibi reddidi et solveri annuatim sexaginta quartalia bladermii, medietatem ordei et medietatem avene, in quibus dictum priorem tam dicti sui prioratus et prioratum suum anno quolibet dictus dominus abbas dicebat et dicit teneri Castro-de-Pratis et pertinenciis, monasterio et ecclesie sancti Eugendi predicti. Faciebat etiam plures alias petitiones idem dominus abbas, etc... Dicto priore ad hoc se opponente et dicente, etc.... Tandem vero post multas alterquationes et debata, etc..., dicte partes scientes et sponte, etc..., se compromiserunt alte et basse, etc..., in venerandum et religiosum virum fratrem *Johannem de Grangüs* priorem *Gigniaci*, tanquam in arbitrum arbitratorem et amicabilem compositorem, etc....

Propter hec, arbiter predictus constitutus personaliter coram Stephano Trucheti de Orgeleto, clerico, mandato nostro curie nostre jurato, ad hec nobis deputato, presentibus etiam testibus infra scriptis, *etc...*, anno Domini millesimo trecentesimo quinquagesimo sexto, die XVIII mensis decembris, in presentia dicti notarii jurati nostri et testium infra scriptorum et coram ipsis, dictus prior Gigniaci, *etc...* Auditis dictis partibus et earum rationibus, *etc...* (*Condemnavit priorem Grandis-Vallis, ut bladermii quartalla solveret*)....

(*Charta ab autographo à clar. D. Rousset benevole communicata.*)

XXII

1362.
Archiv.
du Jura.

Nous Jacques de Vienne, chevalier, capitaine general du contey de Bourgongne, gardien d'Aval, façons savoir à tous ces qui verront et orront ces presentes lettres.................................
.... et d'autres gens......... le chesteal de Bracon appartenant à madame de Flandres, contesse d'Artois et de Bourgongne, palatine; dame de Salins,...................................
.... de frère Eudes de Lambrey, prieur de la Magdelaine de Salins.................. du *priorey de Notre-Dame de Chesteal-sur-Salins*, pour mon seignour le *cardinalx de Boloigne*, priour dudit priorey de Chestel. Pour ce que ledit priorey, ensemble les droits appartenances d'yceluy sont en la bone sauvegarde dudit chesteal de Bracon. Et pour ce ledit frère Eudes et les gens dudit priorey de Chestel, ensemble leurs biens, se puissent retraire et sauver oudit chestel de Bracon, que......
.... d'argent, pour enforcier ledit chesteal de Bracon. Nous cognoissons et confessons en véritey que ledit frere Eudes, en nom et pour la cause dessus dite, ha esté...
.... sur les biens temporels dudit priorey de Chestel de.....
...... cinquante florins de bon or,........................
.... le temps passé et celui à venir ne puisse........ ....
.... dudit priorey et des........... d'yceluy.
En tesmoignage de véritey, nous havons mis nostre seal en ces presentes lettres faites et donnees ou chesteal de Bracon, le XVIIIe jour du mois de may, l'an mil trois cens sexante et deux.

(*Pendait autrefois un sceau à cette charte détériorée.*)

XXIII

Marguerite de Vienne, dame de Sainct-Laurent-de-la-Rouche et de Cusel, a Bondon Asmier recepveur en la Saulnerie de Salins, ou son lieutenant, et à celui ou à ceulx que pour le temps advenir seront recepveurs ou lieutenants en la dite saulnerie, salut.

1388.
Archiv.
du Jura.

Nous avons donné et ouctroyé perpétuellement et annuellement, et en aulmône perpétuelle, à nostre *hospital* que nous avons fait et fondé novellement audit lieu *de Sainct-Laurent* quatre charges de sel, et lesquelles nous avons assignées, assettées et assises en ladite saulnerie de Salins, c'est à savoir sur la rente que nous avons en ladite saulnerie, sur quatre vingt livres de terre que nous avons heu de Monsieur Jean de Salins, jadis seigneur de Poupet, en eschange d'aultre terre que nous prenoyons en ladite saulnerie sur la rente de Madame la contesse de Flandres et d'Arthois, ainsin comment il contient en lettres de la fondation dudit hospital. Si mandons, *etc*....

Ces presentes lettres données et ouctroyées sous nostre scel, le tiers jour du mois d'apvril, l'an Nostre Seigneur courrant mil trois cents quatre vingts et huit. Ainsin *signé* V. de Malerée, par le commandement de Madame, et scellé du sceau rouge.

XXIV

Nos frater *Henricus de Sarceyo*, humilis prior et camerarius prioratus *Gigniaci*, Cluniacensis ordinis, Lugdunensis diocesis, notum facimus universis presentes litteras inspecturis; quod nos, scienter et sponte, considerata in hac parte utilitate nostra ac dicte camerarie nostre officio et commodo evidenti, presenti, preterito, et futuro, abbergamus pro nobis et nostris successoribus, et titulo pure, et perpetue, et perfecte, ac irrevocabilis abbergationis, tradimus, cedimus, ac deliberamus per presentes, Stephaneto dicto Branget de *Frenesia*, et Johannete ejus uxori, nobis et dicte nostre camerarie tailllabilis, explectabilis, manus mortue, et servilis conditionis, pro se et suis heredibus et successoribus quibuscumque, videlicet mansum seu tenementum defuncti Johannis Boscui de Frenesia, mansum dictum Merando, et mansum Johannis Bernardi de Frenesia, tailliabilis, explectabilis, manus

1391.
Ex Chart.
Matiscon.

mortue, et servilis conditionis, ad nos pertinentes, per puram resignationem atque liberam in manibus Regnaudi Corbet procuratoris nostri factam, de dictis mansis cum suis juribus ac pertinentiis universis, per Robertum Vergerat et Johannetam ejus uxorem nostros et dicte camerarie nostre tailliabiles, explectabiles, manus mortue et servilis conditionis, tam in domibus, chasalis, terris planis non planis, cultis non cultis, pratis, pascuis, nemoribus, aquis, ripariis, communitatibusque, rebus aliis quibuscumque, cum feudis, pertinentiis, et appenditiis universis, sub taillie onere, servitutibus et redibentiis, ratione dictorum mansorum hactenus debitis et solvere consuetis nobis et nostris successoribus, annis singulis in perpetuum, per dictos Stephanetum et Johannetam conjugem persolvendis loco et tempore consuetis. De dictis ante tribus mansis ut supra per nos abbergatis cum suis juribus et pertinentiis universis dictos conjuges pro se et suis investimus et in possessionem corporalem vel quasi et perpetuam inducimus; promittens nos dictus prior et camerarius, etc.

In cujus rei testimonium, sigillum nostrum quo in talibus utimur in officio nostro camerarie duximus apponendum. Datum Gigniaci, die lune XIX mensis junii, anno Domini millesimo CCC° nonagesimo-primo, presentibus carissimo fratre nostro domino *Stephano Baleti* monaco nostro Gigniaci, Johanne Lepetit, Emoneto Lejaire et pluribus aliis ad premissa vocatis et spécialiter rogatis. Sign. *Jo Goffret* cum paragrapho.

(Pendebat olim sigillum.)

XXV

1393.

Ex Chartis Jurensibus. (ab apographo)

Prima die mensis augusti ann. 1393, *Frater Henricus de Sarceyo, prior Gigniaci, perlustrans et inspiciens* PRIORATUM CASTRI SUPRA, SALINAS, *tulit sententiam arbitralem quæ sequitur, de corvatis inter priorem dicti loci et habitatores de Pristino, in hæc verba :*

.... Tenentur dicti de *Pristino* et sui successores dicto priori et ejus in dicto prioratu successoribus in posterum, anno quolibet, facere corvatam in vineis dicti prioratus, debentque ibidem esse de quolibet hospitio una persona sufficiens et idonea ad operandum in crastinum carnisprivii carnalis; secundam corvatam debent et tenentur facere prenominati de Pristino eodem modo et consimili forma, tertio die post *Quasi;* tertiam corvatam debent et tenentur facere consimili modo et forma iidem de Pristino et sui in posterum, tertia die post Penthecostos; quartam debent et tenentur facere in vindemiis, videlicet quando prior qui nunc est et qui suo tempore futuro fuerint vindemiabunt vineam suam de *Mochey.* Omnes illi de Pristino qui tunc sunt et pro tempore futuro fuerint, qui habent animalia portantia *Bas*, debent et tenentur de quolibet hospitio ministrare unam personam et unum animal sufficiens et idoneum ob dictam vineam de Mochey pro apportanda vindemia ad domum seu hospitium prenominati prioris de *Couvetana.* Et faciendo predictas corvatas, dictus prior eisdem personis corvantibus tenetur, et tenebuntur sui in posterum successores, tradere et ministrare panem et vinum ad sufficientiam, et animalibus corvatam facientibus victualia condecentia et opportuna in feno et avena, et cuilibet animali dictam corvatam facienti unum ferrum munitum clavis......

XXVI

Nous, official de Lyon, faisons sçavoir à touts que : constitués en leur personne, religieux homme, frère *Guy de Lesson*, chambrier du prieuré conventuel de *Gigny*, de l'ordre de Cluny, diocèse de Lyon, à cause de son dit office de chambrier, patron de l'église paroissiale de *Sainte-Croix* dudit diocèse, d'une part ;

Et messire Guillaume Badelly, curé de ladite église paroissiale, d'autre part ;

Lesdites parties sachant et sages font les pactes de convention qui suivent :

Premièrement, que monsieur le chambrier acense au sieur curé tout droit de patronage qui compète ou pourra compéter audit sieur chambrier, pour les choses provenantes en ladite église paroissiale et cimetière d'icelle, et pour les autres choses, à raison toutes fois des sépultures, pour tout le temps qu'ils seront curé ou chambrier, et non plus, *etc....*, moyennant la somme, chacun an, de trois florins d'or payables, *etc....*

Et a été accordé que le sieur chambrier se réserve son droit aux sépultures des nobles, si aucunes arrivent, *etc....* Item, se reserve absolument son droit en celles qui viendront et surpasseront le nombre de vingt, en une année ; *etc....*

1400.
Archiv.
du Jura.
(d'après copie authentique.)

Le tout accordé, selon la forme et teneur des lettres écrites cy dessous (*Chart. XX cy devant*), et desquelles a été fait lecture de mot à mot, en présence dudit sieur curé et des témoins en bas nommés, *etc*....

Donné en l'église de Frontenay, diocèse de Lyon, le 21ᵉ du mois d'octobre, l'an de N. Seigneur 1400, présents Regnaud Corbet, et *Jean de Frontenay*, témoins.

S'ensuit la teneur desdites lettres de mot à autre. (Voy. *Chart.* **XX** *cy devant*).

(*Pièce extraite et traduite, comme celle du N° XIX.*)

XXVII

1400 environ.
—
Archiv. du Jura. (d'après copie authentique.)

Nous official de Lyon, faisons sçavoir à touts que les choses qui suivent ont été traitées et accordées par notre commandement :

Constitué en sa personne, messire Guillaume Rossel, prêtre, curé de l'église paroissiale de *Dommartin*, du diocèse de Lyon, sçachant, prudent, et étant certain des droits de sadite église de Dommartin et du patronage dudit lieu, comme il asseure, confesse véritablement, reconnoit devant touts et publiquement, vénérable et religieuse personne, frère *Guydon de Lesson*, chambrier du prioré de *Gigny*, de l'ordre de Cluny, du susdit diocèse de Lyon, pour être le patron de sadite église de Dommartin, à cause de son dit office de chambrier ; et que ledit sieur chambrier et ses successeurs, à cause du droit de patronage, doivent percevoir perpétuellement, et anciennement ont perçu par leurs prédécesseurs, en ladite église, cimetière et paroisse de Dommartin, touts et un chacun les droits et émoluments contenus et décrits en certaines lettres de déclaration cy bas écrites et leuës de mot à mot par notre dit sieur patron, tant audit curé que témoins en bas nommés, et expliquées en paroles romaines et françoises, *etc*...., desquelles la teneur est telle. (V. *Charte XIX cy-devant*.)

(*Pièce extraite et traduite comme celle du N° XIX.*)

XXVIII

1404.
Archives de Saône-et-Lre.

En nom de nostre Seigneur ; amen. Par cest present publique instrument apparoisse à tous évidemment que, comme Guichard

Jaillet de *Veny*, parochien de *Frontenay* ehut acheté de Guillaume Fluet, de Veny, tout le meix et ténement d'iceluy Guillaume Fluet, item le meix dit à la Chevalla, ensemble meix dit Baudiran, situés et assis ès territoire, finaige et pertinence dudit lieu du Veny et de *La Frenaisa*, ensemble les fonds, pertinences et appendences d'iceulx meix quelconques, et d'iceulx trois meix terres et appartenences d'iceulx ledit Guichard-Jaillet, de son gré et libre volonté, et à son pourchais et requeste, ait été mis, pour luy et ses hoirs naturels et legitimes procréés de son propre corps, en possession, et revestu d'iceulx par religieuse personne messire *Guy de Lestzot*, chambrier de *Gigny*, à ce consentant, du cuy direct dominie et directe seigneurie, à cause de son dit office de chamberier, sont et movent les dits trois meix, ce que dient et affirment lesdits chamberier et Guichard-Jaillet. Et depuis, ledit Guichard ehut procure et pourchacie par devers noble et puissant seigneur Anthoine de Vergier, sire de Chastillon et de Rigney et dame Jeanne de Rigney sa femme, lesdits max à luy estre donnez par iceulx seigneur et dame, au tres grand grief, préjudice et dommaige dudit chamberier et de son dit office, si comme il disoit;

Ainsi est que, l'an de nostre Seigneur corrant mil quatre cens et quatre, le samedy après la feste de sainct George, par la indiction douzieme du pontificat de très sainct pere en Dieu Benoit par la divine porvoyance pape tres aimé en son an dizoyne, en la ville de Frontenay, derriere la maison de Regnaut Corbet, présent révérend pere en Dieu frere Pierre de Sagie, humble abbé de l'abbaye de Nostre-Dame du Mireur de l'ordre de Cisteaulx, et discrette personne messire Jehan Gou de Louhans, sage en droits, à ce tesmoins appelés et requis, en la présence de moi Guyot du Pois de Cuisel, clerc, notaire publique de l'autorité impériale, personnellement estably ledit Guichard-Jaillet, saige, saichant, et bien avisé, si comme il dit, ladite donation estre nulle, de nulle valeur, et lesdits trois meix estre en vérité du direct dominie et directe seigneurie dudit chamberier et de son dit office, etc....

Desquelles chouses toutes et singulieres ledit chamberier a demandé publique instrument à luy estre faict par moy notaire publique dessus dict, lequel je luy ai octroyé de mon office. Faict et donné ledit jour, etc.... *Signé* G. de Puteo, *avec paraphe.*

XXIX

1420.
Archiv.
du Jura.
(d'après copie authentique.)

L'an de Nostre Seigneur mil quatre cent et vingt, le seizieme jour du mois de décembre, messire Jean Pini de S. Amour, vicaire de *Frontenay*, a acensé de M. le chambrier de *Gigny* présent, le patronage dudit lieu de Frontenay pour l'espace de trois ans, *etc*.... pour le prix chacun an de quatre francs, *etc*....

Donné à Frontenay, présent religieuse personne, *Jean de Frontenay* ouvrier de Gigny, Guillaume Thierry de Cuisel, Lancelot Corbet et Jean Rosset dudit lieu, témoins. *Signé* Rosset.

(*Pièce extraite et traduite comme celle du N° XIX.*)

XXX

1423.
Archiv.
du Jura.

Nous official de la court de Besançon, faisons savoir à tous que, par devant Poncet Chavoillet de Salins et Huguenin Bouvard dudit Salins, clercs, notaires jurés de nostre dite court de Besançon, nos commandements especiaux, ledit Poncet Chavoillet tabellion général de monseigneur le duc et comte de Bourgogne en son comté de Bourgogne, *etc*.... Pour ce en droit personnellement établiz, et ad ce spécialement venant, religieuse et noble personne, messire *Jean de Chambournay* pidancier du prieuré de Nostre-Dame de *Gigny*, de l'ordre de Clugny, d'une part; et Jehan Poncy bourgeois de Salins, d'autre part:

Lesdites parties *etc*.... non decehus, baratez, circonvenuz, ou lousangiez d'aulcuns en aulcune maniere, mais de leurs pures franches et libérales volontés, comme saiges, saichans, et bien advisez de leurs faiz et droits, mesment ledit messire Jehan regardant en ce le tres grand et évident prouffit de son dit *office de Pidancier*, *etc*... ont cognu et publiquement confessé, connoissent et confessent, scavoir ledit messire Jehan, pour lui et ses successeurs pidanciers advenir oudit prieuré de *Gigney*, *etc*.... avoir fait entre leurs *etc*....; les bail, laissie, accensie et retenue, *etc*.... scavoir ledit messire Jehan audit Jehan Poncy, *etc*.... purement et perpétuellement, en héritaige perpétuel, sans espérance de jamais rappeler *etc*.... Un *quartier de muire*, le fond et appartenance d'iceluy étant ou puiz du bourg dessous de Salins, franc et quitte de tous servitus et charges, excepté du trait dudit puix, et de la charge de Grouson que ledit pidancier, à cause de sondit office, a coutume de prendre et percevoir chacun an perpétuellement oudit puiz, par les mains et gardiers d'iceluy puiz, en la maniere accoutumée, par payant, baillant et rendant par ledit Jehan Poncy et ses hoirs aux dits pidanciers, chacun an, franchement, quatorze escus d'or viez et de pois, du coing le roi de France, revenant les sexante et quatre escus d'or au marc d'or ou monnoie pour lesdits quatorze escus revenant auxdits escus.........., de perpétuelle cense, loux, loy, amende, retenue et seigneurie portant ès termes de, *etc*....

Laquelle cense de quatorze escus d'or ledit pidancier et ses successeurs devront et seront tenus de requerir et demander, chacun an, perpétuellement, et à chacun desdits termes, audit Jehan et à ses hoirs, en son hôtel au lieu de Salins, et ou cas que ledit Jehan et ses hoirs feront défaut de payer ladite cense à un chacun desdits termes soufflsamment demandés et requis..... .... ledit Jehan et ses hoirs seront esmendables et escheus audit pidancier en esmende de trois sols estevenants, *etc*....

Et, en outre, est traitiez et accordé entre lesdites parties que, ou cas que ledit Jehan et ses hoirs défaudront de payer et bailler ladite cense chacun an, pour trois ans continuels suigants, *etc*.... ledit pidancier de son autorité privée, sans autorité *etc*.... de juge et de justice, pourra prendre de fait ledit quartier de muire, comme le sien, comme son propre héritage, *etc*. ..

En témoignage de vérité, nous official susdit *etc*.... avons fait mettre le scel de nostre dicte court de Besançon, ensemble et avec le scel de mon dit seigneur de Bourgogne, duquel on use en sa ville de Salins, à ces présentes lettres.

Donné ou prieuré de Nostre-Dame de *Château-sur-Salins*, le quart jour du mois de décembre l'an de grâce courant mil quatre cens vint et trois; présent noble et religieuse personne, messire *Guy d'Usier*, prieur dudit *prieuré de Chastel-sur-Salins*, temoin à ce appelé et requis. *Signés* P. Chavoll, H. Bouvart.

(*Pendoient autrefois deux sceaux.*)

XXXI

1428.
Archiv. du Jura.
(d'après copie authentique.)

L'an de nôtre Seigneur mil quatre cent vingt huit, le vingt huitieme jour du mois d'octobre, discrete personne, messire Pierre

Bachet, curé de l'église parochiale de *Cousance*, diocèse de Lyon, sçachant, a pris et prend en acensement de vénérable et religieuse personne, messire *Guy de Lesson*, chambrier de *Gigny*, présent à ce tout droit de patronage et appartenance qui compéte, peut et doit ou pourra compéter à l'avenir audit sieur chambrier, pour les choses provenantes de ladite église parochiale ou cimetiere d'icelle, comme aussi pour les sépultures tant grandes que petites. Le susdit acensement fait pour tout le temps et durant le temps que ledit frere Guy sera chambrier de Gigny, et ledit Pierre curé de la susdite église parochiale de Cousance, ou vivra, commençant dès le jour de la date des presentes, et continuant d'année en année à l'avenir. Le prix du présent acensement, pour chacun an, étant de vingt huit gros vieux, vaillant deux francs, monnoie de Bourgogne, payables, chacun an, *etc*.... Et a été accordé que ledit sieur chambrier se réserve son droit aux sépultures des nobles, si aucuns arrivent, durant le terme du present acensement, en ladite église de Cousance. Donné à Gigny, audit jour que dessus, en présence de religieux homme, frere Etienne Guytard, prieur de Valorte, messire Jean Poncet, prêtre, vicaire de Chevreaux, et Guillaume Gourdon de Gigny, témoins.

(Pièce extraite et traduite comme celle du N° XIX.)

XXXII

1428.
Archiv.
du Jura.
(d'après copie authentique.)

Les an et jour que dessus (*chart. XXXI*), constitué en personne, Messire *Guy de Lesson*, chambrier *de Gigny*, et patron de l'église parochiale de *la Chapelle-Naude*, au diocèse de Lyon, à cause de son office de chambrier, sçachant, acense à Messire Guillaume Albi curé de ladite Chapelle-Naude, présent, tout le droit de patron et de patronage qui lui compéte en ladite église et cimetiere d'icelle, et pour les sépultures tant grandes que petites, *etc*..., suivant le prix, pour chaque année, de quatre florins d'or bons et de legitime poids, payables, *etc*... Et a été accordé que le sieur chambrier se reserve les sépultures des nobles, si aucunes arrivent, *etc*..., et encore les grandes sépultures qui excederont le nombre de vingt, *etc*...

(Pièce extraite et traduite comme celles des N°s XX, etc...)

XXXIII

Anatoile Vuillemot, docteur ès-droits, lieutenant-général au siége et ressort d'Orgelet de monsieur le bailli d'Aval, au comté de Bourgogne, sçavoir faisons que, le dix septieme jour du mois de mai de l'an mil six cent vingt un, etc..., par devant nous s'est judicialement présenté, noble et religieuse personne, dom *Marc de Montagu*, prieur cloitrier, vicaire général, et chambrier du prioré de *Gigny*, et à cause dudit office de chambrier, prieur du prioré de *Châtel-Chevrel* uni audit office, etc.... par lequel nous a été dit et remontré que:

Archiv. du Jura. (d'après copie authentique.)

1621.

Le vingt sixieme jour du mois de septembre de l'an mil quatre cent trente et un dernier, feu vénérable frere *Guy de Lessot*, lors chambrier dudit prioré de Gigny, ordre de Cluny, au diocèse de Lyon, considérant son utilité et profit, et de son dit prioré de Châtel-Chevrel uni canoniquement audit office de chambrier, pour lui et ses successeurs en icelui, abbergea, donna, céda, concéda et délivra perpetuellement, à Pierre *Pyat* de Seizeriat, paroissien de Bruailles, et à Jeannette sa femme, tout le meix ou son tènement de son dit prioré de Châtel-Chevrel, soit qu'il fut en maisons, chezeaux, terres cultivées ou incultes, prés, vignes, bois, eaux, décours d'eaux, et autres choses quelconques à sondit meix en quelque sorte que ce fut appartenantes, excepté les *maisons de son prioré de Châtel-Chevrel*, et les choses et possessions précédemment par lui abbergées déjà à d'autres, lesquelles il reserva et ne comprit audit abbergeage, ains les en excepta et exempta. Ledit abbergeage fut fait sous la cense et servis annuel et perpétuel de quatre quartaux de froment bon, loyal et marchand, quatre quartaux avoine, à la mesure de Chevraux, quatre florins de bon or ou de bonne monnoie, à sçavoir pour chascun florin dix gros vieux, deux pots d'huile à ladite mesure, et une geline : payables par lesdits abbergataires et les leurs perpétuellement audit sieur chambrier et à ses successeurs audit prioré de Châtel-Chevrel, à chascune fête de Saint-Martin d'hyver ; à telle condition que ledit Pierre Pyat, moyennant ledit abbergeage, se *donna* et constitua, pour lui et ses enfants, tant procréés qu'à procréer par lui, naturels et legitimes, être homme dudit sieur chambrier et de sondit prioré et de ses successeurs en icelui à sçavoir de telle condition

1431.

que les autres *hommes de la terre de Gigny* à leur seigneur dudit lieu ; et duquel meix ainsi abbergé par lui il se devestit et en investit lesdits abbergataires, et les mit et induit en la possession corporelle comme quasi libre et vacque entièrement d'icelui, ne se retenant aucune chose, sinon ledit servis et seigneurie directe en icelui, avec promesse par lui faite et attestée, sous le vœu de sa religion, d'avoir et tenir pour agréables et fermes lesdits abbergeage, cession, concession, dévestiture, investiture et toutes les autres choses cy-dessus, et les tenir en paix, garantie, et défendre auxdits abbergataires à ses propres frais, missions et dépens et des siens susdits ; comme aussi ledit Pierre Pyat, par son serment prêté aux saints Évangiles, sous l'obligation de touts et un chacun ses biens, pour lui et les siens susdits, de rendre et payer audit sieur chambrier et aux siens, ledit servis comme dessus, et de lui estre fidèle et obéissant et à ses dits successeurs, procurer leur profit et autres, à son possible, porter leurs dommages et incommodités, et de ne pouvoir s'avouer et déclarer pour autre que pour ledit sieur chambrier et ses successeurs susdits, et faire et procurer par effet que Claud et Jean, enfants desdits abbergataires, quand ils seraient parvenus en âge légitime, se *donneraient* avec leur dit pere, sous la condition que dessus, estre hommes dudit sieur chambrier et de son dit prioré, avec toutes autres clauses insérées audit abergeage muni du scel dudit sieur chambrier, reçu et signé par messire Guillaume Roussel, prêtre, notaire des autorités impériales et juré de la cour de l'official de Lyon, en date des an et jour que dessus ;

1461. Et que depuis, le vingt cinquieme de novembre de l'an mil quatre cent soixante un, feu aussi vénérable frere *Jean de Grandchampt*, chambrier dudit prioré de Gigny, s'étant constitué personnellement par devant messire Jean Mouré de la Perrouse, prêtre notaire publique de l'autorité impériale, *etc...* *(Renouvela l'abbergeage précédent avec la veuve et les enfants de P. Pyat, aux mêmes conditions, et avec l'approbation du chapitre de Gigny.)* .

1471. Et encore, le vingt unieme jour du mois de mars avant Pâques, l'an 1471, frere *Jean de Grandchampt*, chambrier dudit prioré conventuel de Gigny, ayant vu et considéré tout le contenu èslettres d'abbergeage fait par feu de bonne mémoire, vénérable et religieuse personne, frere Jean de Grandchampt, son oncle, et prédécesseur chambrier, *etc....*, procédant de la science et autorité de vénérable et religieuse personne, frere *Alexandre d'Ornand*, prieur cloîtrier dudit prioré de Gigny, *etc*...., loua, approuva, ratifia et homologua ledit contenu, *etc*... et pria encore ledit sieur révérend prieur de Gigny et les vénérables freres religieux dudit prioré de vouloir aussi l'approuver, ratifier et homologuer, ce qui fut fait par un acte signé par ledit Mouré notaire.

XXXIV

1435.

Ex Chartis Jurensib.

In nomine sanctæ et individuæ Trinitatis, Patris, et Filii et Spiritus Sancti, amen.

Nos frater *Humbertus Chatard*, humilis prior prioratus conventualis *Gigniaci*, Cluniacensis ordinis, Lugdunensis diocesis, considerantes defectus qui, propter negligentiam vel inadvertentiam Eleemosinarii dicti nostri prioratus fiunt in eleemosina Christi pauperibus ministranda, quod cedit in contemptum Dei et præceptum divinum, juxta sacram Scripturam dicentem : *Esurii et non dedisti mihi manducare; sitivi, et non dedisti mihi bibere; hospes eram, et non collegisti me; nudus eram, et non cooperuisti me; infirmus eram, et non visitasti me;* et sequitur : *Quotiescumque uni de minimis istis fecisti hoc, mihi fecisti.*

Et ut promissa adimplere facilius, de consilio et assensu fratrum nostrorum, videlicet: *Stephani de Orgeleto* prioris claustralis; *Guidonis de Lestzon* camerarii; *Guidonis de Belloforti* elemosinarii; *Stephani Gaillardi* decani; *Johannis de Dortant* pictantiarii; *Aimonis de Choyaco* refectuarii; *Johannis de Magnocampo* cantoris; *Joannis de Bosco; Joannis Morelli; Stephani de Melliaco;* et *Joannis de Durestal;* monachorum dicti nostri prioratus in capitulo nostro ad sonum campanæ, ut moris est, congregatorum; per Dei gratiam, ad honorem Dei et totius Trinitatis, sancte virginis Mariæ, omniumque sanctorum, ædificare fecimus unum hospitale ante claustrum dicti nostri prioratus, à parte venti, juxta coronam publicam tendentem de dicto prioratu in villam, ut ibidem recipiantur omnes pauperes vagi et peregrini, ut, dicti hospitalis juxta facultatem ipsorum, una cum elemosina fidelium christianorum, hospitent et reficiantur per modum inferius scriptum. Cujus regimen et administrationem et omnium jurium dicti hospitalis volumus et ordinamus, de consilio et consensu quorum supra, pertinere et pertinere debere, sicuti decet, elemosinario dicti nostri prioratus, et ipsum hospitale cum juribus suis et pertinentiis annectimus et anneximus atque unimus Officio dicti elemosinarii, ut elemosina liberius et abundantius adimpleretur; volentes ipsum hospitale regi et gubernari per unam probam mulierem et per unum probum virum laïcum qui resideat et residentiam personalem facere teneatur in dicto hospitali, et recipere Christi pauperes ad illud affluentes, nec non ad regendum bona mobilia et ustensilia dicti hospitalis, de quibus anno quolibet computare tenebitur et rationem reddere dicto elemosinario; et ille vel illa eliget *(se obligabit)* in dictum elemosinarium, et jurabit fideliter et pie regere dicta bona, et recipere misericorditer Christi pauperes in Domino, ipsosque benigne tractare quandiu fuerint, Deo mediante; quod dictus elemosinarius tenebitur dare Christi pauperibus affluentibus ad dictum hospitale unam refectionem medii panis frumenti et modium vas vini, dum manent in ipso hospitali, semel in mense dumtaxat veniunt ad dictum hospitale; quod si pluries venirent, non tenebitur dictus elemosinarius sibi ministrare in dicto hospitali, nisi lectum duntaxat; et si contingat aliquem pauperem mendicantem velle hospitare in dicto hospitali, volumus et ordinamus quod per prædictum elemosinarium sibi ministretur medietas panis de orgio et modium vas vini sicut singulari alteri pauperi; et casu quo continget aliquam mulierem alienigenam prægnantem permanentem in dicto hospitali, volumus et ordinamus per præsentes sibi prædictæ mulieri........................ velut et.................. puerperio............................ ministrare unum modium vas vini.................. ...... de *tiers;* et casu continget aliquam personam hospitari in dicto hospitali, et ibidem infirmaretur aliquo morbo tali propter quem non possit portare, volumus et ordinamus quod, durante dicta infirmitate, sibi per dictum elemosinarium ministrari unus medius panis de *tiers* et dimidium vas vini pro qualibet die suæ infirmitatis dictæ; et si forte contigeret aliquem pauperem mori in dicto hospitali qui non haberet unde sepeliretur, quod dictus elemosinarius eum sepelire faciat misericorditer, et si quid haberet, volumus quod illud pertineat dicto elemosinario, modo quod ipsum faciat sepeliri, prout dictum est.

Propterea volumus et ordinamus quod dictus elemosinarius teneatur anno quolibet in perpetuum facere celebrare unam missam in quadragesima, in dominica qua cantatur, in sancta matre ecclesia, in introitu missæ, *Lætare Jerusalem;* dicta die teneatur procurare dicere vigilias de mortuis eadem die et in crastino facere celebrare missam matutinalem, sicut est consuetum in dicto nostro prioratu; qua finita, religiosi teneantur accedere supra sepulturam nostram, et ibi dicere septem psalmos pœnitentiales et facere commemorationem pro defunctis, prout est consuetum fieri; et elemosinarius tenebitur unicuique ibidem existentium et præsentium in sacris ordinibus constitutorum unum grossum monetæ et cuilibet non constitutorum in sacris ordinibus dimidium grossum monetæ; et ulterius volumus et ordinamus prædictum elemosinarium celebrare, seu celebrare facere unam missam qualibet septimana, celebrandam in perpetuum die lunæ; et dicta missa celebrabitur in altari crucis dictæ nostræ ecclesiæ, de mane, quæ vocabitur *Missa pauperum.*

Nos vero, ut prædicta facilius valeant adimpleri, volumus dotare dictum hospitale per modum qui sequitur, et eidem hospitali et rectori ejusdem, videlicet dicto elemosinario, ad utilitatem dicti hospitalis et prædicto hospitali, ac pro manutendo ea quæ dicta sunt, dedimus ac per præsentes damus quindecim scutos auri boni de annuo et perpetuo redditu, de quibus nobilis *Stephanus Chatardi*, frater noster, pro remedio animæ suæ et suorum prædecessorum dedit decem, ut constat per litteras receptas per dictum *Joannem Mouré*, clericum, notarium, quos acquisivit à Joanne Commerti et Joanne Mourleti burgensibus Sancti Amoris, prout constat per Petrum Cordi............... de Gigniaco, et alios quinque per nos acquisitos a Petro Mercerii de dicto Sancto Amore, ut plenius constat litteris receptis per dictum Joannem Mouré, clericum, notarium. Item unam vineam per nos acquisitam a Joanne Durandi, notario et burgense de Tresfortio, sitam in territorio *Cuisiaci* prope *Tresfortium*, in jornali de Colonges, ut plenius constat litteris receptis per Humbertum Valeti, clericum, notarium, sub censu seu onere quatuor florenorum dictæ nostræ ecclesiæ Gigniaci solvendorum anno quolibet................... Et quia dictum hospitale constructum est per nos in augmentationem jurium dicti prioratus et honorem dictæ ecclesiæ, pro adimplendis operibus misericordiæ, volumus et ordinamus quod Prior, qui tempore erit, possit et valeat compellere dictum elemosinarium ad prædicta faciendum et adimplendum, sicut faceret et facere posset, si dictus elemosinarius in elemosina deficeret, omnibus remediis juris et facti, prout in talibus fieri debet. Devestientes nos dictus prior de omnibus et singulis supra dictis et dictum fratrem *Guidonem de Belloforti* elemosinarium præsentem et ita se gratis onus............... nomine suorum successorum in dicto officio quorumcumque in perpetuum suscipientem, investimus per traditionem unius libri sibi per nos manualiter traditi. In cujus rei testimonium sigillum nostrum litteris præsentibus duximus apponendum, una cum sigillis dicti nostri conventus, necnon et dicti elemosinarii præsentibus litteris apponendum ad nostram requestam.

Propterea, nos dictus prior, et nos dictus conventus prioratus Gigniaci, una cum dicto elemosinario, vobis reverendissimo in Christo patri et Domino Domino Abbati Cluniaci et vestro conventui, humiliter supplicamus, quatenus prædictis omnibus confirmare dignemini, auctoritatem vestram in eisdem interponendo, ipsaque omnia et singula, prout superius ordinata sunt, rata, grata, firma et irrevocabilia libere, pro vobis et vestris successoribus, ipsaque laudare, approbare, homologare et confirmare dignemini, sigillum vestrum præsentibus litteris apponendo, in signum approbationis et ratificationis omnium et singulorum.

Actum in dicto nostro capitulo Gigniaci, et datum die vigesima octava mensis martii, anno Domini millesimo quatercentesimo trigesimo quinto, præsentibus ibidem venerabili et circumspecto viro, magistro Guillermo de Melliaco in directo bacchalaureo, curato de Monteflorum, discreto viro domino Humberto Girard, curato de Germaniaco, Antonio Perneti de Perosa, clerico, notario, testibus ad præmissa vocatis specialiter et rogatis.

Item, et quia inadvertentia fecit obmissam in supra scriptis licentiam seu provisionem facere pro necessitate Christi pauperum in dicto hospitali affluentium calefaciendo, nos dictus prior, de consilio quorum supra dictorum, volumus et ordinamus quod dictus elemosinarius supra dicta nemora, quatenus fuerit opus et necesse erit pro temporibus, tenetur ministrare in perpetuum dicto elemosinario præsente et dictum opus in se assumente per se ipsum. Datum loco et anno quibus suprà, die vero penultima mensis martii, præsentibus discreto viro *Petro Marescallo* curato Gigniaci, et Petro de Gusteux de Balano, testibus ad præmissa in præsentibus litteris vocatis et specialiter rogatis.

Expeditum est per me Joannem Mouré de Perosa, Lugdunensis diocesis clericum, notarium autoritate imperiali publicum, et interfui coram dictis testibus et me, sub sigillis dictorum dominorum prioris, conventus et elemosinarii dicti prioratus Gigniaci, et signito meo manuali, quod est tale signatum : *J. Moure*, cum duobus sigillis sigillatum in cera viridi in caudis appendentibus.

Universis præsentes litteras inspecturis, Frater Oddo, miseratione divina ecclesiæ Cluniacensis humilis minister, salutem in Domino.

Notum facimus quod nos omnia et singula in litteris venerabilis canonicorum fratrum nostrorum prioris et conventus et elemosinarii prioratus nostri *Gigniaci*, ordinis nostri Cluniacensis, quibus præsentes nostræ litteræ sunt annexæ, contenta et declarata, si et in quantum rite et legitime facta sunt, et prout melius de jure possumus et debemus, laudamus, approbamus, ac etiam confirmamus per præsentes retenta ante omnia licentia domini nostri Papæ sic in quantum fuerit necessaria. In cujus rei testimonium sigillum nostrum litteris nostris præsentibus duximus apponendum. Datum in castro nostro de Lugduno, die decima nona mensis junii, anno Domini millesimo quadringentesimo trigesimo quinto. *Signatum* Oddo.

Per reverendissimum in Christo patrem, et dominum dominum abbatem Cluniacensem prædictum, *Bonæ fidei*.

(*Charta ab apographo authentico anni* 1683, *à Cl. Rousset communicata.*)

XXXV

Etevenin de Faletans, ecuyer, demeurant à Salins, lieutenant de Monseigneur le bailli d'Aval au comté de Bourgogne, sçavoir faisons à touts ceux qui ces presentes lettres verront et orront; Qu'au testament, ordonnance et derniere volonté de fuë noble et puissante dame, Dame Antoine de Salins, dame d'Autrey et de Vaugrenans, aujourd'hui par nous judiciellement ouvert et publié duëment, entre autres choses contenues et déclarées en icelui, avons vu contenir la clause que s'ensuit :

« Item, je donne et lègue perpétuellement au prieuré de Nôtre-Dame de *Château-sur-Salins* la somme de trente livres étevenants pour une fois, pour ce que les prieur et religieux d'icelui prieuré soient et seront tenus de dire et célébrer, chacun an perpétuelle-

1439.
Archiv.
du Jura.

ment, en l'église dudit prieuré, deux anniversaires pour le salut et remède de mon ame et à mon intention ; c'est à sçavoir, l'un d'iceux la première semaine des avents, et l'autre la première semaine de carême prenant. Pour lesquels trente livres étevenants je veux et ordonne être payés, chacun an, audit prieuré la somme de trente sols étevenants de rente, jusqu'à ce que lesdits trente livres leur soient payés et délivrés, ou lesdits trente sols suffisamment assignés ; desquels trente livres étevenants les recevans feront acquisition rentes et revenus au profit dudit prieuré. »

Laquelle clause dessus transcrite nous avons fait extraire dudit testament d'icelle fuë dame d'Autrey et de Vaugrenans, de mot à mot, au profit dudit prieuré de Notre-Dame de Château-sur-Salins, pour lui valoir et y ajouter foi au temps avenir comme à l'original d'icelui testament et par tant que de raison sera.

En témoignage de vérité de laquelle chose, nous avons fait mettre à ces présentes lettres le scel aux causes de la cour dudit bailliage. Donné à Salins, le vendredi douzieme jour de fevrier, l'an mil quatre cens trente neuf. Ainsi, *signé* FATON.

XXXVI

1452.
Ex Chartis Jurensib.

Recognitiones nobilis Johannetæ de Vallegriniosa uxoris nobilis viri *Johannis de Gigniaco* burgensis Sancti-Amoris, ad causam rerum et bonorum suorum, quas tenent dicti conjuges in castellania et mandamento Montisfloris.

In nomine sancte et individue Trinitatis, Patris et Filii et Spiritus Sancti, amen. Explorate fidei decrevit..................... gestorum rerum seriem in publica documenta conferre ne preteritorum memoriam edax consumat oblivio, *etc*.....

Ad instantiam et requisitionem mei Guillermi Ancelini de Sancto Petro Lugdunensis diocesis, cleri, notarii, commissarii in hac parte deputati, more publice persone stipulantis solemniter et recipientis has infra scriptas confessiones et recognitiones, et omnia universa et singula alia in ipsis contenta et descripta, nomine, vice et ad opus Nobilis Johannete de Vallegriniosa uxorisque Nobilis Johannis de Gigniaco, burgensis Sancti-Amoris et suorum heredum et successorum perpetuo, *etc*.....

Personaliter coram me dicto notario et testibus infra scriptis, propter infra scripta constituti homines tenementarii, emphiteote, et persone subscripte et nominate. Qui scientes, prudentes et spontanei, non vi, non dolo, metu vel fraude ad hoc inducti, non decepti, non coacti, nulloque errore lapsi, *etc*..... De juribus et actionibus suis ad plenum in hac parte, prout decuit, certificati, edocti, consulti, penitus informati, eorum meris liberis et spontaneis voluntatibus, pro se et suis heredibus et in posterum successoribus quibuscumque, confitentur solemniter et tanquam in judicio, palam et publice recognoscunt, *etc*..... Se esse, velle esse, et esse debere, seque et suos esse constituunt homines tenementarii et emphiteote supra dicte nobilis Johannete, seque tenere, tenere velle, ac debere tenere in emphiteosim perpetuam, ac de ipsius nobilis Johannete directo dominio, res et possessiones in ipsorum confessione et recognitione subscriptis particulariter contentas et descriptas; seque debere, velle debere, seque et suos debere constituunt supra dicte nobili Johannete et suis, servitus, census, usagia, tributa (*census denariorum, frumenti, avenæ et gallinæ*), et alia omnia in confessione et recognitione cujuslibet ipsorum particulariter contenta. Promittuntque, submittunt et renuntiant, *etc*.....

Confessio Guilliermeti Berardi de Densiaco mandamenti et castellanie Montisfloris :

In nomine Domini, amen. Anno Domini millesimo quatercentesimo secundo à Pasquate sumpto, et die quindecima mensis februarii, *etc*....... Personaliter constitutus supradictus Guilliermetus Berardi, *etc*..... Factum et datum anno et die premissis apud Densiacum, presentibus *N.N*........ testibus ad premissa vocatis.

Sign. G. Ancelini.

(Sequuntur confessiones plurium aliorum de Polliaco, *de* Monteflore, *de* Germaniaco, *de* Tholonjone *parochiæ Germaniaci, de* Sancto-Petro, *de* Ponte Ventorum, *de* Baresiaco, *de* Montagniaco *templario. Sequitur etiam abbergatio molendini cum battentorio apud Montagniacum, sub pretio medietatis moliturœ grossorum bladorum, medietatis battiturœ, cum milii cupa.)*

XXXVII

L'an mil quatre cent cinquante-sept, le 22ᵉ jour du mois de juin, discrete personne, messire Jean Pila de la Riviere, prêtre, vicaire

1457.
Archiv.
du Jura.

de *Varennes-Saint-Sauveur*, amodie et acense, pour le terme et temps de trois ans prochains venants, *etc*....... de noble et religieuse personne *Jean de Grandchamp*, chambrier de *Gigny*, sçavoir le droit de patronage de l'église de Varennes, appartenant à M. le chambrier, pour le prix et somme, un chacun an, de quatre francs, monnoie présentement courrant, *etc*...... Ensemble, s'est réservé M. le chambrier son droit de sépulture des Nobles. Promettant, soumettant et renonçant, et présent honorable homme Lancelot Corbet bourgeois de Cuiseaux, Guillaume Jaillet et Jean Chapellain témoins. Doit quatre livres. *Signé* Gautherin.

(*Pièce extraite et traduite comme celle du* N° XIX.)

XXXVIII

1452.
Ex Chartis Jurensib.

In nomine Domini, amen. Nos *Petrus de Castro*, domicellus, dominus de Chalea locumtenens nobilis et egregii viri domini *Claudii de Pino*, legum doctoris, baillivi baillivatus terre *Gigniaci*, Lugdunensis diocesis, pro reverendo patre in Christo et domino Donno *Benedicto de Montferrand* episcopo et comite Lausanensi et administratore seu commendatario prioratus Gigniaci,

Notum facimus universis presentibus et futuris presentes litteras inspecturis, et anno à nativitate nostri Domini millesimo quadringentesimo octuagesimo tertio, die lune ante dictum festum Nativitatis que fuit vicesima secunda mensis decembris, hora prima, in haula dicti loci de Gigniaco inibi sedente pro tribunali, ad jura reddenda et causas audiendum, more solito, instante venerabili et religioso viro, fratre *Johanne Gaynna* religioso dicti prioratus, procuratore, ut asserit. conventus, vidimus, tenuimus et palpamus, ac de verbo ad verbum legi fecimus quasdam litteras apostolicas Sanctissimi in Christo patris, divina providentia papæ, bullatas, *etc*.... quarum tenor sequitur : Sixtus episcopus, *etc*....

In cujus rei testimonium sigillum dicti conventus in......... Sigilli causarum dicti baillivatus presentibus litteris duximus apponendum. Datum et actum in dicta aula de Gigniaco, anno, mense, et die, et hora quibus supra, presentibus, *etc*.... testibus, *etc*....

XXXIX

En 1487, Pierre Vincent, curé de *Rosay*, reconnoit que vénérable et religieuse personne, *Jean de Grandchamp*, chambrier de *Gigny*, et prieur du prieuré de *Chevreau* annexé à son office de chambrier, étoit patron de l'église de Rosay, et qu'à cause dudit droit de patronage, les chambriers participent en ladite église de Rosay et au cimetiere ; pour lequel droit il est dû six gros vieux et un quartal de froment, mesure de Rosay, payables et livrables, chaque année, au terme de, etc.... Présents, Jean Loup chastelain de St Julien, etc....

(Pièce extraite et traduite comme celle du N° XIX.*)*

1487.
Archiv.
du Jura.

XL

Comme procès fut espéré à mouvoir entre révérend père en Dieu, frere Claude de Frangier abbé du monastere de Nostre-Dame du Mireur, de l'ordre de Cisteaul, ou diocèse de Lyon et son convent, d'une part ;

Et discréte personne, messire Pierre Guillin, prestre, curez de *Dompmartin*, d'aultre part ;

Au fait et pour ce que auxdits abbé et convent compètent et appartiennent plusieurs mex au lieu de *Chevalox*, en la paroiche dudit Dompmartin, lesquels mex, tant par les guerres que perillités du temps qui a regné ou pays, sont demeurés vacques, en manière qu'ils ne sont d'aucuns revenuz ne prouffit audit monastere. Au moyen de quoy a convenuz auxdits abbé et convent réduire lesdits mex, héritaiges et appartenances d'iceulx, ou la pluspart à leur main, et les mectre en une grange par eulx constituée esdits mex, pour la fere valoir, comme leurs aultres granges dudit monastère, et iceulx ont emblavé et fait emblaver par leurs grangiers à ce commis. Au moyen de quoy ont exigé pour ce et reconnue les fruicts franchement et quictement, sans en payer aulcun diesme, ne droit de diesme audit curé, en vertu et pour raison de leurs privileges, comme des aultres granges dudit monastère. Disant iceulx abbé et convent qu'ilz n'estoyent tenuz d'en payer aulcun droit audit curé ne aultres, actenduz qu'ilz faisoient fere et curtiver par leur grangier lesdits héritaiges.

1491.
Archiv.
du Jura.

Ledit curé disant au contraire, et que ce soit en sa paroiche, et qu'il en devoit lever, prendre et percevoir le droit de diesme à luy appartenant à cause de ladite cure.

Desquelx débatz et différandz, lesdites parties, pour eviter rigueur, procès, considéré aussi les priviléges dudit monastère, et que lesdits abbé et convent ont réduit lesdits mex et héritaiges à leurs mains, ont traictez, transigez, convenuz et accordez en la maniere que s'ensuit. C'est assavoir que ledit curez s'est désisté et desparty, desiste, despart et consent par ces présentes lectres que douresenavant lesdits abbé et convent prennent, perçoivent et emportent tous les fruicts de leurs dits mex et héritaiges dudit Chevalox, qu'ils tiendront et feront tenir, labourer et curtiver en grangerie audit Chevalox en sadite paroiche et en aultres. Et desdits droits de diesme pour luy n'y pretendant s'est desisté et despartis, etc.... au prouffit desdits abbé et convent, à sa vie durant, afin de paix.

Et pour ce que monsieur le chambeyrie de *Gigny* prent porcion esdites diesmes de la paroiche dudit Dompmartin, est accordez et en acte qu'en cas que ledit chambeyrie en prendroit aucung procès, et que en définitive seroit dit que ledit chambeyrie y auroit droit et portion, et prendroit et léveroit sa portion du diesme ès terres et héritaiges desdits mex, audit cas ledit curé semblablement prendroit son dit droit de diesme, nonobstant ledit accord. Aussi en acte que en cas que lesdits abbé et convent remectroient et réacenseroient lesdits héritaiges en mex ou aultrement que en grangerie, semblablement ledit curé prendroit son dit droit de diesme oudit cas, sans ce que ledit curé puisse ne doige jamais aller au contraire, en quelque maniere que ce soit, quelque procès que en preygne ledit chambeyrie, à sa dite vie durant.

Et ainsi l'ont promis et promettent les dites parties entretenir, etc.... Obligeant etc... Submettant etc.... Renonçant etc.... Donné audit Mireur, le vingt ungniesme jour d'aoust, l'an mil quatre cens quatre vingt et unze, présents noble sieur messire Claude Granchamp, Guillaume Ancheman de Cuysel, etc..., tesmoings.

Signé Gauthier notaire.

XLI

1492.
Archiv.
du Jura.

Des différandz estant entre messieurs les Grant-Prieur et convent de Saint-Claude ayant cause de monsieur le chambeyrie de

Gigny, impétrant en matiere de nouvelleté, d'une part; et révérend pere en Dieu, frere Claude de Frangey, abbé du Mireur, tant en son nom que de son convent, opposants, d'aultre part;

Au fait du diesme du Meix Guyre assis à Chevalox ouquel a constitué ledit révérend pere abbé du Mireur une grange quest ou dimaige et paroiche de *Dompmartin*, en laquelle paroiche ledit chambeyrie prent les deux tiers du diesme, et pour ce le vouloient prendre lesdits impetrants, audit mex ou est constituée ladite grange.

Lesdits opposants au contraire disant qu'il est privilégié, à cause de l'ordre de Cisteaul et de son abbaye, et qu'il n'en devait point de diesme.

Desquelx differandz tant possessoire que pétitoire, lesdites parties se sont submises en et sur tres révérend pere en Dieu monsieur Estienne Morel évesque de Morienne, et ont promis en tenir ce qu'il en dirait.

Et pour ce, se sont comparuz lesdites parties, assavoir noble et religieuse personne, frere Henry d'Ognye, reffecturier dudit Saint-Claude, pour lesdits Grant-Prieur et convent, et noble et religieuse personne, frere *Jehan de Grantchampt*, chambeyrie dudit Gigny impétrant et demandeur, et ledit révérend Pierre, abbé, defendeur, par-devant ledit monsieur évesque de Morienne, aujourd'huy date des presentes, au lieu de Colignya, en la maison de luy et de messires ses freres, lequel desdits differandz apris et accepté la charge pour lesdites parties, comme arbitre esleu par lesdites parties. Et touchant le possessoire de ladite matiere, a ordonné que lesdits impétrants demeureroient possesseurs selon la forme du cas notoire, etc...

Parmy et moyennant ce que du petitoire de ladite matiere, lesdites parties fornitront ès-mains de mondit sieur leur arbitre, tous tiltres, droits et privilleges dont elles se vouldront ayder, l'une desdites parties contre l'aultre, assavoir ledit chambeyrie prenant en main le fait, et promet faire consentir le convent dudit Gigny, se metier est, et ledit reverend pere abbé audit nom deans la chandelouze prouchainement venant, pour, le tout venu, en donner la sentence arbitraire et deffinitive, laquelle icelles parties ont promis tenir perpétuellement vaillable, à peine de mille livres à appliquer la moytié à la partie...... et l'aultre moytié à la disposition et volunté dudit sieur leur arbitre. Et se présenseront icelles parties et chacune d'elles à tel jour que ledit sieur y pourra vacquer, et qu'il leur fera savoir, avec intimation qu'il pourra vacquer à sa sentence en absence desdites parties, se elles ou aulcune d'icelles n'y comparoissent, comme selles estoyent presentes, deans Pasques charnelz prouchainement venant, et la pourra prolonguer jusqu'à la feste Saint-Jehan Baptiste suignant et prouchainement venant, pendant lequel temps il sera tenuz en dire, et se deans ladite Saint-Jehan sentence non est dite, lesdites parties demoureront en l'estat qu'elles sont du présent, tant en pétitoire que possessoire. Promettant, *etc..*, *etc...*

Donné audit Collignya, le deuxiesme jour de juillet de l'an mil quatre cens quatre vingt et douze, présents nobles hommes Jehan et Charles Morel, écuyers, seigneurs de Maisoz, Humbert Guiod notaire, messire Pierre Viez curé d'Andelost, et plusieurs aultres tesmoings. *Signé* Gauthier, notaire.

XLII

1500
Archiv.
du Jura.

Comme question soit et procès espéré à mouvoir entre nobles et puissants seigneurs messire de Ruffey et de Chevrel, le chambeyrie de *Gigny* et le curé de *Cuysia*, d'une part; et les abbé et convent du Mireur, d'aultre part;

Au fait du diesme d'une vigne assise en Talou que souloit tenir desdits religieux du Mireur feu Jehan Rodet, et depuis Franchet, et à présent lesdits religieulx, contenant environ huit ouvrées, lequel diesme prétendent lesdits seigneurs de Chevrel, chambeyrie et curé dudit Cuysia à eux appartenant en la qualité que les aultres diesmes dudit Cuysia, et dient d'icelluy estre possesseurs. Lesdits abbé et convent du Mireur, au contraire, dient icelle vigne estre à eulx et de leur domaine d'ancienneté, ensemble dudit diesme d'icelle.

Pour obvier audit procès pretendu par les parties, honorable homme Humbert Guiots, procureur de nobles et puissants seigneurs, Girart et Jehan de Vienne seigneurs dudit Ruffey et de Chevrel, messire Jehan Girard procureur de noble et religieuse personne, frère, *Antoine de Collaou* chambeyrie de Gigny, et messire Jehan Morel, chanoine de Cuysel, curé dudit Cuysia, d'une part, et révérend pere en Dieu, frere, Claude de Frangey, abbé du Mireur, et frere Bonot Oddenin son religieulx et procureur de son convent, d'aultre part;

Ont convenu et accordé que ledit diesme se prendra et levera en ladite vigne, par ung homme neutre au prouffit de celle des parties qu'il appartiendra jusques ad ce que par lesdites parties soit fait cognoistre à qui il appartiendra amyablement, et à la venue de messeigneurs dudit Chevrel, deans la Sainct-Martin prouchainement venant, *etc*....

Fait et passé au lieu de Montferrand, en la maison desdits religieulx, le quatriesme jour de septembre l'an mil cinq cens, presens discrète personne messire Claude Choz vicaire de Cuysia, *etc*....

XLIII

Estienne Blanc de Lons-le-Saulnier, lieutenant local au siège de Montmorot de monsieur le bailli d'Aval, au conté de Bourgoingne, à tous ceulx qui ces présentes verront, salut. Savoir faisons que cejourdhui judicialement de la part de révérend pere et seigneur, messire *François de Soderini*, cardinal de Sainte-Suzanne de Volterre, par Phelippe Vauchier son soliciteur, nous ont estez présentées les lettres-patentes du roy nostre souverain seigneur, dont la teneur est cy-après insérée:

1505.
Archiv.
du Jura.

« Phelippe par la grace de Dieu, roy de Castille, de Léon, de Grenade, et Archiduc d'Austrice, prince d'Aragon, et duc de Bourgoingne, de Lothier, de Brabant, de Styrie, de Carinthie, de Carniole, de Lembourg, de Luxembourg et de Gheldres; comte princier de Hasbourg, de Flandres, de Tyrol, d'Artois, de Bourgoingne palatin et de Hainau; Lantgrave d'Elsacen; marquis de Brisguau, et du s. Empire, de Hollande, de Zélande, de Ferrette, de Kibourg, de Namur et de Zutphem, comte seigneur de Frise sur la marche d'Esclavonie, de Portenaubs, de Salins et de Malines, a nos tres chiers et féaulx les chancelier et gens de nostre grand conseil, président et gens de nostre court de parlement à Dôle, bailliz d'Amont, d'Aval et dudit Dôle, et à tous nos autres justiciers et escuyers que ce regardera, salut et dilection.

« Receue avons humble supplication de très révérend pere en Dieu, messire *Franchois de Soderini*, cardinal de Sainte-Suzanne de Volterre, contenant comme, puis aucun temps en çà, il ait par le saint Siége apostolique esté dénommé et canoniquement pourveu du *prioré de Gigny* en nostre conté de Bourgoingne, et sur ce obtenu certaines bulles et provisions apostoliques et sentences en court de Rome. Lesquelles, obstant certaines nos ordonnances publiées en nos payz et seigneuries, ledit sieur cardinal ne vouldroit faire mettre à exécution, ne en vertu d'icelles prendre et appréhender la possession dudit prioré, sans sur ce avoir nos lettres de congie et licence, pour lesquelles il nous a tres instamment fait requerir.

» Pour ce est-il que nous, ces choses considérées, audit s^r cardinal de Sainte-Suzanne suppliant inclinans à sadite requeste, en faveur mesmement d'aucuns nos especiaux serviteurs qui nous en ont aussi instamment requis, avons outtroyé, consenti et accordé, ottroions, consentons et accordons, en luy donnant congie et licence de grace especial par ces présentes que, non obstant nos ordonnances et deffenses dessus dites et sans préjudices d'icelles, il puisse faire mettre à exécution, en nosdits payz et seigneuries, les sentences, bulles et provisions par luy obtenues en la dite court de Rome, comme dit est, et en vertu d'icelles prendre et apprehender la possession dudit prioré de Gigny, selon la forme et teneur d'icelles sentences, bulles et provisions, sans pour ce aucunement méprendre envers nous. Se vous mandons, et à chacun de vous endroit soy et si comme à lui appartiendra, que de noz predite grace, octroy, licence et consentement, selon et par la maniere que dit est, vous faites souffrez et laissiez ledit sieur cardinal de Sainte-Suzanne, ensemble ses procureurs, facteurs et entremetteurs de ses besoingnes et affaires, et chacun d'eulx, plainement et paisiblement joyr et user, sans leur faire, mettre ou donner, ni souffrir estre fait, mis, ou donné aucun destourbier ou empeschement au contraire.

» Par ainsy nous plaist, non obstant quelzconques ordonnances, mandemens, ou deffenses à ce contraires. Donné en nostre ville de Gand, le septiesme jour de décembre, l'an de grace mil cinq cens et cinq, et de nostre regne le premier. Ainsin signé par le roy. P. Hantton.

» Scellé du scel de nostre dit Seigneur en cire roge, armoyé à ses armes pendant à simple quehue. »

Desquelles lettres-patentes ledit Phelippe (Vauchier), audit nom, nous a requis transumpt et vidimus estre par nous fait au prouffit dudit s^r cardinal, pour luy valoir et soy en aider par tant que de raison pour ce que d'icelles ledit aura affaire ès raisons et devers lieux. Veues lesquelles lettres-patentes que par nous ont esté de mot à mot leues, attendu que les avons trouvées saines et entieres en scel, écritures et signatures, et carans de tous vices, comme de première face apparissoit et aussi la requisition dessus dite, icelles avons transumpté et descript en outtroyant transumpte en cette forme au dit sieur Cardinal, pour luy valoir et soy en aider par tant que de raison sera. Et en tesmoingnage de ce, nous avons fait mettre à ces présentes le scel aux causes de la court dudit bailliage, le mercredi quinziesme jour d'avril apres pasques, l'an mil cinq cens et six; présens honorables hommes, maitre Guillaume Vincent, secretaire de madame la princesse d'Orange, et........, de Lons le Saunier, tesmoins à ce requis. *Signé* Blanc avec paraphe.

1506.

XLIV

Au lieu de Gigny devant la maison de Jeanne Pitiot veuve de Claude Jouffroy dudit lieu, le quatorzieme jour du mois de septembre, l'an mil cinq cent quarante deux,

Par devant nous Claude Berrard, Pierre et Jean Darlay de S. Julien, notaires jurés et coadjuteurs des tabellions du bailliage d'Aval au comté de Bourgogne, commissaires députés en cette partie par autorité et lettres de la Cour souveraine du parlement de Dole, s'est présenté et a comparu Me *Claude Pandet*, procureur de révérend pere en Dieu et Seigneur, messire *Louis de Rie*, abbé d'Auberive, prieur et seigneur du prieuré conventuel de Gigny, lequel par la voix et organe de noble et sage Me *Jean Mercier*, docteur ès droits, lieutenant au bailliage dudit Gigny, nous a dit et proposé que ledit sieur révérend avoit nagueres obtenu en ladite souveraine Cour mandement et commission à nous adressés, pour contraindre touts ceux et celles lui devant rentes, cens, dixmes, corvées, revenus, droits et autres redevances, à cause de sondit prieuré de Gigny, à lui en faire confession et reconnoissance par devant nous, et aussi déclaration des héritages et assi-

1542.

Archiv. du Jura.

(d'après copie authentique).

gnaux sur lesquels sont assignées icelles censes, rentes, revenus et autres droits et tous autres héritages compétant et appartenant audit sieur, et que l'on tient de lui, tant à terme que perpétuellement. Et pour commencer à besogner en cette partie, ledit Me Pandet, procureur que dessus, avoit fait assigner audit lieu de Gigny ceux d'illec et autres de la terre et seigneurie dudit Gigny, à cejourd'huy par devant nous, nous requerant de proceder en cette partie, et pour ce faire nous a exhibé et presenté ledit mandement portant notre commission et puissance, laquelle humblement avons reçu, et après avons procédé, *etc.*, *etc.*....

A tous présents et à venir soit notoire que en la personne et par devant les notaires soussignés, commissaires, *etc.*..... Personnellement établis et spécialement venants: Pierre *Bertrand*, Humbert *du Villars*, Claude *Tissot* le jeune, tant en leurs noms comme de Pierre *Jaquet* leur consort, echevins dudit GIGNY; et étant avec eux Louis *Monnard*, Antoine *Bertrand*, Louis *Chapon*, Claude *Cothel*, Pierre *Malessard*, Claude *Enjourrand*, Louis *Fauconnier*, Jean *Goy* dit *Bel*, Benoît *Janod*, Pierre *Monnard*, Jean *Monnot*, Jean *Chauvet* filliatre de Claude *Poupon*, Jean *Enjourrand*, Jean *de Vif*, Jean *Chapon* notaire, Jean *Chapon* cordonnier;

Et aussi Antoine *Janet*, tant en son nom comme de Claude *Beissard* son consort, echevin de CROPET, étant avec lui Etienne *Chapon*, Philibert *Humbert*, Ami *Roland*, Jean *Chapon* le jeune, Claude *Berthelon*, Pierre *Morel*, Pernot *Humbert*, Humbert *Perrod*, tant en leurs noms que des autres habitants dudit Cropet;

Et semblablement Claude *Vuitton* dit *Saugier*, Guillaume *Caradoz* echevins de LOUVENNE étant avec André *Bernard*, Pernot *Vuitton* et Guillaume *Bernard* dudit lieu, tant en leurs noms que des autres absents habitants dudit Louvenne;

Et aussi Pierre *Morat* et Guyot *Morat* échevins de LA PEROUSE, et étant avec eux Antoine *Vincent*, Jean *Morat*, maréchal, Humbert *Morat*, Benoit *Bataillard*, Pernin *Vincent*, Claude *Dominé*, Jean *Morez*, touts dudit lieu, tant en leurs noms que de touts les autres habitants de La Pérouse;

Item aussi Claude *Beissard* dit *Ferrand*, de MORGES, tant en son nom que de Guillaume *Malessard* son consort, echevin dudit lieu, et étant avec eux Claude *Beissard* fils de feu Antoine *Beissard*, tant en son nom que des autres habitants dudit Morges;

Pareillement Denis *Baron*, Pernot *Humbert* le jeune, echevins de MONTREVEL, et assistant avec eux Jean *Ligier*, Claude *Ligier* dit *Bufe*, Pierre *Ligier*, Pierre *Bey*, Laurent *Vitte*, tant en leurs noms que des autres habitants dudit Montrevel ;

Aussi personnellement établis, Etienne *Motay*, Gabriel *Motay*, Jean *Motay* dit *Filliaud*, Denis *Motay*, Claude *Motay*, Pierre *Daul*, Claude *Gean* filliatre, Etienne *Veillot*, Etienne *Daul*, touts de MONNETAY, tant en leurs noms que des autres absents ;

Semblablement, Sorlin *Gollion* echevin de GRAYÉ, et étant avec lui Jean *Enjorrand*, Laurent *Girofflez*, Sorlin fils de Pierre *Testard*, Antoine *Gollion* dit *Bréa*, Pierre *Poncet* dit de *La Doy*, Jean *Goyet*, Claude *Canoz* dudit Graye ;

Item Martin *Rosset* echevin de CHARNAY, et étant avec lui Claude *Pernelle*, Jean *Billebaut*, Sorlin *Boillet* filliatre, Jean *Gréa*, Anatoile *Gréa*, Claude *Martin* filliatre de feu Jean *Grea*, et Jean *Vuillemin*, touts dudit Charnay, aussi tant en leurs noms que des autres habitants dudit Charnay ;

Et Guillaume *Vitton* du VILLARD, tant en son nom que des autres habitants dudit Villars ;

Et un chacun de touts les dessus dénommés, et en tant que à chacun d'eux touche et peut appartenir, respectivement, pour eux, leurs hoirs, successeurs et ayants cause, par les présentes reconnoissent, déclarent et confessent compéter et appartenir à mondit seigneur de Gigny, présent et acceptant avec lesdits notaires et commissaires souscrits, pour lui et ses successeurs prieurs et seigneurs dudit Gigny, les droits seigneuriaux, autorités, prérogatives et bannalités qui seront cy après specifiées et déclarées.

Et premièrement compète et appartient à mondit sieur *la seigneurie* dudit Gigny, en toute *Justice* haute, moyenne et basse, mère et mixte impère ;

Et à cause d'icelle, lui compète le droit de commettre instituer et établir, pour l'exercice de sa dite justice, touts *officiers* audit Gigny, comme *Bailly*, *Châtelain*, *Procureur*, *Scribe*, *Prévots*, *Sergents*, *Forestiers*, *Messiers*, *Bliefs*, qui sont tenus faire et prêter le serment de bien et düement exercer ladite justice, garder les droits dudit sieur et de ses sujets ;

Item, compète et appartient le droit d'avoir un *signe patibulaire* qui est, de toute ancienneté, élevé à deux colonnes, et assis audessus d'une petite montagne, entre la ville dudit Gigny et de

Cropet, appelé le mont de *Sect*, à lever et ériger lequel, où, quand aucune justice se fait audit signe patibulaire, touts les sujets tant de ladite ville de Gigny que autres de ladite seigneurie, sont tenus de comparoir embâtonnés, comme aux montres d'armes, sous peine de l'amende :

Item compète et appartient à mondit seigneur l'autorité que son *Châtelain* ou *Capitaine* dudit Gigny peut et doit faire *Montre d'armes*, une fois l'an, et en temps d'éminent péril de guerre, toutesfois et quantes qu'ils en seront requis par ledit châtelain ou capitaine, en suivant l'ordonnance de feu de louable mémoire Monseigneur le duc Jean, de son vivant duc et comte de Bourgogne. Et sont tenus touts lesdits sujets, tant de la ville que des villages, comparoir auxdites montres, embâtonnés et armés, comme il leur est enjoint par ladite ordonnance, sous peine de l'amende;

Item compète et appartient à mondit sieur, le droit de relever et prendre, riere ladite seigneurie de Gigny, tant qu'elle s'étend et comporte, toutes *Epaves* qui adviennent; et sont tenus ceux qui les trouvent les relever, à peine de soixante sols d'amende envers mondit sieur, en dedans le temps et terme introduit par la coutume générale du comté de Bourgogne ;

Aussi appartient à mondit sieur toute justice, haute, moyenne et basse, sur les habitants du village du *Villars* assis en ladite seigneurie de Gigny.

Item, compéte et appartient à mondit sieur le droit d'avoir et faire recevoir par son receveur et commis, toutes les *censes* et rentes de froment, d'avoine, argent, huile, que autres droits, à cause des meix de sesdits sujets et sont tenus les tenementiers d'iceux meix les apporter, amener et rendre au château et grenier de mondit sieur à Gigny, chacun an, aux termes accoutumés, et icelles censes payer après la criée sur le faite et qu'ils en auront été requis, à peine de l'amende s'ils ne payent.

Aussi le droit d'avoir et recevoir *Lods*, *vends directs* ou droit de *retenue* de touts les biens et héritages qui se vendent et aliénent en ladite seigneurie, et mouvant de la directe et seigneurie de mondit sieur; c'est à sçavoir de douze gros deux gros; et sont tenus les acheteurs relever lesdits lods et les payer dès en quarante jours, sous peine de l'amende de soixante sols, suivant ladite coutume de ledit comté.

Item, compéte et appartient à mondit sieur, l'amende de soixante sols sur ceux qui ne payent les *Langues* des grosses bêtes qui se tuent et vendent en ladite seigneurie de Gigny et les relever doivent à monsieur l'*Infirmier* dudit Gigny, chacun an, comme il a accoutumé, et si celui qui fait tuer ladite grosse bête n'en vend aucune portion, il n'en doit rien.

Item, compéte et appartient à mondit sieur plusieurs *Bois bannaux* en ladite seigneurie, à sçavoir le bois appelé en *Hautefay* bannal à mondit sieur contre les étrangers de l'amende de soixante sols, et contre les habitants en ladite terre et seigneurie de l'amende de sept sols estevenants. Item les bois du *Grand Diévent* et *Petit Diévent* bannaux contre les étrangers de l'amende de soixante sols et contre les sujets de sept sols.

Item, compéte et appartient à mondit sieur le *Four bannal* assis audit Gigny qui se délivre, chacun an, au plus offrant et dernier enchérisseur, et se paye le droit à cuire le pain comme est accoutumé; est tel droit qu'aucun habitant dudit Gigny ne peut cuire pain et pâte levée en autre four que le dessus, à peine de l'amende de soixante sols.

Item, compéte à mondit seigneur le *Moulin* assis emprés dudit Gigny, sur la rivière de Surand, bannal à mondit seigneur, quand il peut rendre le service et se délivre au plus offrant.

Item, compéte et appartient à mondit sieur son *Château* ou *Maison-forte*, assis audit Gigny, en dessus la ville et devers le matin. Auquel chateau tous les sujets, tant de la ville de Gigny que des villages d'icelle seigneurie, sont tenus de faire *guet* et *garde* en temps d'éminent péril de guerre, a savoir lesdits de Gigny, jusqu'à ce que le *bourg dudit Gigny soit clos et muré*, tenable contre les ennemis du pays, auquel cas les habitants de la ville dudit Gigny feront guet et garde par ladite ville seulement.

Item, compétent et appartiennent à mondit sieur plusieurs prés à sçavoir: Les prés *Le Comte*, *Grandpré* et autres.

Item, compétent et appartiennent trois *Condamines* emprés le bourg et ville de Gigny.

Item, compétent et appartiennent à mondit sieur plusieurs *Dixmes* de froment, avoine, tant audit lieu de Gigny, territoire d'illec et lieux de Loysia, *etc*...

Item, sont tenus les habitants de Cropet, Louvenne, Morges,

Montrevel, La Pérouse et Monnetay, de fener charroyer et amener le foin du *Pré Le Comte*.

Item, les habitants de Graye et Charnay sont tenus de fener, charroyer et amener le foin de l'*Etang S. Sorlin*.

Item compète et appartient à mondit sieur le droit de relever, pour l'élection du *Blief de la chatellenie de Cropet*, chacun an, deux mesures de bled.

Item compétent et appartiennent à mondit sieur, plusieurs *bois bannaux* assis au territoire de Gigny et de la seigneurie, dits les bois de *La Biolée*, de *Bioleres*, du *Mont de Molin*, etc..., sous peine de l'amende de sept sols. Quant au bois de *Marléa*, les échevins de Cropet ont répondu négativement, disant qu'ils l'ont acensé des prédécesseurs de mondit sieur, pour l'usage de leur four; et néanmoins, demeurent mondit sieur et lesdits habitants dans leurs droits d'ancienneté accoutumés;

Item, compète et appartient à mondit sieur le droit de prendre et recevoir par son receveur, sur le *four de Louvenne*, chacun an, cinq florins deux gros et demi monnoie de Bourgogne; et sur les habitants dudit lieu, pour la *cense du bois de Malessard*, chacun an, dix gros vieux....; sur les habitants de *Montrevel*, pour l'usage du chauffage de leur *four*, chacun an, quatre florins de roi...; sur les habitants de *Morges*, pour le chauffage de leur *four*, vingt sept gros vieux.... Sur les habitants de *La Perouse*, pour leur four, trente gros vieux;

Item, lesdits de *Cropet* doivent dix gros vieux, chacun an, pour la *cense du bois de Malessard*;

Aussi est dû, chacun an, à mondit seigneur, par les habitants de la ville dudit Gigny, deux *corvées de charrue* à les faire aux Condamines de mondit seigneur, et s'ils ne les font, doivent chacun quatre gros vieux par chaque pose (*corvée*);

Item, et semblablement, dû à mondit seigneur par les habitants de *Graye et Charnay*, pour deux *poses* (de charrue), chacun an, quatre gros vieux, pour chaque pose;

Item, par les habitants de *Cropet*, *Morges*, *Montrevel*, *Louvenne*, *La Pérouse* et *Monnetay*, est aussi dû à mondit sieur, chacun an, par chacun faisant charrue, deux poses (*corvées*), une à la moisson de froment, et l'autre en carême, ou s'ils ne les font, ils payeront quatre gros vieux par chaque pose;

Item, compète et appartient à mondit sieur, le droit de faire prendre et recevoir par son receveur, sur chacun faisant lard, pour leur bacon, un *jambon de porc*; mais mondit sieur doit à ceux des villages de Graye et Charnay treize pintes de vin et treize pains de tiers, chacun an, au tiers jour après Noël;

Item compéte et appartient à mondit sieur *le Ban d'aoust*; en tel droit que nul des habitants et sujets en toute la terre et seigneurie de Gigny ne peut vendre vin au mois d'août, sans le congé de mondit seigneur et de ses officiers; et se délivre ledit ban d'aoust, chacun an, au plus offrant et dernier enchérisseur, sauf ceux de la ville dudit Gigny qui peuvent vendre vin, dois vêpres de veille de St-Thaurin jusqu'aux vêpres dudit St-Thaurin.

Item, les *Foires* dudit Gigny sont, à sçavoir: Le jour de St-Thomas avant Noël, le jour de fête St-Jean au mois de mai, et le jour fête St-Denis, chacun an, et compéte à mondit sieur le droit de faire prendre et visiter le pain et les pintes de vin, et icelles faire marquer et armoyer de ses armes, et nul ne peut vendre vin ni bled en ladite seigneurie de Gigny, sinon à la *Mesure* dudit Gigny, sous peine de l'amende de soixante sols.

Item, compéte et appartient à mondit sieur, le *Marchef* dudit Gigny qui se tient le vendredi d'une chacune semaine de l'an.

Item, compéte et appartient à mondit seigneur le droit que les habitants de *Cropet*, *Morges*, *Montrevel*, *La Pérouse*, *Louvenne* et *Monnetay* sont tenus, chacun an, en temps de vendanges, par corvées, *d'aller querir le vin* de mondit seigneur, crû de son *clos à St-Jean-d'Etreux*, et le rendre et charroyer audit Gigny, au château de mondit sieur; et pour ce leur sont dûs leurs droits accoutumés; et mondit seigneur leur fait rendre et mener les tonneaux vuides au pré Le Comte, pour les mener audit St-Jean-d'Etreux, et si leurs charriots ne sont en bon état, pourront prendre bois de fols et essiés pour leurs dits charriots ès bois de mondit sieur que leur sera délivré par le prieur dudit Gigny ou son commis;

Aussi compéte le droit à mondit sieur sur les habitants de *Graye et Charnay*, en ce qu'ils sont tenus d'aller querir et mener le vin du clos de mondit sieur crû, chacun an, au *clos de Champagna*; et pour ce leur sont dûs les droits accoutumés; et si leurs charriots ne sont pas en bon état, pourront prendre des essites et foyates au bois d'Hautefay, qui leur sera délivré par le prévôt de mondit sieur.

Item, compéte et appartient à mondit sieur le droit de prendre, relever et percevoir l'*amende* de soixante sols estevenants sur touts les étrangers mésusants qui sont trouvés coupant, chargeant et prenant bois ès *communaux* de la ville dudit Gigny.

Aussi déclarent et confessent tous lesdits échevins et habitants de la ville dudit Gigny et de ses fauxbourgs et des villages de la chatellenie dudit lieu que touts tenant ménage et faisant feu en ladite seigneurie, doivent chacun an, par chacun feu, une *geline* à mondit seigneur payable au terme de carême entrant.

Item, confessent et déclarent lesdits échevins et habitants des villages de ladite chatellenie sauf et réserve ceux de Monnetay et Pierre Jarbot le vieux de Montrevel, que chacun d'iceux faisant feu esdits villages doivent *une buche de bois* appelée *Le Lethon*.

Item, que tous les manants et habitants de touts les villages de la chatellenie et seigneurie dudit Gigny, en issus, partis ou y résidants, sont hommes *mainmortables* et de serve condition.

Item, qu'il est dû à mondit seigneur par un chacun ou chacune tenant chèvre, pour chacune chèvre, un *chevreau*.

En témoin de vérité des choses dessus dites, nous avons signé cettes de nos seings manuels accoutumés, presents, noble seigneur, messire Philibert de Coligny, chevalier, seigneur de Cressia, Beaufort, etc.... Nobles et religieuses personnes, freres, *Simon de Grandmont*, aumônier dudit Gigny, vicaire de mondit sieur, *Jean de Grandchamp* prieur cloîtrier dudit lieu; nobles hommes, *Guillaume de Boisset* docteur ez droits, bailli dudit Gigny; *Jean Mercier* aussi docteur ez droits, bailli d'Arinthod; discrétes personnes, messire *Claude Rossel*, messire *Jean Jannet* de Cropet; présents aussi, *Blaise Chapuis* d'Orgelet, *Jean de Vif* notaire, *Claude Same* secretaire dudit bailli de Gigny, *Benoit Jannot*, et plusieurs autres témoins en grand nombre à ce requis. En présence desquels, mondit sieur le vicaire a accepté tout ce que dessus est déclaré, et a promis le faire approuver et ratifier à mondit seigneur dans six mois prochains.

Signés: C. *Berrard*. P. *Darlay* et J. *Darlay*.

Nous *Louis de Rye*, abbé d'Auberive, prieur et seigneur de Gigny, à plein informé des articles cy-devant mentionnés, faits et passés devant les commissaires avant nommés, par religieuse personne, frere, *Simon de Grandmont* aumonier dudit Gigny. pour et au nom et ayant charge de nous, avec les échevins et habitants de la ville dudit Gigny et des villages d'icelle seigneurie, concernant les droits seigneuriaux cy-devant déclarés, ayant lu et entendu iceux, nous les avons ratifiés, approuvés et homologués, ratifions, approuvons et homologuons par cette, tout et en la maniere qu'ils sont cy devant écrits et déclarés, et les promettons avoir pour agréables, comme si en personne fussions été à les voir faire et passer. En témoin de ce, nous avons signé cette de notre nom, cy mis avec les seings manuels des notaires et commissaires souscrits, par notre ordonnance et commandement, audit lieu de Gigny, le dix neuvieme jour de novembre, l'an mil cinq cent quarante-deux, présents: Messire *Jacques Guigal* religieux et chantre dudit Gigny, et *Louis Chapon* notaire, témoins à ce requis. *Signé: L. de Rye;* pour copie conforme: *P. Darlay* et *J. Darlay.*

XLV

Au nom de Notre Seigneur, amen. A tous ceulx qui ces présentes verront et orront, soit chose notoire et manifeste que, par devant nous Pierre Colassin de Cuysel, notaire royal juré de la cour et chancellerie du duché de Bourgogne pour le roi notre sire, et Aymard Trebillet de S. Amour, clerc, notaire impérial et aussi juré de la cour de M. l'official de Lyon, commissaires députés en cette partie pour le roi notre sire, *etc....*

1542.
Archiv.
du Jura.
(d'après copie authentique).

Personnellement établis N.N... *de Champagnia, etc...*, saige, saichant, de sa bonne volonté et certaine science, *etc...* a recognu et confessé par ces presentes lettres, estre et vouloir estre homme de mainmorte et serve condition, de révérend pere en Dieu et seigneur, frere *Loys de Rye*, abbé d'Auberive, prieur et seigneur de *Gigny*, à cause de son prieuré et église de Gigny, et vouloir tenir, en sadite condition mainmortable, les meix, maisons et héritaiges cy apres confinés et déclarés, déjà autrefois recognus par N... devant feu Jehan Guie en son vivant notaire, comme par recognoissance appert datée du 13 mars 1487.

Premièrement, une maison, *etc., etc...*

Pour lesquels héritaiges, ledit confessant recognoit devoir chacun an, la cense de, *etc...* à la mesure de Cuysel, *etc...*, portant lods, vends, seigneurie et retenue, payables audit Cuysel, *etc...* promettant *etc...*

Fait, lu et passé audit Cuysel, le 21 novembre 1542, *etc...* *Signés:* Colassin. Trebillet, *etc...*

XLVI

1601.
Archiv.
du Jura.
(d'après l'original).

Au nom de Dieu que par sa seule parole tout créa, forma, *etc*., un chacun sçaura pour estre manifeste, que:

Par devant *Loys Bertrand* de *Gigny*, notaire establi au bailliage d'Aval, siége et sorte d'Orgelet, et Jean Crestin de Cuiseaux, notaire royal, gardenotte, establi au bailliage de Chalon et chancellerie du duché de Bourgogne, commissaires députés en cette partie par le roy nostre sire regnant, Henri de Bourbon, roy de France et de Navarre, *etc*...

En sa personne estant noble seigneur, Antoine de Montjouvent (*ou N. N.... habitants ou propriétaires à Joudes ou à Mercia*), seigneur de Joudes, et en partie du Villars sous Joudes, les Bois Eschareangers, Balanoz, Montagna, *etc*..., confesse tenir, pourter, et posséder de la directe et censive d'illustrissime et révérendissime seigneur, Messire *Fernande de Lonvy* dit *de Rye*, par la grace de Dieu, archevesque de Besançon, prince du s. Empire romain, abbé de S. Oyen ou de S. Claude, S. Marcel, prieur et seignenr dudit *Gigny*, *etc*... les héritaiges cy après spécifiés, confinés et déclarés, déjà cy devant recognus, tant par fut Guillaume Marle par devant Pierre Colassin de Cuiseaulx et Aymard Trebillet de S. Amour, le 18 novembre 1544, que par Jacquemet Marle le 24 novembre 1557, devant lesdits Trebillet et Jean Crestin, notaires.

Premierement, *etc*....

Pour lesquels héritaiges dudit Meix Marle (*situé au territoire de Joudes*), ledit sieur de Joudes confesse devoir audit sieur prieur de Gigny la cense de *etc*...., portant lods, vends, droit de retenue *etc*..., promettant *etc*., soumettant *etc*... renonçant *etc*....

Fait et passé le 4 mai 1601. *Signés:* Crestin. Bertrand.

(*En la même année, un semblable terrier fut dressé par les mêmes notaires, pour le village de Mercia.*)

XLVII

1610.
Archiv.
du Jura.
(d'après copie authentique).

Par devant *Louys Bertrand* de *Gigny*, notaire establi au bailliage d'Aval, siége et ressort d'Orgelet, et Jean Crestin, notaire royal et gardenotte établi au bailliage de Chalon et chancellerie de Bourgogne, commissaires députés en cette partie par le roy notre sire regnant, Henry de Bourbon, roi de France et de Navarre, *etc*...

Personnellement establys et à ce spécialement venant (*N. N... habitants ou propriétaires à Vaux près Champagna*), lesquels *etc*... ont cognu, recognu et confessé, cognoissent, recognoissent et confessent estre gens francs, et vouloir tenir en la même condition, de la directe, censive et seigneurie d'illustrissime et révérendissime seigneur, Messire *Fernande de Longvy*, dit *de Rye*, par la grâce de Dieu archevêque de Besançon, prince du S. Empire, abbé de S. Oyen de Joux, Charlieu, S. Marcel, prieur et seigneur dudit *Gigny*, *etc*... les meix, maisons et héritages cy-après déclarés, déjà cy devant recognus en 1545 et en 1558, devant Aymart Trebillet et Pierre Colassin notaires, *etc*...

Premièrement, une maison située au village de *Vaux*, *etc*...

Item, une pièce de terre, au territoire dudit lieu, *etc*...

Item, une pièce de Chastanieres, audit territoire, *etc*...

Item, une vigne assise au même territoire, au vignoble de Vaux, au lieu dit au Clos, alias en *Miége*, touchant de vers soir et vent le *clos* et curtil appartenant *au sieur de Gigny*, *etc*...

Item, une autre vigne située audit vignoble de Vaux, au lieu dit *en Rochay*, touchant de vers bise la vigne de la Bouverette dependant de *la Chapelle de Clemencey*, *etc*...

Pour lesquels articles, lesdits confessants déclarent devoir et promettent payer, chacun an, audit révérend seigneur prieur de Gigny, ses successeurs, commis ou recepveurs, à chascune feste de Monsieur S. Martin d'hyver, en sa *maison et grenier dudit Cuiseaux*, la cense annuelle de *etc*... portant lesdits héritages envers mondit seigneur de Gigny, lods, vends, seigneurie et droit de retenue. Promettant *etc*...

Fait et passé audit Cuiseau, en l'écritoire et maison dudit Crestin, le 1er avril 1610. *Signés:* Bertrand. Crestin notaires *etc*...

XLVIII

Au nom de Dieu, sachent tous que par devant Antoine Crestin de Cuiseau, notaire royal héréditaire et en présence des témoins cy-bas nommés, constitué en personne honorables hommes Philibert Pacard d'Orgelet, et Jean Varod de Vernantoy, au comté de

1629.
Archiv.
du Jura.
(d'après copie authentique).

Bourgogne, notaire et praticien, amodiateurs des biens et revenus de Monsieur le Prieur de *Gigny*, lesquels de leurs bonnes volontés, au nom et comme ayant charge et pouvoir spécial d'illustrissime et révérendissime, Messire *Ferdinand de Lonvy* dit *de Rye*, archevêque de Besançon, prince du saint Empire romain, abbé de S. Claude, prieur et seigneur dudit Gigny, en sadite qualité de prieur de St-Pierre de Gigny, duquel ils se font forts, et luy promettent faire approuver et ratifier cette, au plutôt que faire se pourra, et quand requis seront, à peine de tous cousts, interets et dépens, ont acensé et abbergé, et par les presentes lettres acensent et abbergent à perpétuité, au profit de Louis *Goillon*, Michel *Guichard*, etc.... (*six*) laboureurs et vignerons du village de Vaux, paroisse de Champagna, présents, stipulants et retenants, pour eux, leurs hoirs et ayants cause au temps avenir, et chacun pour leur regard, à savoir:

Le clos de vigne, assis au territoire de Cuiseau, dit et appelé le *Clos de Champagna*, contenant environ cent ouvrées d'homme à fousserer, tant en vignes, terres que hermitures audit seigneur prieur de Gigny appartenant, selon que s'étend et comporte, touchant de vers matin la maison et cour dudit clos de Champagna, où est un pressoir audit seigneur appartenant, compris au présent abbergeage, et le grand chemin conduisant de Vaux à l'église de Champagna et Cuiseau, devers le soleil couchant le chemin tirant à la Roche-Carreton, la terre dependante de la chapelle Ste-Catherine fondée en l'église de Cuiseau, *etc.*, *etc.*... sauf dudit clos ses autres plus vrais et meilleurs confins, *etc*...

Etant fait le présent abbergeage *etc*... à iceux retenants et à chacun d'eux pour une sixième partie, au quart des fruits et raisins venants et croissants, et que cy apres proviendront audit clos, qui se partageront chacun an, en la sapine, au temps des vendanges, à la maniere accoutumée, après qu'iceux seront été cueillis et fidèlement amassés par lesdits retenants, les leurs et ayants cause, et à leurs frais; qu'est que ledit seigneur laissant aura, prendra et lèvera ledit quart des fruits, et lesdits retenants les autres trois quarts, francs et exempts de dixme et de toutes autres charges, servitudes, hypotheques et obligations quelconques, sauf et reservée ladite quatrieme partie de fruits audit seigneur de cens annuel et perpétuel partageable comme sus est dit, portant lods, vends, seigneurie et droit de retenue, sans eux pouvoir avoir pour autre seigneur direct que ledit seigneur, envers lequel et ses successeurs ils seront tenus de reconnoitre, à toutes requisitions, comme ils reconnoissent par cette;

Lequel clos de vigne iceux retenants seront tenus, comme ils s'obligent par cette, de cultiver bien et duement, en temps et saisons, savoir, ferper, lier, paissoler, preuver, avigner, le tout à dire de vignerons et que à ce connoissent, même planter, avigner et mettre en nature de vigne ce qui est en hermiture, et lesdites terres étant audit clos de soir et de bise d'iceluy, qui est environ le tiers de tout ledit clos, et qu'ils planteront dans les fêtes de Pasques prochaines, et le rendront en nature de vigne, ce à leurs frais et dépens, au plutôt que faire se pourra; auxquelles hermitures et terres susdites ledit seigneur n'y aura et prendra aucunes choses, les quatre premieres années seulement, attendu qu'il aura et levera ledit quart des fruits, la cinquieme année, à compter dès cejourd'hui date de cette.

Etant convenu et accordé que, où aucun desdits retenants, ou les leurs et ayant cause, ne cultiveroient duement, à dire de vigneron, la part et portion qu'ils auront dudit clos, les autres cotenementiers les y pourront contraindre, et auront pouvoir de entrer et eux immiscer en icelle portion, à cause de ladite malefaçon, sans figure de procés, apres deüe reconnoissance faite par prud'homme avec les autres cotenementiers, la portion desquels demeurera cy après affectée audit seigneur pour le payement des interêts de la malefaçon qui pourra survenir dudit clos, chacun pour son regard.

Lesquels retenants, en faveur du présent abbergeage, et pour faire valoir ledit clos de vigne, pourront prendre chacun an et amener audit clos les ballots et charbrots que paille de fêves de la portion des dixmes de bleds du dixmaige de Cuiseau appartenant audit seigneur, qu'ils meneront, conduiront à leurs frais audit clos de Champagna. Et outre ce, jouiront et se serviront lesdits retenants des maisons appartenant audit seigneur prieur de Gigny, assises audit clos et les pourront tenir et sous amodier à leur profit cy après, et d'icelles jouir loyalement, en bons peres de famille, à charge et condition de entretenir icelles et le pressoir y étant, même le couvert desdites maisons, avec pouvoir de trouiller leur vendange, au temps de vendange, sans néanmoins incommoder ni empêcher ledit seigneur ni ses amodiateurs dudit prieuré de Gigny qui s'en pourront servir, comme de toute ancienneté est accoutumé faire.

Le tout ainsi dit, convenu et accordé; promettant lesdites parties, etc. Fait et passé à Cuiseau, ce mardy jour de fête de S. Antoine, dix septième de janvier, l'an mil six cent vingt neuf, Présents etc.... *Signés*: Crestin notaire *etc*....

XLIX

1643.

(Requête adressée en 1643 au Lieutenant du bailliage d'Orgelet.)

...... Remontrent humblement Messieurs les Nobles officiers et religieux du prieuré de *Gigny*, qu'il y a plusieurs années que les habitants et communauté de *Gyzia*, leur auroient constitué la rente annuelle de huit francs, pour le principal de la somme de cent francs, le paiement de laquelle leur auroit toujours été fait par lesdits habitants, fors depuis sept années expirées, qu'ils ont discontinués ledit payement, et quoique de ce requis, l'auroient dilayé jusque à présent que lesdits sieurs sont forcés de recourir au remède de la justice, et supplient mandement leur être ouctroyé, pour, en vertu d'icelluy faire citer par devant vous, à jour certain et compétent, lesdits habitants à la personne de l'un des échevins, prud'hommes ou habitants dudit lieu, pour comparant eux voir condamner tant par provision que subsécutive deffinition, à leur payer, bailler et délivrer la somme de cinquante et six francs, à quoi reviennent lesdits arrérages pour lesdites sept années, et outre ce à continuer ledit payement à l'avenir, avec touts dépens, et sera justice. *Signé*: J. B. Camelin procureur des suppliants.

(Pièce communiquée par M. Guichard, d'après copie authentique.)

L

1653.
Archiv.
du Jura.
(d'après copie authentique).

A tous soit manifeste que, par devant moi Hugues Pagot d'Augea, notaire, et en présence des témoins en bas nommés, constitués en leurs personnes, N. N....... échevins de la communauté de *Gisia*, N. N....... tous dudit lieu, representant la majeure partie des habitants dudit Gisia, lesquels ont reconnu et déclaré appartenir, de toute leur connoissance, à noble et révérend seigneur, Dom *Claude Louis de Chavirey*, chambrier de *Gigny*, prieur de *la Magdeleine* et de *Châtel-Chevrel*, et à cause de son prieuré de Chatel-Chevrel, audit Gisia les maisons, terres, vignes, censes et redevances suivantes, de quoi ledit seigneur chambrier a joui et ses devanciers de tout temps, et jouit encore présentement, sans empêchement quelconque, le tout dépendant dudit prieuré de Châtel :

1.

Premièrement, une *Maison* assise au village de Gisia, bâtie en pierre, couverte à tuiles, dans laquelle il y a deux chambres, avec ses caves et greniers, cour et appartenances, appelée la *Maison du Seigneur prieur de Châtel*, touchant de soir, vent et bise les chemins communs, etc.... avec un petit jardin acquis par les seigneurs Chambriers, etc...

Item, une vigne de 23 ouvrées, appelée la *Choillarde*, à présent la *Chambrière*, etc....

Item, la vigne la *Folla* de huit ouvrées, etc....

Item, la vigne de *Gereloux*, de trois ouvrées, etc....

Item, autre vigne audit lieu de deux ouvrées, etc....

Item, compéte et appartient audit Seigneur Chambrier, à cause que devant, aux lieux de *Gisia*, le *Chanelet*, les *Bretenoz*, etc.... la tierce partie de touts les dixmes de bleds, lesquels se partagent avec le seigneur comte de Ruffey, à cause de sa baronie de Chevraux, ledit seigneur chambrier et prieur de Châtel pour une autre, et les héritiers du seigneur de Rosay et ceux du sieur Jean Burot, appelés vulgairement le *dixme de Chaulein*; desquels dixmes ledit seigneur chambrier jouit, comme de même ont fait les seigneurs chambriers ses devanciers, etc....

Item, appartient de plus audit seigneur chambrier, à cause que dessus, tant audit Gisia que Chanelet, le tiers des dixmes de vin, appelé le *dixme de Chaulein* qui se partage, pour les deux autres tiers, avec les héritiers dudit sieur Jean Burot, duquel tiers ledit seigneur a joui durant un temps excédant la mémoire des vivants, et particulièrement la mémoire des susnommés, comme de même de celui de bled, et des maisons et vignes susdites, ainsi qu'ils l'ont déclaré par le serment qu'ils ont prêté sur et aux saints Évangiles de Dieu, étant entre les mains dudit notaire, ayant fait la présente déclaration et reconnoissance, à la requisition dudit sieur chambrier, prieur que dessus, audit Gisia, le 20e jour du mois de juillet 1653, en présence de *N. N...* témoins requis. *Signés* : Pagot notaire, etc....

2.

Item, compète et appartient audit seigneur chambrier, la sixième partie des dixmes de bled des villages et communautés de *Cuisance* et *Fléria*, lesquelles se partagent pour le surplus avec le seigneur comte de Commarin, à cause de sa baronie de Chevreau, le seigneur comte de S. Amour, M. de Chamberia, M. de Rosay, M. d'Augea, et le sieur curé de Cuisance, chacun selon leur part et portion : Sur touts lesquels dixmes ledit seigneur chambrier prélève les *Epougnes* qui sont huit mesures de froment et douze rez d'avoine, desquelles le sieur curé de Cuisance y a la moitié. Lesquels dixmes, appelés le Grand et Petit dixme, de la portion dudit seigneur chambrier, il et ses devanciers prieurs de Châtel, en ont joui paisiblement, au veu et sceu d'un chacun, sans contredit, trouble ni empêchement quelconque, et d'un temps excédant la mémoire des vivants, ainsi que présentement il en jouit, comme l'ont déclaré N. N. *etc* qui en ont prêté le serment sur et aux saints évangiles de Dieu, en étant requis par ledit seigneur. Le tout fait devant moi Hugues Pagot notaire, le 26 juillet 1653, *etc*.... en présence de *etc*.... *Signés:* Pagot notaire, *etc*....

3.

Item, compète et appartient audit seigneur chambrier, à cause de son dit prieuré de Châtel, la sixième partie des dixmes de bled et vin, qu'est un tiers à partager avec le sieur curé de Digna et Chevreau, les autres deux tiers appartenant au seigneur de Chambéria, lesquelles dixmes se perçoivent riere les villages de *Digna* et de *Chevreau*, et à la manière accoutumée. De laquelle portion les devanciers dudit seigneur en ont joui paisiblement, comme fait présentement ledit seigneur, sans contredit ni empêchement de quoique ce soit, comme l'ont déclaré N. N. *etc*...., en suite du serment qu'ils ont prêté sur et aux saints évangiles de Dieu, étant és mains du sieur Hugues Pagot, notaire, requis par ledit seigneur pour recevoir et rédiger ladite déclaration et reconnoissance, ce que j'ai fait audit Digna, le 2ᵉ jour du mois d'août 1653, en présence de vénérable Messire Louis de Crilla, prêtre, curé de Digna, et Antoine Gay de Châtel, témoins requis. *Signé* Pagot.

4.

Item, compète et appartient audit seigneur, à cause de son prieuré de Châtel, la tierce partie des dixmes de bled et vin de

Cuisia, la *Roche*, les *Bons Guinots*, *Belfoz* et *Crouteno*, lequel dixme se partage annuellement avec le seigneur comte de Ruffey à cause de sa baronie de Chevreau, pour un tiers, les sieurs religieux de Gigny et le sieur curé desservant audit Cuisia pour l'autre tiers. Avant lequel partage, ledit seigneur chambrier leve sur le blot et montant des bleds quatre mesures de froment, quatre de seigle, et six d'avoine, appelées vulgairement les *Pougnées*. Et ainsi jusqu'à présent le seigneur chambrier en a joui, comme ont joui ses devanciers, sans aucuns empêchements ni troubles, l'ayant ainsi déclaré et reconnu *N. N. etc*.... touts dudit Cuisia et des Croutenoz, etc....: Fait à Cuisia, le 15 août 1653, présents *N. N. etc*.... témoins requis. *Signé*: Pagot, notaire, *etc*....

LI.

L'an mil six cent cinquante neuf, le septième jour du mois de janvier, en l'abbaye Nostre-Dame du Miroir, par devant Claude Prouvier de Cuiseau, notaire royal, constitué en sa personne, *N*.... *etc* demeurant à *Villard-Floret, etc*...... Confesse être homme de mainmorte, taillable, exploitable, et de serve condition, et en cette qualité même de la condition de mainmorte, vouloir tenir, porter et posseder de seigneur révérendissime Dom Claude Vaunis abbé et général de Cisteaux, à cause de ladite abbaye du Miroir, à ce présent, stipulant et acceptant vénérable Dom Baltazard Ledoux, religieux dudit Cisteaux, prieur de ladite abbaye du Miroir, les héritages cy après spécifiés et confinés :

1659.
Archiv.
de S.-et-L^{re}.
(d'après copie authentique).

Premièrement, une maison et une pièce de terre situées au territoire dudit Villard-Floret, en la paroisse de Frontenay, *etc*....

Item, etc......

Pour lesquels héritages sus confinés. spécifiés et assis audit territoire de Villard-Floret, le confessant déclare devoir et être obligé de payer la cense annuelle et perpétuelle de *etc*......, à la mesure du Miroir, *etc*...... Dans tous lesquels héritages appartient aux dits sieurs religieux le tiers du dixme de Dieu, qui est de douze gerbes une, les deux autres tiers appartenant au sieur chambrier de *Gigny* et au sieur curé de *Frontenay etc*......

Fait et passé audit Miroir, présents *etc*....... *Signés sur la minute* : B. Ledoux, R. de Cisteaux, p^r. du Miroir, Prouvier, notaire ; *etc*......

LII

1661
(d'après copie authentique).

(Requête adressée à la Cour du Parlement de Franche-Comté à Dôle en 1661).

Remontrent humblement Révérend sieur *Claude Louis de Chauvirey*, chambrier au prieuré de *Gigny*, et demoiselle Perrenette Bunod, veuve du sieur Claude Crestin vivant de S. Claude,

Que leur compete et appartient, sçavoir au sieur Chambrier, à raison de son office, pour un tiers, et à la D^{lle} cosuppliante pour les deux autres parts des trois, faisant le tout, le droit de dixme appelé vulgairement le *Dixme de Chaulein*, qui se relève annuellement, pour un onzieme des fruits de vigne, riere le vignoble et territoire de *Gisia*, à la seule réserve des vignes qui appartiennent au révérend sieur abbé de Cysteau, le surplus étant affecté et chargé de la prestation de dixme sans exception. Cependant, quelques particuliers dudit lieu, nommés *N. N. etc*...... possédant partie desdites vignes, se seroient mis en retard d'y satisfaire, ce qui oblige les sieur et demoiselle suppliants de recourir à cette souveraine cour et la supplier, ainsi qu'ils font très humblement, prenant égard pour ledit sieur cosuppliant que ledit prieuré et ses dépendances dépendent de la nomination et présentation de Sa Majesté, et pour ladite demoiselle au privilège qui résulte de sa viduité, leur décerner mandement en vertu duquel ils puissent faire assigner les susdits particuliers, pour se voir condamner, chacun endroit lui, à la prestation du dixme, tant pour le passé à reconnoitre en exécution, que pour l'avenir, et aux dépens ; Et sera justice.

LIII

1753.
Reg. civ.
de Gigny.

1668.

A Monseigneur, Monseigneur l'Evêque de S. Claude, supplie humblement Philibert Cancalon, curé de *Gigny* et *Véria*, et dit que, par copie reçue de Guyot Boisot notaire, le 3 avril 1668, il serait que Jeanne Pitiot obtint, sur sa requête présentée à Mgr l'archevêque de Lyon, le 25 janvier de la même année, permission de réparer une *Chapelle* située sur le territoire de Gigny, érigée sous le vocable *de Notre-Dame des Planches*, dans laquelle elle fonda une messe et autres prieres, chaque samedi, et pour rétribution affecta une rente de 60 francs comtois, hypothéquée sur ses biens situés à Chatillon-sur-Courtine, se réservant et à sa famille le droit de collation et présentation, et à son extinction, elle appela les *Familiers*, ou à leur défaut, les curés dudit Gigny. Une des clauses de la fondation fut que les chapelains qui seraient établis pour la desserte des susdites messes, ne pourroient permuter, résigner, ni la donner à qui que ce soit, sans le consentement des collateurs.

Le 7 juin 1675, Messire *Henri du Pasquier* religieux et sacristain de Gigny, sous l'autorité de Messire *Antoine de Malivert*, grand-prieur, annexa à cette chapelle vingt œuvrées de vigne et six mesures et demie de terre, situées riere le territoire de *S. Jean d'Etreux*, pour rétribution d'une messe aux jours de fêtes de Purification, Annonciation, Visitation, de Mont-Carmel, Assomption, Nativité, Présentation, Conception de la Ste Vierge, de Ste Anne et de S. Joseph.

L'une de ces vignes, dite en Champ Catton, provenant de Jeanne Juliard, demeura chargée d'une rente en principal de 300 fr., sous l'intérêt de 18 fr., qui auroient servi en augmentation de service, s'ils n'étoient encore dûs et payés actuellement à M. le Lieutenant-général du bailliage d'Orgelet.

Le zèle de Jeanne Pitiot n'eut pas un succès plus heureux que celui du premier fondateur de cette chapelle. Ses héritiers, devenus collateurs et chapelains, éteignirent dans le sein de leur famille cette nouvelle fondation et son revenu. Il ne reste que les biens que Messire Henri du Pasquier avoit annexés en 1675, sur lesquels le s^r Pierre *Pitiot*, curé de Marigny et chapelain en ladite chapelle, vendit, le 11 octobre 1691, à Joseph Bouillier de S. Amour, en constitution de rente, sous l'intérêt de 26 livres et le capital de 520 livres redimables en deux fois aux dits sieurs collateurs successeurs chapelains. L'acte en fut reçu de Coste et joint à la présente.

Maurice *Rossel*, prêtre du diocèse de Besançon, succéda audit Sr Pierre Pitiot, et il se contenta de jouir de la rente de 26 livres annuellement On ne sçait où il acquittoit la fondation, ni son prédécesseur, parceque la chapelle de N. D. des Planches menaçoit ruines, étoit sans porte, les couverts ruinés et les vitraux sans verre.

Le suppliant en fut pourvu, le 6 octobre 1721, par l'Ordinaire, les patrons laïques ne s'y opposant pas. Mais ses recherches contre eux pour la fondation de Jeanne Pitiot furent inutiles. Il fallut donc se borner aussi aux revenus des biens annexés par Messire Henri du Pasquier, desquels Joseph Bouillier se dessaisit avec les titres susmentionnés.

Son premier objet fut de tâcher de mettre cette chapelle en état.

Il fit réparer la ramure de la charpente et tenir tout le couvert à laves à tranchée ouverte, recrépir et blanchir l'intérieur des murs, faire à neuf les vitraux et les portes. Pour des ornements et vases sacrés, il n'y en eut jamais, et touts les bâtiments seroient aujourd'huy dans une décence convenable, si certains mal intentionnés n'avoient apporté autant de soin a détruire que le suppliant en avait à réparer, en sorte que les vitres n'étoient pas posées qu'un mois après elles étoient brisées. L'on a arraché les barreaux de fer des fenêtres et les volets placés ensuite pour les garantir. Inutilement les portes ont été construites à neuf, fermées avec des barres de fer et une forte serrure. Toutes ces précautions n'ont pu former une barrière assez forte pour empêcher les choses indécentes qui se sont passées dans cette chapelle.

Indépendamment de ces dépenses auxquelles s'est généreusement prêté le suppliant, il a fait planter à ses frais six ouvrées de vigne dans les terres arables provenant de la fondation de M. du Pasquier, lesquelles, par les torrents et ravines, avaient été chargées de rocailles et terreins pierreux qui les rendoient incultes. Il a encore été obligé de faire refaire à neuf un mur dans la maison qui est dans les vignes de S. Jean, un four pour le vigneron, et, cette année, les planchers, tout le couvert à tranchée ouverte, et recrépir les murs en dedans et en dehors. Ces biens sont d'ailleurs chargés de taille et de cens qui, par année commune, reviennent à plus de 12 livres ; et une partie est de mainmorte, située dans un pays orvaleux. Il est arrivé que le suppliant a perdu neuf à dix récoltes par les grêles et gelées, dès le temps qu'il en jouit.

C'est par ce détail que Votre Grandeur, à laquelle on offre la preuve, tant par titres que témoignages et attestations, reconnoitra si, du revenu de ces biens annexés à la chapelle N. D. des Planches par Mre Henri du Pasquier et qui sont les seuls qui restent, le suppliant doit être obligé de la réparer et mettre en état, pour y remplir les fondations annexées ou si le service en peut être transféré au maitre-autel de l'église paroissiale de Gigny ou Véria, ou dans la chapelle N. D. de bon rencontre près S. Amour, en conformité du titre de 1675, puisqu'il ne reste aucun revenu de la première dotation, et que ceux qui ont été donnés, lors de la première réparation, sont également perdus à ne pouvoir être récouverts; qu'il n'y a aucun ornement ou vase sacré, que l'édifice manque par vétusté et que la malice des mal intentionnés semble vouloir le détruire; *etc. etc.*

A Gigny le..... juillet 1753. *Signé*: Cancalon.

Nous Joseph de Méallet de Fargues, par la grâce de Dieu et du S*t* Siège apostolique, premier évêque de S*t* Claude, comte de Lyon, conseiller du roi, *etc.....*

Vû la présente requête, *etc....*

Ayant vu par nous même le dépérissement et la ruine totale de ladite chapelle, *etc.....*

Vû d'ailleurs son inutilité,

Pour la plus grande gloire de Dieu, avons statué que ladite chapelle sera entièrement démolie, touts les matériaux employés à la construction de la *Maison de Charité de Gigny*, les laissant à cet effet à la pleine et entière disposition de M. l'abbé *de Falletans* Grand-Prieur, et transférons les titres et fondations de la Chapelle au Maitre-Autel de l'église paroissiale de Gigny, où elles seront acquittées à l'avenir et à perpétuité, *etc.....*

Donné à St. Claude le 10 novembre 1753.

LIV

L'an 1788 et le 24 octobre, en vertu de la permission à moi adressée par Messires de Senailhac et de Barre, vicaires-généraux de Mgr l'évêque de S. Claude, en date du 23 du courant, duement signée, je soussigné ai fait la bénédiction d'une partie de terrain désignée pour le *nouveau cimetière de la paroisse de Gigny*, située dans un lieu dit aux condamines, au nord du bourg de Gigny, suffisamment entourée de fossés et de murs, etc.... Laquelle bénédiction a été faite en présence du Sr Jean-François Guillaumot vicaire à Gigny, Benoit Daniel recteur d'école, et d'un grand nombre de personnes de la paroisse qui y ont assisté. *Signés*: Chapelus, curé, Guillaumot, vicaire; et Daniel.

1788.
Reg. civ.
de Gigny.

XXV bis

1393.
Ex Chartis Dom.
Des Oriols Cuisell.

Nos frater *Henricus de Sarceyo*, prior humilis prioratus conventualis *Gigniaci*, cluniacensis ordinis, lugdunensis diocesis, notum facimus universis presentes litteras inspecturis, quod cum Johannes de Moysiaco, domicellus, et Henrieta du Byoley ejus uxor, abbergarunt pro se et suis in perpetuum et titulo pure et perpetue abbergationis tradiderunt, deliberarunt et concesserunt ut quasi Perrenete uxori dicti Le Grosjean de *Vallibus* prope Cuisellum, et Jacqueto ejusdem Perrenete fratri, hominibus nostris et dicti nostri prioratus tailliabilibus, explectabilibus, manus mortue et servilis conditionis, pro ipsis et suis perpetue, quemdam mansum seu tenementum vulgariter vocatum, *Mansus ez Apros*, situs in villa, territorio ejusdem loci Vallium, tam in domibus, chasalibus, cultilibus, pratis, terris, vineis, arboribus, et rebus aliis, seu possessionibus, quoquo modo ad dictum mansum pertinentibus, etc... etc..

In quorum quidem premissorum testimonium sigillum nostrum presentibus litteris duximus apponendum. Actum et datum in dicto nostro prioratu, die vicesima prima mensis decembris, anno Domini millesimo CCC^{mo} nonagesimo tertio, presentibus religiosis viris, fratre *Philiberto de Lestzon* sacrista dicti nostri prioratus et *Johanne Pitioti* de Gigniaco, testibus ad premissa.

(Pendebat olim sigillum.)

FIN DES PIÈCES JUSTIFICATIVES.

NOUVELLES ADDITIONS.

Page 48 *de l'Hist. Note* 34.

Quoiqu'il ait été dit qu'on n'avait pas de preuve que le monastère de Gigny eût jamais joui du droit de battre monnaie, on ne peut cependant pas omettre de dire à cet égard que deux chartes de l'abbaye de La Ferté-sur-Grosne semblent indiquer l'existence de cette monnaie. L'une, à la date de 1202, mentionne un paiement de trois livres *monete Geniescensis*; l'autre à celle de 1208, une vente moyennant douze livres *Giensen*. Or, d'un côté, on ne voit pas à quel autre lieu que notre Gigny on pourrait attribuer cette monnaie; d'un autre côté, plusieurs titres de la même abbaye et de la même époque constatent que la monnaie de Souvigny en Bourbonnais avait cours à La Ferté, aussi bien que celles de Tournus, de Chalon-sur-Saône et de Cluny : ce qui prouve que les monnaies étrangères à la Bourgogne y étaient également en usage. Ces renseignements sont dûs à l'extrême obligeance de M. Canat, digne Président de la Soc. d'Hist. et d'Archéol. de Chalon.

1155.

Page 63, § 10.

M. *Rousset* n'hésite pas à croire que la reprise du fief de Vallefin en faveur du prieuré de Gigny, par Pierre de Dramelay, a été effectuée en 1280 et non en 1208, comme les historiens de Poligny et de Gigny l'ont énoncé. Ses raisonnements sont certainement très-spécieux, mais suffisent-ils pour détruire des témoignages positifs?

D'ailleurs il se fonde sur ce qu'il n'a pas rencontré de membre de la maison de Dramelay ayant le prénom de Pierre, avant l'année 1234, tandis que l'une de nos nouvelles chartes mentionne comme témoin en 1209 *P. de Dramelay*, chevalier, le même sans doute qui avait repris Vallefin de fief, l'année précédente.

1208.

CH. VIII.

Page 65.

On trouve mentionnée en 1665 la *motte fossoyée de Moysia*, au territoire de Flacey, où, selon M. *Rousset*, le prieur de Gigny serait né. D'ailleurs, *Jean de Moysi*,

1212.

écuyer, mari de Henriette du Byoley, nommé *de Moysiaco* dans notre nouvelle charte de 1393, était habitant de Sagy en 1395 et 1402. Il fut père de *Jean de M.* et de *Regnauld de M.*, écuyers, seigneurs de Mous, demeurant à Cuiseaux, de 1410 à 1460, ayeul de *Louis de M.*, écuyer, y résidant aussi de 1460 à 1491, etc...

Ch. XXV bis.

Page 75.

En 1257, du temps du prieur Guignes, Isabelle de Courtenay, seconde femme de Jean de Chalon, comte de Bourgogne, légua par son testament une somme de cent sols au prieuré de Gigny et une semblable à celui de Château-sur-Salins, et à beaucoup d'autres établissements religieux du voisinage, tels que Balerne, Bonlieu, Girefontaine, St-Désiré de Lons-le-Saulnier, le Miroir, etc.

Ch. XI bis.

Page 80.

Benoît, qualifié de *Chapelain* de St-Marcel, figure déjà en 1093-1118, comme témoin de trois chartes de cette abbaye.

1270

Page 122, *note* 86.

En ce qui concerne le *Droit de dépouilles*, on lit encore que le commandeur du temple de Varessia, seigneur du lieu, prenait la plus belle vache de l'écurie d'un chef de famille défunt et le meilleur vêtement d'une femme morte, pour son droit mortuaire.

1305.

Page 129 *au bas.*

13° Par son testament de 1341, Étienne Palancher, bourgeois à Cuiseaux, élut sa sépulture en l'église de Champagna, et entre autres dispositions pieuses, il légua une *ânée de vin à l'église de* Gignie, *un barral au curé de Cuisel, et autant au curé de Dignie;* plus, un pot d'huile une fois livré pour le luminaire de l'église de N.-D. de Champagna; un autre pour celui de l'autel de S. Antoine du même lieu; un autre à l'église de Montagna; d'autres à celles de St-Thomas, de St-Georges et de N.-D. de Cuiseaux, à celle de *Ste-Magdeleine-de-Mous*, enfin à celle de St-Jean-de-Marcia.

1341.

Page 140.

Le prieur *Henri de Sarcey* est encore connu par une seconde charte de 1393, par laquelle il permit à deux habitants de Vaulx près Champagna, hommes mainmortables du prieuré de Gigny, de prendre à titre d'abergeage perpétuel un meix situé audit lieu de Vaulx, de Jean de Moysi, damoiseau, et de Henriette du Bioley sa femme, moyennant un cens annuel de trois livres et d'un quartal de blé au profit de ceux-ci. Cette charte fut dressée en présence de Philibert de Lestzon, sacristain du prieuré, et de Jean Pitiot de Gigny, probablement ecclésiastique.

1393.
CH. XXV bis.

Page 161, § 12.

1435.

La famille *Regaud*, toute honorable et bienfaisante qu'elle était, embrassa chaudement la cause de la Révolution. Le frère, qui était curé à Vernantois, excita ses paroissiens à faire un auto-da-fé de tous les titres de la commune, pour effacer les traces du régime féodal. D'un autre côté, ses sœurs fréquentaient assidûment le club à Gigny, et y faisaient ou applaudissaient les motions les plus ardentes en faveur du nouvel ordre de choses.

Page 212.

D'après le terrier de Joudes de 1565, la haute justice appartenait au seigneur de Cuiseaux sur les hommes du *pidancier* de Gigny et sur les trois meix qui dépendaient de son office.

1548.

Page 403, § 3.

Ajoutez à la liste des sacristains :
Philibert de LESTZON, en 1393.

CH. XXV bis

Page 437, § 9, 2ᵉ *alinéa*.

« Le dimanche avant la Nativité de St-Jean-Baptiste, dit M. *Rousset*, le clergé et les paroissiens de toutes les églises de Salins se rendaient processionnellement au prieuré de Château, où reposait une antique statue de la Vierge, qui était en grande vénération. Les jeunes filles de la ville, par un usage immémorial, avaient le droit d'apporter cette statue à St-Anatoile et de là à la grande et à la petite Saline. Dans le cours du trajet, il se faisait plusieurs stations pendant lesquelles les jeunes filles tournaient autour de la madone, en dansant d'une manière lascive et en chantant des chansons indécentes. L'archevêque de Besançon supprima, en 1614, cette cérémonie païenne et décida qu'à l'avenir la statue de la Vierge ne serait portée que par des prêtres ou des religieux. »

Ibid., 3e *alinéa*.

Une riche bibliothèque existait au prieuré de *Château*; mais elle a été en partie dissipée pendant les troubles révolutionnaires, et ses débris ont aidé à composer la bibliothèque actuelle de la ville de Salins.

Page 462, § 3.

Pierre GUIVERNOIS, protonotaire apostolique, chanoine de St-Georges de Chalon et curé de St-Laurent de cette ville, se qualifiait déjà en 1668 de *prieur et seigneur de Donsurre*. C'est probablement lui qui était encore chanoine de St-Georges en 1680.

Page 492, § 2.

L'Église de *Mouz* était déjà sous le vocable de Ste-Magdeleine en 1341, lorsqu'il lui fut légué un pot d'huile pour son luminaire.

Page 522.

Ajoutez à la liste des religieux de **Gigny**:
LESTZON (Philibert de), en 1393.

Page 527.

Ch. xxv bis.

Les officiers des justices seigneuriales jouissaient de plusieurs privilèges. Ils étaient exempts, par exemple, de tutelle, de curatelle, de guet et garde au château, du service de la milice, du logement des gens de guerre, etc... Ils avaient le droit de se faire donner le pain bénit à l'église avant les habitants du lieu, mais après le seigneur et les autres gentilshommes, etc...

Page 244 du présent Supplém.

Ajoutez que la famille *Pitiot* figurait déjà honorablement à Gigny dans le XIVe siècle, puisqu'un de ses membres, probablement ecclésiastique, fut témoin en 1393 d'une de nos nouvelles pièces justificatives.

Ch. xxv bis.

Page 542.

Un célèbre archéologue de nos jours, M. *Ch. Lenormant*, a réhabilité en partie la biographie de *S. Taurin* par Déodat, laquelle tous les auteurs s'accordaient à considérer comme plus ou moins mensongère. Il y a été conduit par les découvertes d'antiquités qu'il a faites, en 1854, à la Chapelle-St-Eloy, en la commune de Fontaine-la-Sorel, de l'arrondissement de Bernay, au département de l'Eure. Ces antiquités ont consisté : 1° dans les débris d'une statue d'Hercule-Mercure, datant à peu près de l'an 210, et de la colonne qui la supportait, avec l'inscription en lettres des mauvais siècles, *Herculi-Mercurio... erquinius v. s. l...* ; 2° dans les fragments d'un baptistère chrétien, creusé grossièrement dans un bloc de pierre à cuve elliptique, pour baptiser par immersion... ; 3° dans plusieurs débris de pierre portant des inscriptions latines du Ve siècle.... ; 4° dans une multitude d'autres inscriptions funéraires sur des tuiles romaines, dont l'une en grec, six en runique du VIIIe siècle, les autres en latin... ; 5° dans quelques médailles du Haut-Empire, un miroir en métal, un anneau de boucle d'oreille en or, etc...., auprès des ossements d'une jeune fille ayant sous sa tête une tuile romaine, avec les trois belles lettres grecques ΙΧΘ, indiquant le poisson symbolique, etc...

Le nombre total de ces inscriptions s'élevait à 74 au mois de décembre 1854. Or, l'une d'elles et la plus importante de toutes, datant du Ve siècle, indique la flagellation de S. Taurin à Gisac, lieu de toutes ces découvertes. Elle est ainsi conçue en lettres capitales de la décadence de l'Empire : *Hic ubi taur... virgarum ve.... est Gisaci vicu... campos qu... r... hic ubi licini... lerata... nere...*

De toutes ces découvertes l'auteur a conclu : Que la mission de St.-Taurin remontait au commencement du IIIe siècle...; qu'il a été flagellé dans la localité de la Chapelle-St-Éloy, nommée alors *Gisacus*, et non à Gisey-la-Coudre, dans la forêt d'Ouche, comme on le croyait...; que le personnage consulaire du nom de Licinius, qui le fit frapper de verges, est P. Licinius Valerianus, qui parvint à l'Empire en l'année 253, sous le nom de Valérien, et qui fut fait prisonnier par Sapor, roi des Perses...; que le saint Apôtre a abattu lui-même le monument érigé 40 ans auparavant en l'honneur d'Hercule-Mercure, et l'a remplacé par un baptistère chrétien...; qu'une église y a ensuite été édifiée et entourée d'un cimetière où l'on a trouvé tant d'inscriptions grecques, romaines, runiques, mérovingiennes, etc....; que St. Taurin a certainement vécu avant le Ve siècle et même avant Constantin, et que sa mort coïncide avec l'année 259....; que le *Mediolanum* de Déodat n'est point Milan en Italie, mais bien Évreux en Normandie, nommé sous les Romains *Mediolanum Aulercorum*, etc.

A la vérité, plusieurs savants ont élevé des doutes sur la réalité de toutes ces découvertes et sur l'existence de tant d'inscriptions. Cependant il nous répugne de croire à une pareille mystification de la part d'un auteur si grave, qui a proclamé le tout, trois fois, devant l'académie des Inscriptions et Belles-Lettres, et même à la séance publique des cinq académies de Paris !!...

FIN.

TABLE DU SUPPLÉMENT.

Nota. Les chiffres indiquent les pages, et les abréviations *abb.* signifient abbé, abbaye; *G.*, Gigny; *m.*, moines; *off.*, office, officiers; *pr.*, prieur, prieuré; *s.*, saint; *v.*, voyez.

A.

Agnès (S^{te}), 20.
Aiglepierre, 168, 169.
Aimon, pr., 20.
Aliments des M., 147.
Amour (S.), 24.
Andelot, 223.
Animaux condamnés à mort, 217.
Aquilin (S.), 240.
Arbuans, 123.
Arinthod, 130.
Arlay, 222.
Aubades de la S. Taurin, 252.
Augisey, 208, 211, 212.
Aumônier (off. d'), 152.
Autriset, 26, 27.
Autun, 13.
Avent (carême de l'), 74.

B.

Balanod, 64, 117, 123, 158.
Balerne, 28, 60.
Ban-d'Aout, 42, 252.
Banvin, v. Ban-d'Aout.
Barretaine, 3, 248.
Basillon, pr., 96.
Baume, 4, 5, 8, 11-13, 25, 49, 177.
Beaufort, 22, 29, 30, 58, 221.
Beaulieu, 58.
Beauveau-Tremblecourt, 93.
Beauvoir, 36.
Bellanoiset, 118.
Bellevaux-en-Bauges, 159.
Bernault, maison féod., 91.
Bernon, abb. de G., 2, 3, 10, 12, 13.

326   TABLE DU SUPPLÉMENT.

BIENS, immeubl. du pr. de G., 229, 232.
BINANS (fief de), 190.
BIOLAY (Le), 120.
BIOLAYE (La petite), 187.
BIOLÉE (Bois de la), 117.
BLIEF, 154.
BOIS-DU-BAN, 6.
— (Banalité des), 42.
— commun de G., 89.
— du pr. de G., 231.
BONLIEU, chartr., 20, 21, 24, 207, 208.
BORDELAGE (droit de), 44.
BOURGOGNE jurane, 3, 4.
BRACON, 168, 172.
BRUAILLES, 183.
BUCHE du Lethon (de Noël), 40.
BY, 172.

C.

CAFÉ, 66.
CANTON de G., 135.
CAPITAINE-CHATELAIN DE G., 43.
CAPUCHON, 146.
CARCAN, 40.
CARÊME, v. Avent.
CELLERIER (off. de), 158.
CENS, 40.
CESANCEY, 20, 161.
CESSIA, 205.
CHALÉA, 236.
CHAMBÉRIA, 88, 93, 97.
— (Chevance de), 190.
CHAMBORNAY, pr., 159.
CHAMBRIER (off. de), 16, 61, 151, 183, 185.
CHAMPAGNA, 26, 27, 41, 79, 88, 93, 123, 224, 320, v. Arbuans, Marie, Vaux
— (clos de), 41, 95, 223.
CHAPELAINS, 32, 320.
CHAPELLE de Ste-Croix, 34.
— de N. D. des Planches, 67, 118, 119, 121, 122, 125.
CHAPELLE-NAUDE, 187, 191.
CHARITÉ (Maison de), 67.
— (Sœurs de), 73.
CHARNAY, 40, 41, 49, 122, 244.
CHARRUES, v. Moisson.
CHARTES-PARTIES, 21.
CHASE-DIEU, pr., 160.
CHATARD (Humbert de), pr., 64.
CHATEAU de G., 38.
CHATEAU-CHALON, 86, 128.
CHATEAU-DES-PRÉS, 58.
CHATEAU-S.-SALINS, pr., 61, 64, 75, 161-180, 320, 321, 322.
CHATEL-CHEVREL, pr., 33, 180-197.
CHATEL-DE-JOUX, 25, 26.
CHATONNAY, pr., 197.
CHAZELLES, 154.
CHEMIN du cimetière, 36.
— de gr. comm., 36, 134.
— de l'Ile, 36.
CHEVREAU (village), 182, 190.
— (droit de), 46.
CHICHEVIÈRE, 18, 117.
CHIRURGIENS, v. médecins.
CIMETIÈRE nouveau, 135.
— des enfants, 35.
CIRE, 52, 53.
CLAIRVAUX, pr., 25, 26, 60, 199.
CLAUDE (S.), 25, 26, 58, 128, 133.
CLEMENCEY, 5.

CLOCHES de G., 82.
CLOS-DE-GIGNY, v. Champagna.
CLOS-DE-CHAMPAGNA, v. id.
CLOS-S.-JEAN, v. S. Jean-d'Etr.
CLUNY, 2, 5, 12, 14, 48, 83, 148, 286.
CLUSE-S.-BERNARD, pr., 203.
COADJUTEURS, 77.
COLIGNY, 29, 31, 36, 56, 65, 122, 185.
COLOMBIER (droit de), 46.
COMBETS, 114.
COMMENDE, 77, 78.
COMPAGNIES (grandes), 59.
CONDAL, 118, 122.
CONFÉRENCE relig., 35.
CONSULS du moyen-âge, 17.
CORBET (famille), 196.
CORMOZ, 218.
CORROY, 153.
CORVÉES, 40, 41, 165.
COUSANCE, 187, 190.
CRAMANS, 168.
CRAMERIA, 18.
CREUX de Lains (les), 33, 39, 122, 226.
CRÉVECŒUR, 187, 221.
CRILLA, 37.
CROIX-POLY, 110.
CROIX (Ste), 187, 191, 192.
CROUPET, 41, 42, 50, 74.
— (Châtellenie de), 50.
CUISEAUX, 23-28, 65, 78, 93, 94, 100, 320.
CUISIA (Ain), pr., 203.
CUISIA (Jura), 187, 190.
CURE de G., 34.
CURÉS de G., 237.
CURNY, 250.

D

DENEZIÈRES, 207.
DÉPOUILLES (droit de), 53, 54, 80, 320.
DESIRÉ de Lons-le-S. (S.), 233.
DIGNA, 182, 190, 223, 320.
DISCIPLINE des M. de G., 75, 83, 148.
DÎMES, 164, 218, 226, 227.
DOM (qualification de), 145.
DOMMARTIN, 16, 79, 187, 192.
DONSURRE, pr., 204, 205, 322.
DOTATION des off. claustr., 55.
DOYEN (off. de), 156.
DRAMELAY, 22, 24, 32, 319.
DROLIS, 227.

E

EAU-BÉNITE, 200.
ECCLÉSIASTIQUES de G., 238, 239.
ECHEVINS de G., 239.
ECOLE (maîtres d'), 73, 74.
ECOLES CLAUSTRALES, 87.
ECORCHEURS, 74.
EGLISE par. de G., 32-34, 123, 132.
— prieurale de G., 81, 82.
EPIDÉMIES, 56, 106-109, 125.
ESSIA, 211.
ETIVAL, 24.
ETRÉE, 218.

F

FALETANS (Fr. de), 127.
FAMILIARITÉ de G., 34, 35.
FAMILLES anc. de G., 240-244.

TABLE DU SUPPLÉMENT.

FARE (J. J. de la), pr., 125.
FAUQUIER (maison de), 79.
FAYENCE, 66.
FÉAU (famille), 196.
FERRURE des chevaux, 165.
FEUILLÉES, 114.
FEUX (nombre d'habit. par), 142.
FLACEY, 206.
FLORENCE (S^{te}), 248, 253.
FOIRES, 130.
FOISSIA (Ain), 206, 218.
— (en), 223.
FONDS, 114.
FONTAINE de G., 156.
FOUR banal, 166.
FOURCHES patibul., 39, 40, 171.
FRANCHISES de G., 86.
FRANOIS (le), 207.
FRENAISE (la), 61, 186, 193.
FRETTE (la), 12, 13, 14, 52,
FROC, 146.
FRONTENAY, 232.
FRONTENEAU, 192-195.
FUNÉRAILLES (luxe de), 65.

G.

GARDE du pr. de G., 19.
— — de Château-s.-S., 172.
GARDIENS des abb., 17.
GENISSET (J. Fr.), 140.
GEOFFROY I., pr., 31, 32.
GEORGES (confrérie de S.), 115.
GERARD de Roussillon, 161.
GERBE de Mareille, 155.
GERMAIN-L.-Arlay (S.), 13.
GIGNEY, ham. de Corbonod, 1, 20,

GIGNICOURT en H^{te}-Marne, 1.
GIGNY, passim.
— (maison de), 37, 38.
GIRARD (Abraham), pr., 96.
GISIA, 188, 189, 196, 250.
GOAILLE, 24.
GRABADIS, 227.
GRANDVAUX (abb. du), 24, 58.
GRANGE (J. de la), pr., 58, 59.
GRAYE, 40, 41, 49-51, 120, 244.
GUÉRIN (S.), 226.
GUET ET GARDE, 43, 171.
GUICHARD (famille), 190.
GUILLAUME I, pr., 29.
— IV, pr., 61.

H.

H......, pr. de G., 27.
HENRI IV, 93, 94.
HÉRIENS, 161.
HERMITAGE, 120.
HOMMAGE féodal, 31.
HOMONYMIE de G., 1.
HÔPITAL de G., 66, 67.
HYPOCRAS, 66.

I.

ICHTHUS, 181, 323.
ILAY, pr., 21, 206, 207.
INFIRMIER (off. d'), 156.
INSTITUTEURS, v. école.
ISLE (Grange de l'), 73.

J.

JAMBON (droit de), 40.
JANNET (André), 140.
JEAN DES TREUX (S.), 122, 153, 154, 205.

TABLE DU SUPPLÉMENT.

JOUDES, 89, 90, 94, 158, 222.
JULIEN S. S. (S.), 18, 19, 39, 78, 93.
JUSTICE (off. de), 11, 83, 170, 236, 322.

L.

LANCETTE, 19, 132.
LANGUE espagn. en Fr. C., 92.
LAPINS de garenne, 65.
LAURENT-la-R. (S.), pr., 20, 86, 208-215.
LAUTHEIN (S.), 11.
LÉCHAUX (meix de), 24.
LÉMARE (P. Al.), 136.
LÈPRE, 67-72.
LICONNA, 122.
— (Fromond de), pr., 63, 64.
LODS, 42.
LOUVENNE, 18, 19, 33, 39, 41, 50, 131, 132, 244.
LOYON, 18, 19, 64, 130, 131.
LOYSIA, 36, 37.
LUPICIN (S.), 26.

M.

MACON, 12, 13, 128.
MADELEINE (la), v. Mouz.
MAINMORTE, 43-46, 164.
MAIRES, v. échevins.
MAÏS, 164, 228.
MAISOD, 22.
MAITRE (qualific. de), 28.
MALADIES des M., 148.
MALAFRETA, 218.
MALAISSARD (bois de), 78.

MALATIERE, 72.
MARBOZ, pr., 80, 215-219.
MARCEL (S.), abb., 53, 87.
MARCHÉ de G., 130.
MAREILLE, 155.
MARES de la Bresse, 112.
MARIE, ham. de Champagna, 93.
MARIGNA, 136.
MARNOZ, 168.
MARTIA, 18, 89, 94, 320.
MAYNAL, pr., 29, 52, 219.
MÉDAILLE honorifiq., 128.
MÉDECINS de G., 239.
MENTHON (maison de), 129.
MESURE de G., 43.
MIROIR (le), 15, 16, 20, 24, 28, 51, 90, 118, 191, 222.
MISTRAL, v. justice.
MODERNE, 13.
MOISSON de curé, 33, 54, 160, 221.
MOLANS (maison de), 130.
MOLARD (le), de S. Julien, 19.
MONNETAY, 19, 50, 131, 132, 244.
MONNOIE de G., 319.
MONTADROIT, 32.
MONTAGNA-le-Recond., 221, 222.
— le Templ., 122.
MONTAIGU, 5, 120.
MONTBUZON (Meix), 73.
MONTDIDIER, 31.
MONTFAUCON (Aimé de), pr., 80.
MONTFERRAND (Benoît de), pr., 76, 79, 175.
MONTFLEUR, 37, 78.
MONTFORT, pr., v. Cuisia (Ain).
MONTMERLE, chartreuse. 217.
MONTMOROT (Meix), 30.

Montre d'armes, 43.
Montrêt, 165.
Montrevel, 42, 50, 64, 123, 132, 244.
Morel (C. M. G.), curé, 127, 128.
Morges, 19, 42, 50, 132, 244.
Mouchard, 168, 169, 172.
Moulin (Bois du), 118.
Moulins (Banalité des), 41.
Moutier-en-Bresse, 11, 86.
Moutonne, 228.
Mouz, pr., 32, 222, 320, 322.
Moyrans, 26.
Moysi, 23, 319, 320.
Moysia, 21, 22, 26, 319, 320.
— (Ponce de), pr., 23, 25.
Municipalité cant. de G., 135.
Murailles de G., 20.

N.

Nancuise, 228.
Nantua, 33, 181.
Nièce de chanoinesse, 76, 77.
Noblesse (abb. de la), 144.
Nombre des relig. à G., 149.
Normands, 3, 9, 246, 247.
Notaires de G., 43, 75, 237.

O.

Oblats, 143, 232.
Offices claustraux, 55, 147.
— — (bas), 149.
Oliferne, 60.
Orgue de G., 82.
Oussia, pr., 51, 78, 224, 225.
Ouvrier (off. d'), 154.

P.

Pain d'abbaye, 232.
— bénit, 322, 323.
Paroẏ, 172.
Pérouse (La), 42, 50, 131, 244.
Peste noire, 56.
Pidancier (off. de), 157, 173, 321.
Pin (le), 5.
Pitiot (famille), 244, 321, 323.
Poisson (Dieu), 180, 181, 323.
Poitte, pr., 225.
— (pont de), 26.
Pollia, 18.
Population de G., 141, 142.
Poule de feu, 165.
Presilly, 22.
Pressia, 204.
Prétin, 64, 164, 166, 167, 179.
Prevost (Ph. L. de), pr., 96.
Prieur-cloitrier (off. de), 151.
Prieurés ruraux de G., 126, 158.
Processions, v. Rogations.
Pugnière, 54.
Pyat (meix), 184, v. Châtel.
Pymont, 60.
Pymorain, 94.

Q.

Quarterons, v. moisson.
Quartier de muire, 115.

R.

Ravilloles, 26, 118.
Recteurs (curés), 32.
— (maîtres d'école), v. école.

RÉFECTURIER (off. de), 157.
RÉFORME de S. Maur, 115.
REGAUD (famille), 321.
RÈGLE de S. Benoît, 143, 146.
RELIGIEUX (liste des), 232-236, 322.
RENDUS, 5, 6, v. Oblats.
RIVIÈRE (la), ham. de S. Jul., 19.
ROGATIONS, 120.
ROMANS, 12.
ROMENAY, v. Moysia.
ROSAY, 187, 191.
ROSÉE (vin blanc de), 210.
ROVÈRE (Jul. de la), pr., 75, 81, 173.
RYE (Ferdinand de), pr., 92, 94.
— (Louis de), pr., 88.
— (Philib. de), pr., 91.

S.

SACRISTAIN (off. de), 153, 218, 223, 321.
SAGEY (J. X. de), 129.
SAGY, 22, 23.
SAIGNÉE des M., 147.
SAIX (chevance du), 152.
SALINS, 25, 168, 173, 322, etc...
SAMONA, 19.
SARRAZINS, 2, 10.
SARROGNA, 25.
SARSEY (Henri de), pr., 61, 321.
SATIN TURC, 249.
SAVIN (S.), 3, 247.
SCEAU du canton de G., 135.
SCEAUX du pr. de G., 16.
SCELLÉ (droit de), 21.

SCEY (Henri de), pr., 62.
SEC (sur), 39.
SÉCHAL, 129.
SECT (mont du), 39.
SÉCULARISATION, 126.
SELIGNEY (Petit), 162.
SÉQUELLE, 227, v. dîmes.
SÉRÉNADES de la S. Taurin, 252.
SERMESSE, 25, 177.
SIROD, 159.
SODERINI (Fr. de), pr., 83.
SOUCIA, 26.
SOUVANS, 164.
SOUVERAINS de G., 14, 15.
STABAT (pré du), 34.
SUCRE, 65, 66.

T.

TABLE (luxe de), 65.
TAURIN (S.), 26, 245-253, 823, 324.
THESUT (Abraham de), pr., 117, 121.
— (Louis de), pr., 124.
TRENAL, 20.
TREUIL banal, 166,
TRÉVOUX, 250.
TRIVIER de C. (S.), 22, 118, 204.

V.

VALEMPOULIÈRES, 172.
VALFIN, 24, 319.
VARENNES S. Sauv., 7, 8, 191.
VARESSIA, 320.

VAUCLUSE, Chart., 26, 28, 32.
VAUGRIGNEUSE (fief de), 74.
VAUX, 89, 94, 123, 321.
VENAY, 193.
VERGY (Antoine de), pr., 85.
VÉRIA, 28, 33, 34, 53, 125.
VICAIRES de G., 238.

VIGNE à G., 130.
VILLARS (le), 50, 74.
VILLE-POILLET, 18.
VILLERS-LES-BOIS, v. Seligney.
VILLERS-ROBERT, 164.
VINCENT-EN-BRESSE (S.), 169.
VOIES ROMAINES, 1, 131.

FIN DE LA TABLE DU SUPPLÉMENT.

Chalon-s-S., imp. J DEJUSSIEU.

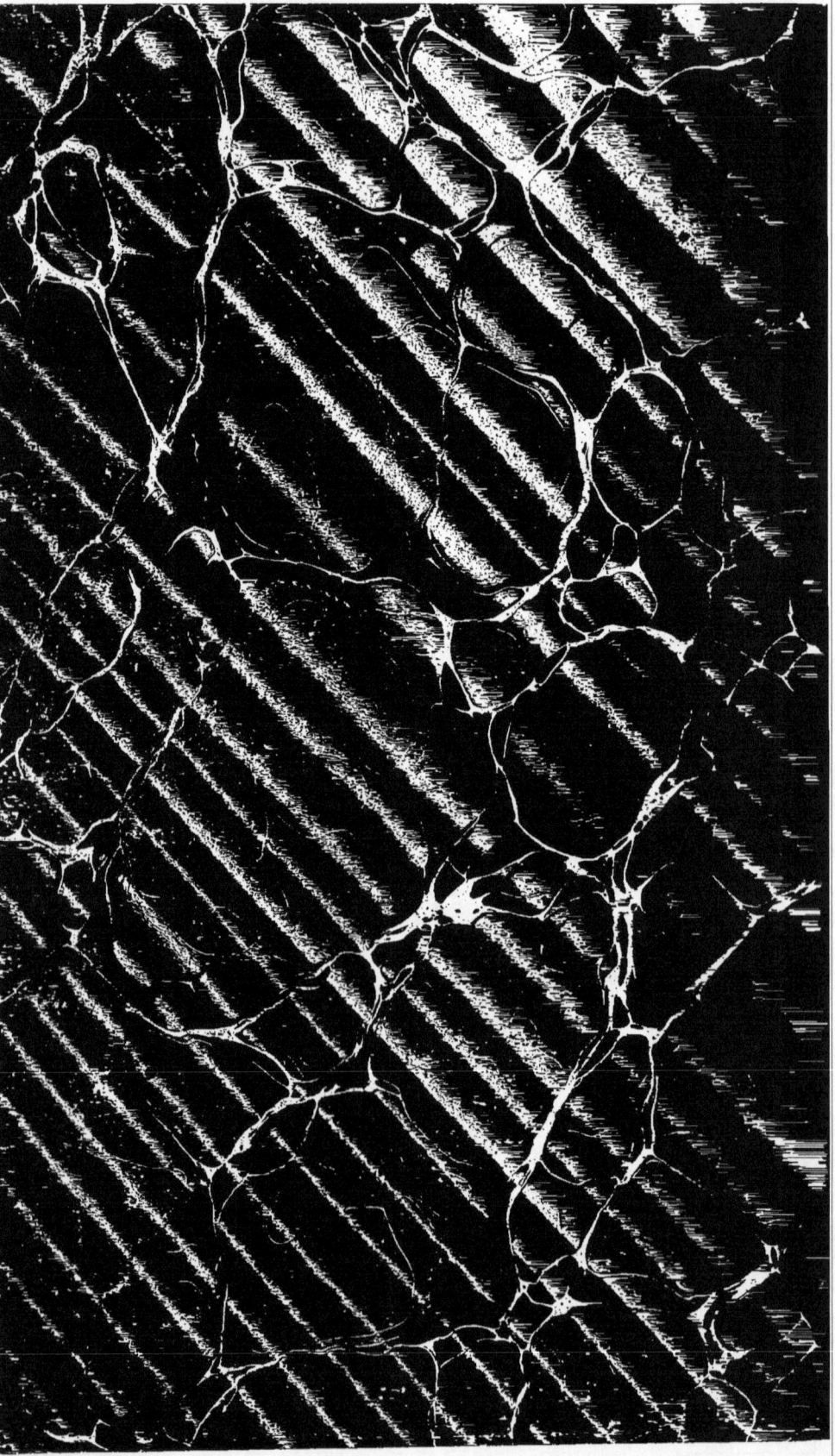

www.ingramcontent.com/pod-product-compliance
Lightning Source LLC
Chambersburg PA
CBHW050752170426
43202CB00013B/2389